THE TAO OF COACHING

THE TAO OF MOTIVATION

THE TOOLS OF LEADERSHIP

哈佛
管理课

[美] 马克斯·兰茨伯格————————著

卞学光等————————译

Max
Landsberg

北京联合出版公司
Beijing United Publishing Co.,Ltd.

图书在版编目（CIP）数据

哈佛管理课 /（美）兰茨伯格著；卞学光等译 .—北京：北京联合出版公司，2013.12（2023.1 重印）

ISBN 978-7-5502-2036-2

Ⅰ . ①哈… Ⅱ . ①兰… ②卞… Ⅲ . ①企业管理 Ⅳ . ① F270

中国版本图书馆 CIP 数据核字 (2013) 第 239845 号

哈佛管理课

作　　者：[美]兰茨伯格
译　　者：卞学光等
出 品 人：赵红仕
责任编辑：史　媛
封面设计：吴黛君

北京联合出版公司出版
（北京市西城区德外大街83号楼9层 100088）
北京新华先锋出版科技有限公司发行
大厂回族自治县德诚印务有限公司印刷　新华书店经销
字数353千字　787毫米×1092毫米　1/16　25印张
2014年1月第1版　2023年1月第2次印刷
ISBN 978-7-5502-2036-2
定价：98.00元

序　言

　　马克斯·兰茨伯格，曾在英国剑桥大学攻读物理学，获得哈佛大学 MBA 学位，其后长期担任麦肯锡咨询公司的董事，负责经理培训和职业发展，是该领域享有高度盛名的权威专家，又一举凭借本书跃升为国际著名作家。其著作被翻译为 15 种文字畅销全球，累计销量突破百万，并得到世界 500 强企业的热烈追捧。

　　在畅销书作家的身份之外，马克斯·兰茨伯格首先毫无疑问的是管理培训专家。本书亦是其长达 30 年的为私人、团队和公司提供咨询服务的经验总结，可谓字字珠玑。唯其如此，世界 500 强才会趋之若鹜，将它奉为员工培训的至宝，尊为管理人员的必读书目。本书的另一处亮点则是马克斯独有的幽默，他"将轻松的笔法和严肃的推理共治一炉"（阿奇·诺尔曼，阿斯达集团前任主席），"为我们提供了一些非常有用的建议，以及一大堆有趣的故事"（卡罗林·费尔贝恩，BBC 公司战略总监）。

　　作为经典的管理课程，本书系统地分别介绍了管理人士所需要的三项技能——分享、激励、领导。故事主人公在书中经历了职场上的浮浮沉沉，并运用书中所传授的领导技巧攻克了一个又一个难关，逐步地成长为能独当一面的领袖人物。当然本书的目的并不止于跟你侃侃职场趣闻，世界 500 强之一，Interbrand 的首席执行官里塔·克里富顿这样评价道："在这本书中，正经的理论、机智的实践和实用的模型熔为一炉，丰富生动！它给我带来了无尽的灵感，并在很大程度上改变了我的工作方式……"正是如此，书中的每个故事都传授了一种特定的技巧，并辅以详细的说明和适当的练习，在追踪主人公职场活动的过程中，渐渐地，一些简单实用的技巧你也能信手拈来了，在书中成长的不光是克服掉各种问题的主人公，还有正捧着这本书的你。

美国前总统哈利·S.杜鲁门说："领导者创造历史。"希望这本书也能够助你成为历史的开创者！

哈佛管理课

I

第二部分　激　励

第三部分　领　导

4

附　录

第一部分　分　享

The Tao of Coaching

Great Management of High
Efficiency People

导　言

为什么每当我只需要雇一双手的时候，我却总是不得不雇用他整个人呢？

——亨利·福特

两个不同类型的人碰到一起时，就像两种化学品发生了接触：只要发生化学反应，双方都会有所变化。

——C．G．荣格

在过去的 25 年里，我曾接触过许多不同的个人和团队，在与他们进行交流和协作的过程中，我总结出了大量的技巧和窍门，本部分就是对那些最佳技巧和窍门的总结。我的主要目的是帮助你——无论你是一名团队领导还是一位职业培训人员——学会如何向自己周围的人提供指导，发展他们的技能。

我相信，要成为一名出色的培训人员，你只需要掌握少量的技巧，当然，要想完全掌握这些技巧，你还需要进行大量的实践。本部分的每一章都将集中讨论一种特定的分享技巧，这些技巧都是通过一位名叫阿历克斯的公司经理戏剧性职业生涯的小片段来诠释的。

我原以为可能只有为数不多的比较开明的企业领导会对分享这一技巧感兴趣。可结果证明，我错了。首先，开明领导者的人数要比我想象的多得多；其次，很多人发现这些技巧不仅能够帮助他们更好地协调自己的团队，而且还可以帮助他们更好地与客户打交道；最后，这些技巧的应用范围甚至已经远远超出了企业界的范畴——让我最为感动的是，曾经有一位父亲给我写信，告诉我他是如何应用本部分的技巧来帮助自己的孩子更好地成长的。

提高你的领导效率

帮助周围的人更好地成长

伟大分享者的典型信念：

要想成为一名领导，你必须有跟随者

独断专行的领导者终将走向灭亡

今天投入十分钟与下属共同分享，来日可帮你节约一小时

如何赢得朋友，并影响他人——

成为一名伟大的分享者

为什么要进行分享？

为什么要对周围的人进行分享呢？答案或许会让你感到惊讶：一半是出于善意，一半是因为自私。

那些经常对自己周围的人进行分享的管理者总是会有许多意想之外的收获。除了因为帮助别人而得到一个"助人成才"的好名声之外，伟大的分享者还会：

◎为自己创造更多的时间：随着下属不断地进步，你就可以把更多的工作交付给他们。

◎更多享受工作的乐趣：因为同事们将更加愿意和你一起工作！

◎取得更好的业绩：因为你的团队将变得更加高效。

◎进一步提高自己的人际交往能力：这也就意味着你将变得更善于跟客户，甚至你的家人和朋友，进行交往。

换句话说，对于一个想要成为伟大的分享者的人来说，自私和善意的打算常常是同样强有力的。刚开始发现这一简单却令人瞩目的事实的时候，不仅我本人，就连我曾领导过的许多工作团队的成员也大吃一惊。

当然，对于那些相信因果报应的人来说，他们或许并不会感到奇怪！因为根据阴阳互长的原理，帮助他人发展实际上也就是在帮助自己提高，正是根据这个原理，我把这部分命名为《分享》。

实际上，还在 20 世纪 90 年代的时候，那些独断专行的领导者就已经面临成为濒危物种的处境了——无论是对一家之长，还是对一个团队或企业的领导者来说，情况都是如此。

现在，人们显然更加需要一种新型的领导者：那些掌握多种管理风格，并能同时使用不同风格进行管理的人——比如说，有时候，领导者需要亲力亲为，而在其他情况下，领导者又应该学会放权。

实事求是地说，新型领导者已经意识到了，即便是最伟大的领导者也不可能单枪匹马地完成所有工作。如今商业界瞬息万变，这也就意味着领导者不可能凡事都比下属更能洞察先机，也无法把公司内外所有的事情都掌握得一清二楚，不可能把所有时间都用来亲自指导下属的一举一动。而另一个极端的对立面是，领导者又不可能对下属进行完全的放权，毕竟这种做法的有效性还没有得到完全的证明。

在这种情况下，新型的领导者必须学会适当地放权；他们应该有一帮学习能力很强的下属；他们自己身居要职，又善于培养其下属的工作能力。

这种新型的领导者还抱有这样的信念：第一，今天用 10 分钟与自己的下属进行分享，来日就可以帮助自己节省至少一小时的时间；第二，在帮助下属们更顺利地开展工作的过程当中，其实自己也会获益匪浅。

什么是分享，应该如何掌握分享的技巧？

分享的秘诀是什么？本部分将如何帮你掌握它们，让你成为一名出色的分享者呢？在本部分当中，我试图把分享的精髓总结为以下几点：

◎分享的目的是提高另一方的工作绩效和学习能力；

◎分享的过程不仅涉及提供反馈，同时还包括其他一些技巧，比如说激励和有效提问。而且对于一名有意与下属进行分享的经理人来说，他还应该学会根据下属的意愿和实际能力来了解对方是否愿意承担某项工作；

◎总的来说，分享者的最终目的是让那些接受培训的人能够自我培养。分享是一种富有活力的互动——它绝不是单单依靠单向的灌输或指导就可奏效的。

读完本部分任何一个章节之后，你马上就能把其中谈到的技巧拿来练习。我在每一章里都借助阿历克斯的经历讲述了一种具体的技巧，而且在每一章结尾，我还用一页的篇幅对这种技巧的实施方法进行了总结。

如果你愿意把本部分内容从头到尾通读一遍的话，你将在这个过程当中了解到阿历克斯在自己的职业生涯中所经历的许多生动而真实的故事，他在工作上所遇到的起起伏伏，他从自己的上司和同事那里接受的或好或坏的培训分享，以及他是如何尝试运用自己学到的技巧对他人进行培训分享的。

不过，在正式阅读本部分内容之前，我建议你首先用本书附录1的"自我评估表"进行一下测评，如果愿意的话，你也可以请其他人对你进行测评。

我们正生活在一个瞬息万变的时代，在这样的时代当中，要实现安迪·沃霍尔的预言——我们谁都能成为15分钟内名噪一时的人——比任何时候都更加轻而易举。可在我看来，要想成为15分钟的名人（然后迅速被遗忘）并不是一件困难的事情，真正困难的是如何被人记住15年。

愿你能作为一名卓越的分享者而被人铭记，愿你能激励为数众多的追随者踩着你的脚印前行，愿他们能激励更广大的追随者！

第1章 对于分享的一些思考

在本章中，阿历克斯反思了是否是他的分享技巧确保他被推选进了董事会。

阿历克斯无法确定，这是否就是他最后一次机会。虽然他已经被提拔进了公司高级管理层，可这个过程比他曾预计的时间晚了一年。而且现在的问题是：他能否进入公司的董事会？如果失败的话，他将会面临怎样的下场？眼下，对阿历克斯来说，要么一举成功，要么永远被拒之门外，总之，脚下绝非坦途。"可至少，"他想，"我已经尽力了。我还是好好享受这个假期吧。"

想到这里，阿历克斯在游泳池边的躺椅上坐了下来，放眼望去，远处是一望无际的爱琴海，下面的海滩上传来一阵阵孩子们玩耍时特有的尖叫声，可阿历克斯似乎什么也没有听到。他试图让自己放松下来，心里却忍不住想，应该推迟两个星期再来度假的，那样的话，在伦敦的董事会就已在此期间作好了决定。

可他颇感庆幸的是，他在这岛上租到的别墅电话还能用。说不定他会在董事会召开之后接到电话呢。想到这儿，他转过头去，紧张地看了一眼桌子上的电话机，看看有没有人把电话线拔掉，或者是不小心把话筒拿开了。

好像发生了心灵感应，电话铃真响了。是打给阿历克斯的吗？是的！谁打来的？是办公室秘书朱丽娅吗？是的！结果怎么样？阿历克斯被选进董事会了吗？电话那边传来了朱丽娅的声音："结果还没有出来，会议恐怕要被推迟到明天——我只是打电话告诉你一声。"朱丽娅似乎有些遗憾。

"没关系。"接着阿历克斯用低得几乎听不到的声音骂了一声。"我很快会再向您汇报的。"朱丽娅说。

他想起了上个星期自己去希腊古都特尔斐时的情形。记得他在通往古代先知座椅的过道门楣上看到了一句话——每当有人前来询问自己的未来的时候，先知总是会用这句话告诫对方：认识你自己。

"好吧，"他下定决心说，"我用一小时来反省自己，自己来决定自己是否有资格成为董事，然后就痛痛快快地度假。"

从某种意义上来说，现在的问题非常简单。一方面，对阿历克斯有利的筹码是，自从来到公司以后，他先是领导自己所在的部门进行了一次大规模的重组，然后实施了一次比较大胆的并购，并且力挽狂澜，率领一个严重亏损的子公司实现了扭亏为盈。可从另一方面来说，阿历克斯也有一个缺点，而且是一个不容忽视的缺点：他有时会对下属要求过于严格，甚至会让对方难以忍受。据说有人在背后称他为"食人者"；事实上，公司里一度几乎没有人真正愿意为他工作，甚至也没人愿意跟他一起共事。

要是在五年前，董事会或许并不会在乎这一个性缺陷。然而现在，培养他人的才能，帮助他人成长，开展培训分享，诸如此类的管理技能和习惯已具有更大的重要性。人们对管理者这方面的缺陷再不会熟视无睹了。

在内心深处，阿历克斯知道有几股力量在推动着人们对人力资源开发再次加以重视，这些力量也正影响着许多大公司。首先，现在很多大型的组织都在努力减少公司管理层级的数量，也就是要实现"扁平化"。现在公司里几乎每个人都在同时担任几个部门的工作，所以他们的工作职能和角色已经不再那么确定，不能再依靠一本工作手册来进行简单的定义了，上司也不能再像以前那样，可以明确地告诉自己的下属到底应该做些什么了。现在许多成功的公司当中，人们正在互相学习，掌握新的技能和习惯，在那儿，管理者同时也充任着培训分享者的角色。

其次，劳动力市场也已经历了巨大的变化。那些最为出色的人现在很清楚，那些拥有一种分享文化的公司才能站稳脚跟，在这类公司工作会更有意思，回报也更丰厚。除此之外，现在人员的流动性也大大加强了，而出色的组织总是会更注重如何激励员工把自己的潜力发挥到极致，因为通过这种方式，他们往往可以更好地留住那些表现出色的人。

最后，如今的商业环境、市场条件和技术水平等因素的发展可谓日新月异。这也就意味着公司不可能再像以前那样，每年只要对员工进行一到两周的培训与分享就可以了。现在要想使自己的员工能够跟得上行业形势的发展，企业必须在工作岗位上对员工进行经常性的培训分享。

"嗯，"阿历克斯想道，"我在分享方面做得够好吗？"从直觉上来说，他觉得自己是个称职的分享者。几年前刚刚加入公司的时候，他并不善于对周围的人进行培训与分享，可在过去的几年当中，他已经学会了一些很实用的分享技巧。这些技巧帮助他成了一个更为称职的经理，于是他更加注意从那些堪称楷模的分享者那儿学习更多的诀窍。他读了很多关于培训与分享方面的书，而且还把自己学到的很多技巧应用到了工作当中。可问题在于，就在一年以前，由于工作压力太大，他不知不觉地又捡起了自己以前的一些坏习惯，结果没能在当年的董事会上当选为董事会成员。

于是他下定决心，一定要改正自己的缺点，很快，人们又开始变得乐于跟他合作了。慢慢地，他甚至发现自己在工作场所之外的人际关系也得到了改善。

总的来说，他觉得自己应该被选入董事会……但为了确保自己的判断是正确的，他决定好好回想一下自己在过去的一年当中都对别人进行了哪些分享。这样不仅能够使他的判断更有根据，而且还可以使他对公司范围内的培训与分享项目进行更好的规划——如果能被选入董事会的话，他曾宣称将把这个作为自己最重要的使命。

就这样，阿历克斯开始回忆自己在过去从分享——包括他作为高层经理与下属的分享，以及他早期从别人那里得到的指导——当中所学到的点点滴滴。

一边想着，他一边拿起了身边的微型录音机，开始慢慢回忆起了自己自从加入这家公司以来的种种感悟。

阿历克斯的故事就这样开始了……

第 2 章　提问与告知

在本章中，阿历克斯了解到："提问式分享"要远比"告知式分享"有效得多。

阿历克斯正急得坐立不安。他刚刚作为一名战略规划经理加入这家公司，到目前为止，他的第一个项目已经进行了一半。他习惯于搜集许多关于市场趋势的信息，分析大量数据，可问题是，他并不善于撰写简洁明晰的报告——而对于他目前任职的这家公司来说，这却是最基本的能力之一。经过一番努力，他终于想出了一个他自认为非常有创意的题目："冰激凌行业的并购——冷酷的逻辑还是温和的选择？"但是，当他开始构思文章主体部分的时候，才发现真正的麻烦来了。

"怎么办呢？"阿历克斯深深吸了一口气，站起身来，沿着走廊来到他的上司鲍勃的办公室求助。"你应该从主要信息开始，"鲍勃说道，"然后列出能够支持这条主要信息的理由——最好分为三点，大多数人都比较容易接受这种形式，你可以不分先后顺序，把这三点一条条列出来；也可以按照一定的逻辑顺序来陈述自己的观点：首先陈述问题，然后谈谈它的影响，最后提出你的解决方案。好了，先谈这么多吧，我马上要去开个会。你先把草稿写出来，我们过会儿再讨论一下。"可鲍勃脱口而出的这一连串指导性意见反而让阿历克斯更加糊涂了，事实上，他根本没法当即弄清对方在说些什么，不知不觉一个下午过去了，他的报告还是没有什么进展。

"说不定莎拉可以帮帮我！"阿历克斯突然想到了莎拉。她是公司的一位高级营销经理，曾帮助公司把阿历克斯招了进来，而且阿历克斯猜测，自己之所以能够当上战略规划经理，在很大程度上应该归功于莎拉。莎拉和阿历克斯有很多共同点——他们毕业于同一所商学院，都对直接营销非常感兴趣，还都是网球高手。

莎拉非常理解阿历克斯撰写报告的难处所在。"关于冰激凌行业，你最想说的是什么？"她问道。

"哦，我也不确定我们是否应该进入这个行业，可它看起来很诱人！"阿历克斯回答。

"哦，为什么它很诱人？"

"因为人们对于冰激凌的需求量在不断上升，这个行业的利润率比较稳定，竞争也不是很激烈，而且在过去的 5 年当中，冰激凌的价格一直居高不下。"

"我明白了，"她回答道，"在这四点原因中，有没有哪些是重复的？"

"是的，价格其实是影响利润率的要素之一……哦……"他激动地说道，"还有成本。我想我之所以认为这个行业很诱人，是因为：首先，人们对冰激凌的需求在不断上升；其次，无论是从成本还是从价格的角度来考虑，冰激凌行业的利润率都是非常稳定的；而且到目前为止，这个行业的竞争也不是很激烈。"

"谢谢你，莎拉。我想我已经知道该怎么写这篇报告了。顺便问一句，我是在列举原因还是在按照逻辑顺序陈列理由？好像我只是在列举原因……"

莎拉解决问题的方法给阿历克斯留下了深刻的印象。她只用了 4 分钟——而鲍勃用了 2 分钟——就帮助阿历克斯勾勒出了这篇报告的大致结构——而且是在她对冰激凌行业几乎一无所知的情况下！她只是提出了一些适当的问题，就使阿历克斯相信自己能够完成这篇报告，不仅如此，阿历克斯还坚信，如果将来有机会和莎拉一起工作的话，他一定能够从她那里学到很多东西。

当然，莎拉也觉得刚才跟阿历克斯的谈话是非常值得的：因为在她看来，阿历克斯是一个很有潜质的人，如果有可能，她希望能够吸收他加入自己的某一个项目。

关于分享

苏格拉底把自己看成是"理解的助产士"。在他看来，一个人可以帮助另外一个人去理解，却不能强迫他去理解——就好像助产士一样，她虽然可以帮人接生，自己却不能替别人生孩子。

同样，在进行分享的过程中，培训人员也应该被看成是"能力培养的助产士"，而不是只知道说教的教师。对于一名分享人员来说，你最重要的决断就在于如何向对方提供指导，你可以采用提问的方式，也可以直接发布指示，或者你还可以采用介于二者之间的某种形式。你可能会在很多培训与分享的场合遇到这样的问题，比如说，在你选择与对方交流的主题时，在你考虑何时向对方提供反馈时，或者是在决定如何帮助对方确定下一步行动时。

在日常工作当中，很多"上司"都喜欢直接或间接地把自己的想法告诉对方——该做什么，怎么做。可对于一名培训人员来说，必须学会通过多种方式来为别人提供指导。在很多情况下，就像苏格拉底曾经说过的那样，关键的提问要比平白的指示更为有效。

如果说读完本部分内容能够给你的做法带来任何改变的话，我希望你能够学会提出一些有价值的问题，而不是一味地发布指示或者直接给出建议，记住，千万不要像鲍勃那样。

提问与告知

◀■■■ 授权程度　　　　　　　　　　控制程度 ■■■▶

提出问题并加以阐释	给出暗示	直接演示	给出建议	发布指示
较高，但前提是接受培训者已经掌握了一定的能力，并且至少能够提出一个比较有创造性的想法		任务完成的质量		较低，除非对方从事的是一种相对简单，而且非常机械的工作，根本不需要做出任何改进
有了较深刻的理解		接受培训者对自己从事的工作的了解程度		理解深刻，但前提是，培训者必须是真正的专家
通常会较高		接受培训者的工作积极性		较低，除非对方对自己的工作没有任何感觉
稍多一点，视接受培训者的学习能力而定		接受培训者所需要的时间		稍少一些，前提是这些工作比较容易描述清楚，而且接受培训者能较清楚地理解和执和这些指示
可能会很多		培训者从中学习到的东西		很少
那些接受培训者可能会以某种形式不断重复地工作		什么时候使用这种方法		那些至关重要，稍有不慎就会导致满盘皆输的任务；非常简单的任务

第3章　如何引出反馈

在本章中，阿历克斯学会了如何让自己的同事向自己提出反馈意见。

加入公司六个月以来，阿历克斯对自己的进步感到满意极了。他感觉自己已经对整个公司的运作流程有了比较完整的了解，甚至已经在某些方面提出了一些比较有价值的建议。虽然他目前还没有亲自管理过任何人，不过他的"有效提问技巧"已经产生了良好的效果。他曾好几次提出了有根有据的问题——虽然他其实早知道答案，从而把整个会议引向了比较正确的方向。

可有件事还是让他感到迷惑："我怎么才能知道自己的工作有多大成效呢？毕竟，从来没有人直接跟我谈过这个问题。"

冰激凌项目暂时被搁置了——对于阿历克斯来说，这可不是个好兆头！现在阿历克斯在跟自己的顶头上司鲍勃一起共事，他们的任务是理顺整个公司的生产流程。他一直期待着加入这个项目，因为他相信，自己一定能够为项目的成功献计献策。毕竟，他在大学里修过工程学，而且在进入商学院深造以前，他还在一家公司做过两年的生产经理。

到目前为止，整个项目进展顺利。在这个过程当中，阿历克斯与鲍勃建立了良好的合作关系，而且他感觉自己也已经做了一些很有价值的工作，他甚至有机会在部门董事会上做了一次完整的计划演示。

可让他有些困惑的是，他感觉自己并没有得到任何指导，鲍勃也没有给他提出任何反馈性的意见。他曾经好几次试过向鲍勃提出这个问题，最近一次是他刚结束计划演示后。可对方的唯一反应就是，"你干得很好"！或者是，"你干得棒极了，远远超出了我的预料"！

阿历克斯决定向莎拉寻求建议，一天吃午饭的时候，他坐到了莎拉旁边："莎拉，我似乎没法让鲍勃如实告诉我我最近干得怎样。你是怎么获得有益且富有建设性的反馈意见的？"

出乎阿历克斯意料的是，莎拉的回答非常简单："你应该直接问他，然后注意倾听就可以了。"

几天后，阿历克斯抓住了一次机会。"鲍勃，能跟你谈半小时吗？我想听听你对我过去几个月工作的评价。"

"好的，阿历克斯，可你想让我就哪一方面进行评价呢？你这个问题让我感到有些意外，我没想到你会来征求我的意见。"

"哦，为什么？"阿历克斯感到非常奇怪。

"因为当我们开始这个项目的时候，你好像从来没有主动征求过我的意见，也没有告诉我你想在哪方面提高自己。而且，我记得有一次，当我想对你提出一些意见的时候，你好像很不耐烦。"

虽然并不想跟鲍勃抬杠，可阿历克斯还是告诉对方："那次之后，我确实曾经两次尝试过征求你的意见啊！"

"是的，你曾经尝试过，"鲍勃回答道，"可那两次你总是当着好几个人的面提出跟我谈这个问题，这让我感觉，你只是希望我当众表扬你一下罢了。当然，事后我想确实应该跟你好好谈谈，可问题是，我不知道你希望我就你哪一方面提出意见。"

阿历克斯一时也不能确定。因为他一直觉得鲍勃是一个经验比较丰富的人，他应该确切地知道如何评价一名下属的工作。可听到鲍勃的问题之后，他决定第二天再跟鲍勃谈一次，在此期间，他将好好反省一下自己应该就哪一方面征求对方的意见。

第二天见面时，他们集中讨论了阿历克斯在做演示时的优点和不足。半小时的谈话卓有成效。鲍勃说："我觉得你应该跟与会的每个人都进行目光交流，而不要老盯着一个人；而且在开始进行正式演示之前，你应该把背景信息介绍得更清楚一些。"

当阿历克斯离开鲍勃办公室的时候，他感觉自己确实得到了一些有用的意见和建议：鲍勃结合阿历克斯工作中一些具体案例作了仔细讨论，而不是一味地空谈"性格"等空泛的话题。谈话结束之后，阿历克斯已经清楚地意识到自己以后应该怎么做。

"看来要想让别人对你的工作提出反馈意见并不困难，"阿历克斯自言自语道，"你只要学会提问和倾听就行了。有一点需要注意的是，在谈话之前，你一定要明确谈话的主题，而且在谈话过程中，一定要保持开放的心态，让对方感觉你是在真诚地听取建议。"

想到这里，阿历克斯拿出一张纸，把刚才想到的这些记了下来，以备日后参考。事实上，后来他当上高级经理的时候，发现这些建议一如往日那样有用。这让他想到了以前读书时曾经学过的诗句：

当众人纷纷向你投来怀疑的目光，

哪怕你自信满怀，无可指摘，

也一定要允许众人各自陈明疑惑……

得到反馈

你最近是何时得到有用反馈的？可能是太久以前了吧。事实上，很少有人会觉得自己已经获得足够的反馈。无论一个人的年龄有多大，经验有多丰富，能力有多强，他都希望别人能够对自己的行为和工作多提出一些反馈性的意见和建议。

虽然本部分内容主要是讨论如何成为一名出色的分享者，但我想，在成为一名出色的分享者之前，我们应该首先了解一下如何让自己变得更善于接受别人的反馈和指导，我相信，无论是在工作还是在生活当中，这都是一种非常重要的能力。那些不能很好地接受别人的意见和建议的经理人（无论是出于什么原因）都会失去很多自我改正的机会，结果也就很难实现真正的自我突破和改进。

但是，你可不能是个闪烁其词、意见含糊的人——你得明确表示，你想听到反馈意见。此外，在征求意见时，你其实是在让别人帮助你（这就需要受训者勇于表明意见了），因此，你应当让这一交流的过程尽可能使人放松。下面我将就如何得到反馈给出一些具体的操作步骤。

如何让别人更容易向你提出反馈意见

1. 选择一个适当的话题，以及适当的人（一个你真正信任的人）。比如根据不同的话题，你需要选择不同的人——可能是你的同龄人、下属、上司或者朋友，这要看你是否需要听取针对如下主题的反馈意见：

★ 管理风格（在这种情况下，你应该选择与自己的下属进行交流）

★ 演示水平（你可以与某位听众进行交流）

2. 尽可能在对方面前保持全神贯注的状态，这样他才能提出更有针对性的指导意见，比如你应该：

★ 在主要工作开始前说明你想要确定的东西，比如反馈的主题和讨论的频次

★ 在讨论前提醒对方——不要只是"莅临出席"，却一言不发

3. 主动与对方建立一种相互信任的关系

★ 主动提出你觉得自己应该在哪些方面有所改进（而不要一味地谈那些你比较擅长的领域），告诉对方哪些因素可能让你变得更有积极性，而哪些因素则会打消你的积极性，同时揭示其他相关因素

4. 真诚地接受对方的意见

★ 不要对别人的批评产生抵触情绪（除非你永远不想再得到反馈了！）

★ 尽量跟上对方的思路——比如对对方的意见表现出真诚的兴趣，在谈话结束时把对方的谈话作一下总结，并要求对方给出一些比较具体的例子或解释

5. 向对方表示感激

★ 至少要听从别人的部分意见或建议，在工作中实现真正的进步

★让对方知道他已经对你产生了一些影响；同时你也应该向对方表示感谢

练习

在本周内，找出两个你希望从他那里得到反馈的人，然后主动要求对方对你的工作提出反馈意见或建议。

第4章 纠正对于分享的
一些常见的误解

在本章当中，阿历克斯反
思了关于分享的种种误解，进
而认识到，要成为一位优秀的
分享者，总得有些私心才行。

时间过得真快，不知不觉间，阿历克斯已经有三个星期没有见到莎拉了。这天，他决定到莎拉的办公室看望一下她。"你好啊，阿历克斯，有段时间没见了，你还好吗？"

"很好，谢谢，"阿历克斯回答道，"哦，对了，多谢你上次的建议，我跟鲍勃谈了一次，对我很有帮助。"

"太好了，"莎拉说道，"很高兴你来看我，我正有事想请你帮忙呢！你知道，公司人力资源委员会现在正准备在公司范围内开展分享活动。作为这个项目的一部分，我想在公司的内部刊物上就分享问题发表一篇文章，主要谈谈应该如何进行分享，以及分享的意义到底是什么。这是我拟的草稿，我想让你帮我看一下，然后谈谈你的感想。"

"乐意效劳，"可阿历克斯似乎有点不解，"分享的意义？这不是很明显吗？我的意思是说，进行分享、提供反馈的目的不就是帮助别人进步吗？"

听到这句话，莎拉头一次颇不耐烦地看了阿历克斯一眼。"阿历克斯，事情并不像你想得那么简单。实际上，优秀的分享者在帮助别人进步的时候，他们至少有一半原因是出于私心。好吧，如果你能抽时间读读这篇文章的话，我将非常感谢。"

"《对于分享的一些常见误解》——这倒是个不错的题目……"阿历克斯一边嘟囔着，一边拿着草稿离开了莎拉的办公室。

对于分享的一些常见误解

很久以来，对于如何成为一名优秀的分享者，人们一直存在五方面的误解，本文的目的就是对这些误解作一下澄清。

莎拉·珍妮

让我们面对这个事实吧，有的人之所以愿意帮助别人进步，并不是因为他想当一个"好人"。实际上，大多数人帮助下属进步的主要动机是为自己培养更能干的帮手，从而可以使自己工作得更加顺利一些。

在回答"如何才能成为一名出色的分享者"这个问题之前，让我们首先谈谈关于分享的一些误解和现实情况。

误解一：与别人分享的主要目的是帮助别人进步

事实：一个要与他人进行有效分享的人，往往有着许多具体的、自私的却也是可以理解的原因。

实际上，善于和别人分享的人总是能够得到非常丰厚的回报，这也正是他们乐此不疲的一个主要原因。下面列出的是——按照自私程度递减的顺序——一些可能的回报：

★分享者可以为自己创造更多的时间。他们可以早点回家，或者腾出更多的时间来做一些更高质量的工作。虽然很难用具体的数据证明，但大多数优秀的分享者都相信，只要每天花10分钟与同事进行分享，就可以帮助自己省出至少 20 分钟的工作时间。

★帮助自己培养更好的客户关系。通过与同事进行分享，分享者可以进一步提高自己的人际交往能力，这无疑能够帮助他们与客户建立更好的关系。

★使自己的组织更加强大。如果你准备在一家公司进行长期发展的话，在自己与同事的发展上投入时间显然是非常值得的。

★获得更多乐趣。在和同事们互相帮助，共同进步的过程中，你们会从工作当中体会到更多的乐趣。

★培养更能干的追随者。如果你肯帮助别人的话，别人自然也会帮助你。如果你想成为领导者的话，请记住，所有的领导者都需要有一班精干的跟随者。

误解二：分享的重点在于关注受分享者。

事实：了解你自己。

分享者不要只关注自己的分享对象。事实上，那些能够出色地与别人进行分享的人总是对自己具有比较清醒的了解。我们每个人天生都拥有一些基本的分享能力，可不幸的是，当要真正娴熟而持续地应用这些能力的时候，我们大多数人都存在着某些心理障碍，使得我们无法发挥出真正的水平。而相比之下，出色的分享者总是知道如何克服这些心理障碍。

误解三：分享就等于提出反馈

事实：除了提出反馈之外，分享还包括许多其他重要工具和方式。

虽然大多数人都以为，所谓分享，只不过是向受分享者提出反馈性的意见和建议罢了，可事实上，提出富有洞察力的反馈只是众多分享工具当中的一种而已。比如说，优秀的分享者总是能够通过有效的提问来帮助周围的人取得进步。对于受分享者来说，从善于提问的分享者那里所学到的东西要远比从一味发号施令的分享者那里学到的更多。善于提问的分享者总是问："你觉得自己干得怎么样？下一次你或许会干得更好吧？"发号施令者则总是这样说："你这儿做错了，下次该这么做！"除了提问和反馈之外，还有其他一些有效的分享方式，比如说我们下面即将谈到的 GROW 方式以及其他一些激励技巧。

如果一个分享者问受分享者他们在完成某项具体任务时表现如何，总能让他们获益甚多，相比之下，一个只知道训斥他人"你这儿做错了，下次该这么做"的分享者只会让人所得无几。

误解四：提供分享需要投入大量时间

事实：优秀的分享者总是能在很短的时间内提供有效的指导。

很多人都以为，要想达到一定效果，分享必须耗费大量时间。可实际上，只需稍加练习，每次当你想做些分享时就无须费时甚多，更无须大汗淋漓。只要投入一点时间，比如说每天五分钟，你就可以明显提高受训者的工作绩效。

误解五：分享的内容必然与工作相关

事实：分享所产生的影响可能会扩展到其他生活领域。

有些分享者总是能够更好地帮助自己的朋友、伙伴和孩子取得进步。从这个角度来说，提供分享其实是一种生活技能。

第 5 章　提供反馈

在本章当中，阿历克斯第一次向下属提出有效的反馈意见。

两个星期以后，当阿历克斯正在阅读公司杂志上莎拉的那篇文章的时候，他突然想到了高登。"或许我该花点时间向这位年轻人提些意见。"阿历克斯想道。

高登是阿历克斯的第一位直接下属，他大学毕业不久，刚刚加入这家公司。最近公司高层又在重新考虑进入冰激凌市场，并让阿历克斯在高登的协助下就是否收购一家大型冰激凌和冰冻酸乳酪厂商 Cones-and-Tubs 国际公司，提供一些有价值的建议。

到目前为止，一切都进展得非常顺利，在高登的帮助下，阿历克斯带领的项目小组已经成功地收集了大量相关信息，跟公司的许多客户进行了交流，并对 Cones-and-Tubs 国际公司的市值进行了初步评估。

可另一方面，阿历克斯也注意到了一些问题，比如说，高登经常会莫名其妙地消失很长时间。毫无疑问，这位年轻人一直都在非常努力地工作，因为每次阿历克斯设法找他时，总能在他的电脑前发现一大堆打印文稿，上面满布着各式古怪而奇妙、细节分析透彻的设想和计划。

可问题是，高登已多次突然地改变想法，阿历克斯确信，这主要是因为这位年轻人并没有真正对项目小组定期举行的小组会议加以关注。

"看来，是时候给他提点意见了。"阿历克斯一边翻着一个小本子，上面记着莎拉告诉他的有关如何建设性地提出意见的建议，一边自言自语道。

"的确，我们前面说过，分享并不只是提供反馈，可另一方面，我们又必须意识到，提供反馈确实是一种比较重要的分享方式；而且人们很难用简单的几句话来概括这方面的技巧。不管怎么说，在提供反馈的过程中，你至少应该确保自己涉及以下三个方面的问题，我们用这三个单词的首字母缩写 AID 来代表，这样可以帮你记住它们。

"A（Action，行为）：接受分享者哪些事情做得好，哪些事情做得不好（就双方讨论的领域而言）；

"I（Impact，影响）：这些行为所产生的影响；

"D（Desired Outcome，希望的结果）：接受分享者可以通过哪些办法来更有效地完成自己的工作。"

阿历克斯刚合上杂志，高登就走了进来。于是阿历克斯开始跟高登讨论一些问题。他首先对冰激凌项目当前的进展情况作了一下总结，并对高登到目前为止几个方面的工作表示了祝贺和感谢。然后他接着说道："高登，关于你在我们小组会议上的表现，我想跟你提点意见。你觉得这会有帮助吗？"高登点了点头，表示同意。

"在过去的几次小组讨论当中，我发现你好像有点心不在焉。比如说，在昨天的会议上，你好像一直在纸上乱画，有时甚至会盯着窗户外面看。你觉得我说得对吗？"（行为描述）

"我有时觉得这种没完没了的讨论有些无聊，"高登回答道，"我宁愿作一点分析。"

"好的，高登，可你的这种想法会导致一些问题，当会议结束之后，你开始做自己工作的时候，并没有考虑到其他人在会议上所作出的改变方向的决定。结果你的一些工作总是重复，有时你会表现得有点狂妄自大，因为好像看

起来你总是不愿意倾听团队其他成员的意见。"（影响描述）

"我同意你说的第一点，有时候我确实做了些无用功，可我并没有意识到我会给人一种狂妄自大的感觉啊！"高登有些惊讶。

"好吧，我们讨论一下该怎么改变这种情况，"阿历克斯说道，"想想看，你应该怎样才能在小组会议的时候做到更加投入？"（希望的结果）

高登一时间也想不出什么办法，毕竟，这是他第一份"真正的工作"，他还没有适应团队作业的方式。所以阿历克斯接着说道："我准备让你在每次会议开始时把最近的工作总结一下，你觉得怎么样？或者，你可以扩展一下自己的工作范围，帮助我协调整个小组的工作？这样的话，你就要学会对每位小组成员的工作进行追踪。或许你还应该在每次会议结束时，对会议所形成的决议进行总结。"

他们都认为这是一个不错的想法。当高登离开办公室的时候，阿历克斯突然意识到，虽然他并不清楚自己刚才和高登的对话是不是有实质性内容或者说有足够的互动性，算不算是一种"分享"，但有一点可以肯定的是：他确实向这位年轻人提供了一些比较有建设性的反馈。

在随后的几个星期当中，高登开始对整个小组的工作进度表现出了更大的关注，同事们也停止了对他的抱怨，渐渐地，阿历克斯发现自己其实可以把更多的协调工作交给高登。回想起来，阿历克斯觉得 AID 真的是一种既简单又有效的方法，他准备把它更多地应用到今后的工作当中。

提供反馈

提供反馈是分享者最重要的技能之一。狭义地说，它意味着对受分享者在某一场景中的行为表现提出意见。从广义的角度——也是一个更加实用的角度——上来说，提供反馈意味着对受分享者的行为所产生的影响作出描述。它还包括对如何改正这些行为进行富有建设性的讨论。

一些定义如下：

★ 积极的反馈适用于当受分享者作出一次出色表现的时候。积极反馈主要是简单的表扬，但如果分享者能具体告诉对方他为什么或者说如何表现得如此出色的话，反馈的效果就会更突出。

★ 建设性的反馈强调受分享者下次如何能够做得更好。建设性反馈的提出是一个敏感的过程，我建议分享者使用我们上面谈到的 AID 技术。

★ 在描述受分享者行为的时候，要把重点集中在一些具体可见的事件上（"在上次演示的时候，你并没有完整回答听众提出的某些问题"），而不是那些假设的特点（"你好像有些闪烁其词"）。

★ 负面的反馈——也就是说，只是讲述出了问题的事情，基本上，这是一种极具破坏性的反馈方式，它只是在偶然情况下，当一个人准备终止与对方的友谊和婚姻关系的时候才会用到。它只是描述出一种自己感觉到的负面行为，却不会提供任何更正性的解决方案（"你总是在抱怨"）。

为了在与受分享者讨论其表现的时候提供一些事实性的背景信息，你可以使用你当时记录的笔记，或者录像带（如果受分享者同意录像的话），或者请第三方人士发表意见。

关于如何提供反馈的一些有用的建议

差的反馈	好的反馈	好的反馈的特点
导致抵触心理和对抗情绪；重点在于责怪	培养信任与合作；重点在于改进——可能的改进或者是已经实现的改进	* 有利于双方之间形成一种讨论问题的默契 * 考虑到了接受分享者的感情
并不能提高技能	提高工作技能	* 焦点是"技能"而不是"人" * 具体描述出所需要的技能 * 提出了一些实际的步骤
影响自信心和自尊心	提高接受者对于自己能力和潜力的自信心	* 建议受分享者"培养"或"表现出"，而不是认为其"不具备"或"必须证明" * 在自己的优势与不足之间把握好平衡；采取更加积极的行动
让接受者不知所以	让对方明白"我现在处于怎样的状况"，以及"下一步该怎么办"	*通过提问的方式进行确认；要求受分享者总结谈话内容 * 双方都达到了预期的目的
让对方感到你是在进行"宣判"	让对方感到自己受到了帮助	* 分享者会让对方学会对自己的表现进行评估 * 分享者会在以后继续向对方提供支持

练习

从自己身边找出一个你今天能够向其提出有用反馈意见的人（参照本书附录 2 中的方法），练习使用本章谈到的方法。

第 6 章　如何组织分享

在本章当中，阿历克斯组织了一次成功的分享，使参与分享的双方都受益匪浅。

听到有人敲办公室的门，阿历克斯马上从椅子上跳了起来。"你好吗，阿历克斯？我听说你现在正在建立一个好名声，人们都说你擅长提供有用的反馈。"

进来的是迈克尔，公司的首席财务官。他是阿历克斯的上司，也是多功能团队 Quest 项目团队的一名兼职成员，阿历克斯如今是这支团队的领导，主要负责就收购 Cones-and-Tubs 国际公司的问题向公司高层提供建议。

虽然才下午 3 点，可阿历克斯看起来却已经筋疲力尽了。"我还好，谢谢你。"他模模糊糊地回答道。

"阿历克斯，为什么不让自己休息半小时呢？我能看出你遇到了什么麻烦，或许我能帮上忙。"

阿历克斯非常感激地接受了帮助。他跟迈克尔一直是无话不谈的好朋友，自从他们在公司的年度网球比赛中获得双打冠军之后，阿历克斯就一直把迈克尔当成自己非正式的导师。"到现在为止，我来公司一年多了，我花了很长时间来组织会议。可每次主持会议的时候，我老是感觉无法让会议按照我计划的进度发展，或许是我这里出了些问题。"

"我有 20 分钟时间，"迈克尔说道，"看看我们能不能帮你找到方法来解决这个问题。但首先，你的目标是什么——每次主持会议的时候，尤其是在我们接下来的 20 分钟谈话中，你有没有明确的目标？换句话说，如果我能够在这段时间里满足你一个愿望的话，你会提出什么样的愿望？"

"我想让你告诉我，怎样才能更好地主持会议？"

"你认为我们能在接下来的 20 分钟之内解决这个问题吗？"迈克尔问道。

"试试吧，迈克尔，反正也不会有什么损失——一想到我们或许能找到解决方法，我的感觉就已经好多了！"

迈克尔接着问阿历克斯一些当前现实情况的细节。阿历克斯为什么会觉得自己遇到问题了呢？他在什么特殊情况下感觉自己更能 / 难以控制会议的进程和方向？到现在为止，他都尝试了哪些方法？当然，迈克尔也曾经参加过阿历克斯主持的多次会议，所以他也可以提出一两点观察报告。可另一方面，他相信，要想找出真正有效的解决方法的话，必须由阿历克斯本人来作诊断。

刚开始的时候，阿历克斯觉得问题的主要原因在于他不大善于对付团队当中那几个思维比较迟缓的成员。可是在迈克尔的引导下，他又感觉问题在于自己事先没有很好地对会议进行规划。"那么，阿历克斯，你主要想讨论什么话题——人还是规划？"

"规划，"阿历克斯回答道，"在讨论如何跟那些比较难对付的团队成员进行交流之前，我首先需要更仔细地想一想。"

"好，那我们集中讨论一下你都有哪些选择。你可以进行哪些尝试？你有没有见过其他人类似的情况下能够做得比较好？你可以放开来想。"

阿历克斯想了一下："我觉得我可以在每次会议之前多考虑一下准备工作。"

"怎么说呢？"迈克尔一边问道，一边走向旁边的配套挂图。

"现在准备议程的时候，我只是把我们即将讨论的问题简单地列一张表格。可今后，我觉得自己应该更加突出重点，应该把那些我们需要讨论解决的问题列出来。我甚至可以事先设想一下团队成员们可能提出的解决方案——然后在开会之前给大家看一下。这样的话，我们就会真正做到有针对性。"阿历克斯开始看起来好像是松了一口气，于是他赶忙继续大脑风暴，拼命想出更多进行更好准备的方法，而迈克尔则在一旁时不时地提出自己的想法。（迈克尔甚至在心里暗暗记下了那些比较好的方法，并考虑着如何在自己的工作中应用它们。）

"好了，该总结一下了，"迈克尔看了看手表，然后说道，"你觉得自己真会把这些方法应用到工作当中去吗？你下一步准备怎么办？你需要什么帮助？"

阿历克斯相信自己一定能够把刚才想到的这些方法应用到工作当中——而且这些方法一定会很有帮助。不仅如此，他还觉得对自己有了更好的了解，在今后遇到类似问题的时候，他也可以更有信心地解决。"我只想让你帮我一个忙，迈克尔，下次开会，如果我事先没有做好充分准备的话，你一定要在桌子底下踢我一脚。"

"目标、现实、选择、总结。"准备离开阿历克斯的办公室时，迈克尔思忖着，"如果你想进行一次真正有效的分享，而不只是提供反馈的话，这种结构似乎总是那么有效。"

"顺便说一声，阿历克斯，我相信公司一定会批准我们这次的冰激凌收购方案的，我甚至听到有人提议由你来负责合并后的企业整合项目——这可能意味着升职。当然，我也会参加这个项目，还有莎拉·珍妮，她将负责营销方面的工作。你认识莎拉吗？我想你会喜欢跟她一起共事的。"

如何组织分享——GROW

那么，应该如何组织一场分享呢？GROW（目标、现实、选择、总结）无疑是应用最为普遍的分享工具之一。

GROW 框架提供了一个简单的四步结构。在分享的第一个步骤"目标"当中，分享者和接受分享者将共同设定出具体的讨论主题和目标。在第二步骤"现实"当中，分享者和受分享者双方将就目前的现实情况进行自我评估，并提出一些具体的例子来说明自己的观点。接着他们进入第三步骤"选择"，双方会提出一些可能的解决方案，并作出选择。最后"总结"，分享者和受分享者都会下定决心采取行动，他们制订出一个具体的时间表和目标，并就如何应对可能出现的问题想出对策。

下面是一些关于如何使用 GROW 模式的具体建议：

★多提问，少指示；要让受分享者自己想出解决问题的办法——而不要只是证明你自己有多聪明；

★要富有想象力——不要只是进行系统性分析，尤其是在第三和第四步骤；

★要通过一些具体的例子——可以是分享者，也可以是受分享者的个人经历——来说明问题，并确定双方是否在理解上达成一致；

★在进行实际操作的时候，你显然可以根据实际情况来延长或缩短每一步骤。

GROW 模式

目标

★ 双方确定讨论主题

★ 双方确定讨论目标

★ 条件适合的情况下，
双方确立长期目标

现实

★ 进行自我评估

★ 提供一些具体的反馈案例

★ 尽量避免作出任何假设，
或者对作出的假设进行验证

★ 抛开那些不相关的旧事

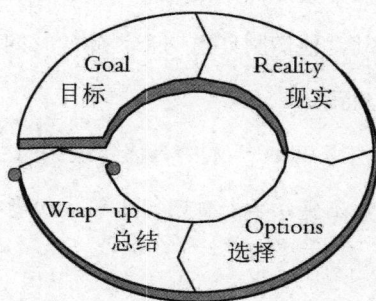

选择

★ 尽可能提出所有可能
的解决方案

★ 征求受分享者的意见

★ 小心地提出建议

★ 确保受分享者作出自
己的选择

总结

★ 决心采取行动

★ 找出可能存在的障碍

★ 确定具体的步骤，作出时
间规划

★ 同意提供支持

练习

在本周内，找一个机会练习使用 GROW 模式。问题样本可参考附录 3。

第 7 章   诊断不同风格

在本章当中，阿历克斯
学会了如何让两个风格迥然不
同的人一起工作。

多亏了迈克尔关于 GROW 框架的建议，两个星期之后，阿历克斯感觉自己
已经比较能够控制局面了。可 Quest 项目的两名团队成员汤姆和迪克之间的不
和仍然让他感到头疼。

阿历克斯还不确定是应该暂时强迫这两个人一起工作，还是更深入的解决
办法会更有价值，也更有长远意义。一次跟迈克尔的会议结束之后，阿历克斯
就汤姆和迪克的问题征求了迈克尔的建议。迈克尔开门见山地说："我见过他
们几次，阿历克斯。我敢肯定汤姆是一个 ENFP，而迪克是一个 ISTJ。"阿历
克斯一脸茫然，迈克尔接着说道："你对心理学了解多少？"阿历克斯摇了摇
头，突然之间，他意识到商学院的老师们很少教授人们是怎么思考的，这可真
是有点奇怪。

"好吧，"迈克尔接着说道，"幸运的是，并不是说非要有个心理学学位
才能成为一名好的经理人和分享者，但你确实需要了解一下不同的人倾向于使
用哪些不同的交往方式。

"就我本人来说，我推荐你研究一下梅耶斯—布里格斯人格类型测试表。
这听起来可能比较拗口，可它实际上非常简单。我可以先用两分钟时间向你大

致介绍一下，可我还是建议你应该花点时间读读这方面的书。

　　"性格指示表描述了人们在日常生活中的行为倾向。比如从中，你可以知道，为什么有些人喜欢在开会的时候严格遵守会议安排，而有的人却喜欢从一个想法跳到另一个想法。第一种人属于 ISTJ 型，而另外一种人则属于 ENFP 型。如果能够事先了解某个人属于哪种类型的话，你在跟对方打交道的时候就会更有把握——而且也可以有助于你们协同工作。

　　"性格指示表是根据人的行为倾向的四个维度制作而成的。第一个维度与这个人的动力来源——那些使他们产生动力的东西有关。内向型（I）的人的动力来自他们内心的想法，而一个外向型（E）的人的动力则更多地来源于外部的人和事物。

　　"第二个维度是这个人的注意力指向。一个感觉型（S）的人总是更多地把注意力集中到事实和自己通过五官获得的感受上面，而一个直觉型（N）的人则总是更多地注意自己推想的事物，并通过第六感来进行感受。

　　"第三个维度是这个人的决策方式。思考型（T）的人倾向于通过逻辑和理性来作出决定，而情感型（F）的人则更倾向于依赖自己的价值观和主观判断。

　　"最后一个维度是这个人的生活态度。判断型（J）的人喜欢过井井有条的生活，而知觉型（P）的人则喜欢随机应变。如果把所有这些维度综合起来的话，你就会发现这些维度定义了 16 种人格特征。"

　　阿历克斯觉得自己明白了："也就是说，ISTJ 型（内向型、感觉型、思考型、判断型）的人会觉得 ENFP 型（外向型、直觉型、情感型、知觉型）的人做事散漫，毫无条理；而 ENFP 型的人则会觉得 ISTJ 型的人畏首畏尾，毫无想象力，丝毫没有魄力。好了，我想我已经明白该怎么利用这些知识了。可问题是，我怎么才能真正判断一个人的类型呢？"

　　"听起来这像是一个 ISTJ 型的人提出的问题。阿历克斯，如果你的团队成员愿意的话，你可以对他们进行问卷调查；或者你也可以根据自己的直觉作出判断；或者你也可以分别跟汤姆和迪克谈谈，记住我们刚才谈的内容，但千万别忘了去读一些这方面的书。"

阿历克斯沿着走廊去找汤姆。以前他总是觉得汤姆的办公室过于杂乱无章，可现在他终于稍微明白了一些：对于一个总是充满创造性，凡事总喜欢随机应变的人来说，杂乱无章并不是一件值得烦恼的事情。

在跟汤姆和迪克谈过之后，阿历克斯证实了自己当初的判断：两人之间根本没什么深仇大恨，只是工作风格不同罢了。阿历克斯知道自己有两种选择：要么把汤姆和迪克分别调到新的工作岗位上，让两人别再继续一起工作；要么直接面对问题。后一种方法显然是更好的选择，因为这样首先汤姆和迪克可以不用再去慢慢适应新的工作领域，而且如果他们能够从不同的角度对团队的工作发挥作用的话，整个团队的工作效率都会得到提高。

阿历克斯决定选择后者。事实上，他对整个项目团队的所有成员，包括他自己，进行了一次性格测试，并把结果公之于众。刚开始的时候，汤姆和迪克彼此感到非常不适应，过了几天之后，随着他们相互了解的深入，两人之间的合作也变得越来越默契。不出所料的是，汤姆总是提出一些比较有创造性的想法，而迪克则负责考虑这些想法的可行性。

让阿历克斯感到惊讶的是，当 Quest 项目结束的时候，汤姆和迪克居然在一起讨论自己从对方那里学会的东西。汤姆开始学会在必要的时候变得更有条理，而迪克也学会变得更加富有创造性。看到这种情况，阿历克斯感到非常欣慰，他决定今后一定要进一步鼓励这种同事之间的相互学习。

这件事情让阿历克斯意识到了，如果能够有一种简单的模式可以让同事之间更好地相互交流，并公开讨论这一话题的话，那对于团队成员们来说将是一件非常有价值的事。同时他也意识到了，人与人之间的很多误解和分歧其实都是因为性格不同而造成的——而不是像大多数人所认为的智力上的差异。

"当你对一个人的风格特点有了真正了解之后，"他想道，"并结合一些更有针对性的方式对他们进行分享——比如说提问、聆听、反馈以及 GROW 等方式——之后，你就会发现此种方式的威力了。"

理解个人的性格特点

关于如何确定人们的性格特点和交流方式，人们已经提出了很多模式。其中应用比较广泛的就是梅耶斯—布里格斯人格类型测试表（简称MBTI）。它主要是根据下列四个维度来对一个人的性格作出定义：

1. 动力来源（外向还是内向）；
2. 注意力指向（感觉还是直觉）；
3. 决策方式（思考还是情感）；
4. 生活和工作方式（判断还是知觉）。

要想跟一个人进行有效的协作，你就应该了解他的性格特点。比如说，"判断型"的人通常会跟"知觉型"的人产生分歧，因为后者总是偏离计划。反过来说，"知觉型"的人总是认为那些"判断型"的人过于僵化，毫无创造力。

我在下面列出了每种维度的具体特点。如果想对这方面的问题有更多了解，我建议你们参考一下戴维·克尔希与玛丽·贝兹合著的《请理解我》（*Please Understand Me*）。

梅耶斯－布里格斯人格类型测试表——主要内容

1．动力来源（能量方向）		2．注意力方向（感受事物的方式）	
外向（E）	内向（I）	感官（S）	直觉（N）
外部	内部	五官	第六感
外部刺激	内部驱动	真实事物	可能的选择
爆发出来	保持在内心	实际	理论
宽度	深度	当下	未来
人、事物	内心的想法	事实	洞见
人与人之间的互动	集中在内心	使用比较成熟的方法	学习新的方法
做—想—做	想—做	按部就班	善于打破常规
3．决策方式（判断）		4．生活方式（对外部世界的导向）	
思考（T）	感觉（F）	判断（J）	感觉（P）
头	心	注重规划	随机应变
逻辑系统	价值系统	规范	变化
客观	主观	控制	适应
正义	仁慈	确定	尝试
批判	容忍	主动经营自己的生活	被动地接受生活
原则	和谐	设定目标	搜集资料
理性	理解	有决断力	思想开通
坚定而公正	富有热情	有条理	灵活

练习

　　想想看，自己与哪些人不能很好地协作——你们之间在这四个维度上有什么差异？你怎样才能够与对方更好地协作？考虑对你和你的团队成员进行一次性格测试。

第 8 章　找出并避免你的
　　　　　分享障碍

在本章当中，阿历克
斯忘记了自己学过的所有
分享技巧。

　　交易完成之后，公司举行了盛大的香槟酒会。收购 Cones-and-Tubs 国际
公司是阿历克斯所在公司历史上最大的一次收购行为，通过这次收购，阿历克
斯的公司成了国际冰激凌市场上首屈一指的巨头。

　　阿历克斯现在负责指挥一个由 12 名全职人员组成的小组，全权负责收购
后的公司整合项目——该项目被称为 Genesis 项目。他相信，按照自己目前的
表现，升职可以说指日可待。"加入公司后 18 个月就成了高级经理——干得
不错！"他对自己说道。

　　他开始投入工作，为整个团队制定了严格的工作细则：确定新的管理层结
构，确认那些可能带来成本节约的方案，确保那些主要的客户不致流失，并对
收购工作的财务细节进行再次审查。

　　鲍勃此时还是阿历克斯的上司，可阿历克斯近来的行为却让他有点担心。
他注意到阿历克斯在告诉他自己即将担任新的项目主管时的神情，显然，这位
年轻人有些得意忘形了。

　　由于团队成员还没有马上到位，阿历克斯便利用这段空隙时间来对整个团

队的活动进行详尽的规划。"哈，"他想，"很多数据需要分析。毫无疑问，我们需要把一些市场研究工作委托给其他人，还有，我们要把大量数据输入电脑，对整个冰激凌市场进行细分，然后我们就可以找出不同地域的针对不同产品的最有效的营销渠道……"

不幸的是，虽然阿历克斯并不是一位真正的营销专家，可当营销部门的人最终加入团队的时候，他们还是发现阿历克斯已经对他们的工作作出了详尽的安排。虽然阿历克斯的计划当中对市场情况进行了错误的假设，他却不容许其他人修改他的计划。那些来自财务部和运营部的人也有类似的经历。

当第一次团队会议结束的时候，所有人都感到前途一片暗淡。大家的担心不无道理：阿历克斯没有征求任何专家的意见，便已对每个人的工作都作了详尽规划。在接下来的几个星期里，阿历克斯一直在"告诉"每个人应该怎么做。而且，由于事先没有沟通好，很多团队成员发现自己在做一些重复性的工作，实际上是在做无用功。就这样，一段时间之后，整个团队的士气开始下降。

"丁零零……"电话铃响了，阿历克斯从耗费了数条亚马逊雨林生命的文件堆底下拉出自己的电话。"你好，阿历克斯，我是鲍勃，你现在能到我办公室来一下吗？是的，现在……"听到阿历克斯进来的声音，鲍勃抬起了头："阿历克斯，我这里有一些好消息，一些坏消息——你想先听哪个？"

阿历克斯选择先听好消息，"听着，公司的收购评估委员会对你们当前的工作进度表示满意，可另一方面，"鲍勃接着说道，"我们都对以后的工作能否顺利完成表示担忧。你以前一直是个很好的分享者和经理人，可在上个月里，你好像变得什么都要管，甚至有些人已经提出要调离你的团队。如果真的想变成'食人者'的话，我们很担心你是否能够带领团队完成剩下的工作。到底出什么问题啦？"

"没什么，我只是觉得没有足够的时间在这个项目上对团队成员进行分享罢了，"阿历克斯耸了耸肩，然后说了一大堆需要解决的问题，"而且，"他接着说道，"我只有三个月的时间，即便我把一些时间花在分享上面，也不见得能起多大作用。"

鲍勃对此表示反对道："阿历克斯，我觉得你遇到了一个分享障碍，你必须克服它——而且要快。我知道，经理人有时候会不愿意与别人进行分享，他们最常碰到的分享障碍就是：'我没有那么多时间对别人的行为提出反馈意见。'可事实上，这通常只是一个借口，这些经理人实际上是在想'我需要完全控制——不能授权给任何人'。显然，有些事情经理人必须亲自控制。可在很多情况下，经理人必须学会尽一切努力来最大限度地释放你周围人的潜力。"

"那我怎么才能克服这障碍呢？或者，是否还有其他类似的分享障碍呢？"阿历克斯问道。

"你非常擅长规划——为什么不对你的分享工作进行一下规划呢？"鲍勃一边问道，一边递给了阿历克斯一张纸条（见下文"分享障碍以及克服方式"一图）。"我建议你学习一下怎么管人，阿历克斯。从管理的各个角度来说，你都干得不错，除了帮助别人成长之外——而这对你本身的成长不利。"

从鲍勃的办公室走出来的时候，阿历克斯已经感觉到自己确实应该好好反省一下了——除了工作以外，他在其他方面也遇到了很多麻烦。比如，在过去的几个月里，他跟女友米歇尔的关系也出现了危机，因为米歇尔觉得他从来不肯听别人的意见，而且总是对所有事情都指手画脚——他甚至连米歇尔送给自己母亲的生日礼物都要过问。就在上个星期，忍无可忍的米歇尔终于离开了他，回到了自己的前任男朋友那里。或许阿历克斯真的成了一个名副其实的"控制狂"。

当天夜里，阿历克斯拨通了莎拉的电话，希望从她那里得到一些帮助——莎拉正在香港出差，考虑到时差的话，她现在应该在办公室。

如何跨越分享障碍

很多时候，即便确实希望能够帮助周围的人，我们也不会主动抓住机会对他们进行分享。为什么会出现这种情况呢？应该怎么克服这种所谓的"分享障碍"呢？

一家大型公司最近对这一问题进行了研究。它把 80 名经理人的分享行为与他们的心理特征进行了一番对照分析。结果发现：（1）那些不愿意与周围的人进行分享的经理人通常主要有四个借口；（2）这些经理人不愿意进行分享的真正原因；（3）如何才能帮助经理人克服这些障碍。

比如，那些总是说自己没有足够时间的经理人实际上是对自己周围的人和环境有比较强的控制欲。

虽然这种控制欲的根源隐藏在这些经理人的内心深处，但真正引发这种欲望的原因却是毫不相关的。一项非常重要的发现就是，对于那些控制欲比较强的经理人来说，最好的办法就是对他们进行培训和提供反馈的时间和方式进行控制。

经理人们通常会遇到四个分享障碍，我在下面列出了克服这些障碍的具体方式：

分享障碍以及克服方式

典型借口	可能的"真正原因"	克服方式
1. 没有足够的时间	我需要完全的控制	就分享的时间和方式等事先做出非常具体的规划
2. 反正接受分享的人也不会有任何反应	我恐怕不能对他们分享	主动询问接受分享的人是否想接受别人的反馈或分享
3. 不分享也不会影响工作质量	总是会自动消失	重新评估自己的领导能力
4. 我不想伤害他们	他们会不喜欢我的	选择一种适当的方式开始进行分享，比如说先找那些你比较熟悉的人，或者是那些完全有能力做到更好的人

练习

回想一下，你上次错过分享机会是在什么时候？为什么没抓住机会呢？你怎么才能更容易地抓住机会呢？

第 9 章　如何在时间有限的
情况下进行分享

在本章当中，阿历克斯
仍然处于失控状态，但他进行
了一次分享，并收到了立竿见
影的效果。

跟鲍勃谈过话之后，阿历克斯决心要尽力克服自己的分享障碍，争取最大限度地释放整个团队的能量。他决定从现在开始，再也不做"控制狂"了！

可另一方面，在整个公司里，阿历克斯的确是最了解冰激凌行业的人。所以没过多长时间，他的控制欲忍不住又膨胀了起来。六个星期之后，阿历克斯发现自己已经不肯放手授权给下属了。这时整个项目已经进行到了非常关键的环节，阿历克斯正准备开始对这个冰激凌帝国新成立的欧洲区的运营进行整合。

大多数厂商都集中在法国，这使得阿历克斯想到汤姆（在 Quest 项目结束之后，汤姆被调到了 Genesis 项目继续跟阿历克斯一起共事）或许能够接替自己对那些法国的冰激凌厂商们进行访谈。阿历克斯将亲自跟踪最初几次的访谈，然后由汤姆独自负责，而阿历克斯本人则把更多的时间投入到制订营销战略上。

不幸的是，阿历克斯很快得出结论：汤姆根本没有能力独自完成访谈任务。阿历克斯并没有取消会面，他决定亲自出马，跟所有的厂商进行当面交流，他还亲自整理会谈笔记，每天都要忙到半夜，然后再花上一两个小时的时间制订营销战略。

一天夜里，阿历克斯做了一个可怕的梦：他梦见自己接手了一个非常庞大的项目，要对电话簿上所有号码为奇数的机主进行访谈。他花了一年时间才把项目完成，可就在这个时候，电话局又出版了一本新的电话簿。

阿历克斯知道自己工作得太辛苦了，他决定去见见鲍勃："我们的欧洲项目遇到了一些麻烦，鲍勃。我们的时间表可能需要做一些调整。"

鲍勃知道这是不可能的：在明年夏天的冰激凌销售旺季到来之前，公司必须作好一切准备。但另一方面，他也不愿意主动加入这个项目，毕竟，他还要负责很多其他的事。在这种情况下，他唯一的选择就是帮助阿历克斯树立信心，并想出其他办法来解决问题，可由于马上要去机场，他只有十分钟时间跟阿历克斯交谈。

"问题到底出在哪里？"鲍勃一边问道，一边想起了他刚刚从最近的一次全公司范围的分享项目当中学到的快速分享技巧。

"哦，"阿历克斯说道，"汤姆并不是很擅长进行访谈，那些法国厂商的反应让我感到担心。我也不知道该怎么帮他，你知道，我要对整个项目负责，而且我还要制订营销战略……头绪太多了。而且既然这个项目对公司具有非常重要的意义，我们为什么不再加点人手呢——哪怕一两个月也行。"

鲍勃沉默了一会儿。他觉得或许会有一个更好的解决方案——一个能够鼓励阿历克斯不要那么像"控制狂"的解决方案。"让我们更加全面地了解一下这个问题。告诉我，如果这个问题得到解决，情况会怎么样；别告诉我应该怎么做，只要告诉我，如果我们成功了，情况会怎样。"

阿历克斯想了一下："哦，汤姆应该完成所有的访谈工作，他会跟法国所有的主要执行官建立关系，然后把自己的工作成果写成一份报告，下次项目小组会议之前，我会跟他好好讨论一下……"

说完之后，阿历克斯明显地松了一口气，然后他突然又显得非常痛苦："可我觉得他似乎还不能……"

鲍勃打断了他:"在我们讨论汤姆的能力之前,告诉我你认为我们的现状和理想状态之间的差距在哪里。"

阿历克斯一边说,鲍勃一边做着记录。听完之后,他并没有马上作出评价,而是让阿历克斯看了看自己刚刚记下的问题,然后一一指出问题的核心所在——是在于阿历克斯本人,其他人,还是环境的限制?

阿历克斯吃惊地发现,有很多问题其实都出在他自己身上。鲍勃并没有直接告诉阿历克斯下一步应该怎么办;事实上,他根本不需要这样做,因为阿历克斯已经主动找到了解决方案。"太棒了,我相信,不用加人也能解决问题。我想请你直接跟法国厂商的 CEO 沟通一下,让他们更好地配合一下我们的工作。与此同时,我会派汤姆去接受一天的关于如何进行访谈的分享,我这几天先不忙着招人了,就这样。"十分钟之后,阿历克斯觉得自己已经为眼前的问题找到了答案,鲍勃动身前往机场,而阿历克斯则沿着走廊去找汤姆。

在以后的日子里,阿历克斯也经常应用他从鲍勃那里学到的这些快速分享技巧。

立竿见影的分享

有的时候，你可能没有足够的时间或知识对某位下属进行一次完整的分享或者帮助他们提高自己的工作技能，但另一方面，你又确实想帮助他们摆脱眼前的困境。

只要使用下面的模式，你就可以在五分钟时间里与你的下属进行快速分享，并让他们意识到自己应该对所面临的处境负责，并尽自己的努力来改变这种境况。

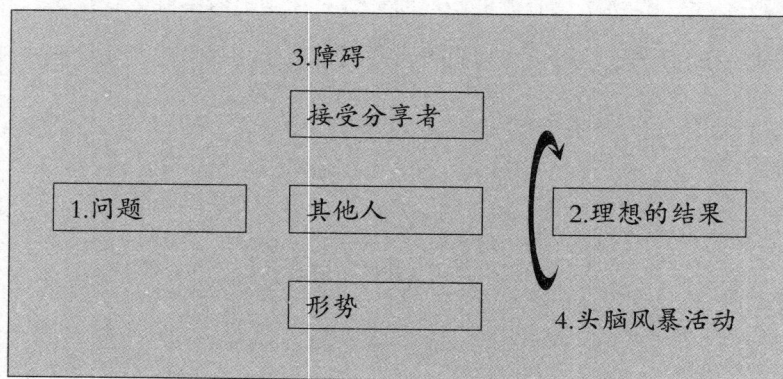

立竿见影的分享

1. 让接受分享者描述一下自己正面临的问题，举出具体的例子以及相关的背景信息；

2. 让对方描述一下解决这些问题之后的情形，要尽可能详细。不要试图代替他解决这些问题，只要把自己临时想到的建议记录下来就可以了；

3. 和接受分享者一起，列出所有的问题，然后把它们分成三类：

★受分享者本身的问题（比如说能力不足、没有动力、态度不好，等等）

★其他人身上的问题（比如说焦虑的客户、备感压力的经理，等等）

★当前形势的问题（比如说资源不足、最后期限的变更，等等）

4. 和对方一起，用头脑风暴的方式构想出所有可能的解决方案。然后就可行的方案、具体的实施步骤，以及时间安排等达成一致。

练习

在自己身上尝试本章讲述的方法。如果可行的话，向下一位来向你寻求建议的人一起尝试一下这种方法。

第 10 章　考虑到其他人的
　　　　　能力和意愿

在本章当中，阿历克斯学会了能力/意愿矩阵。

"也该是时候了。"当鲍勃正式告诉阿历克斯他即将升任高级经理的消息时，阿历克斯这样对自己说道。

"当然了，"鲍勃好像知道阿历克斯在想什么，"你早就应该当上高级经理了——谁都不能否认，你在管理 Genesis 项目过程中的表现非常出色。但你要知道，要想成为一名合格的高级经理，你还要更多地学习怎么管理和领导自己周围的人。我们之所以会推迟提拔你，就是要观察你是否能够克服自己在分享过程中的一些心理障碍。毕竟，库存可以被管理，但人却需要被领导。"

到目前为止，加入这家公司两年时间之后，阿历克斯开始管理五六个大型项目。他很清楚，作为一名高级经理，他必须学会更好地分配自己的时间——也就是说，他不可能事无巨细、面面俱到地管理一切。幸运的是，在见识了有效分享的威力之后，阿历克斯已经读了很多关于分享的资料。现在他感到自己碰到了一个很好的机会，可以把刚刚学到的能力/意愿矩阵应用到工作当中去了，于是他又重新复习了一下这种矩阵的相关知识：

从某种角度来说，能力/意愿矩阵是一种非常简单的理念，可要想充分发挥出它的力量，你必须进行实践。总的来说，所谓能力／意愿矩阵理论，就是指领导者必须学会根据下属的能力和意愿水平来不断调整自己的领导方式，当然，在这个过程当中，你要始终牢记下属的工作内容。

比如，如果有人能够完成某个给定的工作，而且他们又有足够的动力来完成这项工作（也就是说，他们的能力和意愿水平都很高），这时领导者就应该更多采用授权的方式进行管理。

而另一方面，如果你的下属既没有积极性，又缺乏工作能力的话——就某一项任务而言——你就需要对他进行更多指导，至少是在刚开始的时候。而对那些能力比较强，但工作积极性却不够高——或者反过来说，工作积极性很高，但能力却不是很强——的下属来说，你就需要进行更多的激励或者是引导。

（注：关于这四种领导风格的详细介绍，请见本书附录 4）

虽然这在理论上听起来非常简单，可在实际实践的过程中，你必须注意两个问题。首先，你必须对受分享者的能力和意愿水平作出精确的判断，而不能带有个人偏见或者是简单根据假象来判断一个人的积极性或能力水平。其次，由于受分享者的能力和信心都是处于不断变化当中的，所以你必须学会及时调整自己的领导风格。

阿历克斯突然想到了汤姆，他加入公司大约一年时间了，目前正负责为公司寻找下一个收购对象——因为公司正准备进入冷冻食品市场。阿历克斯知道汤姆的工作积极性非常高：他非常喜欢这份工作，而且曾经不止一次地向阿历克斯暗示自己希望得到这项任务。

但阿历克斯并不是很了解汤姆的能力水平。虽然汤姆具有这个项目所需要的创造性和随机应变的能力，可另一方面，阿历克斯却感觉汤姆在战略制订和价值评估方面的能力并不是很令人满意。

他决定跟汤姆好好谈一下。在讨论的过程当中，阿历克斯注意尽量使用那些真正的开放式（而不是引导式）的问题，他希望能够通过这次谈话对汤姆进行一次客观公正的了解。结果表明，阿历克斯最初的判断是正确的，虽然汤姆在加入这家公司之前曾经参与过几次公司收购。

"显然，汤姆的积极性和个人能力都不错，"阿历克斯想道，"我应该对他进行更多地授权；只是在战略领域方面，我需要对他进行更多的引导。"

阿历克斯接着跟自己的其他四位直接下属进行了类似的交流，他的结论是，他应该对其中的一位加以更多的引导，对其中的两位给予更多的授权，并对其中的一位实施更多的指挥。当所有这一切工作都完成以后，阿历克斯终于松了一口气，他下个月的工作目标已经变得非常明确。不仅如此，他还感觉到自己完全可以进行更多的授权，这样自己就可以有更多的空闲时间了。

选择适当的分享风格

能力／意愿矩阵

在很多情况下，当我们把某项工作分配给一个人之后，他所完成的结果可能并不是非常令人满意。为什么会出现这种情况呢？

其中最主要的原因之一就是，负责这项工作的人可能并没有太高的积极性——或者说没有能力——来完成这项工作，而我们又采取了"授权"的方式来进行管理。或者，当负责这项工作的人完全有能力独立完成的时候，我们却过多地参与到这项工作当中，结果在很大程度上影响了对方的积极性。

所以说，无论是在进行"分享"还是在进行"管理"，你都应该学会根据对方的状态及时调整自己的领导风格。

为了做到这一点，你可以使用能力／意愿矩阵：

★ 首先，你应该对接受分享者的能力和意愿作出客观公正的判断（具体可参照下文中的图表 1）；

★ 然后你可以利用能力／意愿矩阵来确定自己该使用哪种领导风格——比如说，如果你的下属的能力和意愿都很强的话，你就应该对他进行更多地授权；

★ 最后，你应该向对方说明，你将采用哪些方式对他进行管理，并告诉他你为什么会选择这样做。

需要注意的是：

★ 在对下属的能力和意愿作出判断之前，你首先必须明确地告诉对方需要完成的任务——比如说，你给对方规定的任务应该是"在董事会做演示"，

而不是"进行公开演讲";

　　* 如果要跟某个人共事很长时间，那你就必须考虑到他们在能力和意愿上的进步。如果他们确实在这两方面取得了一些进步的话，你就应该及时调整自己的领导风格，学会对他们进行更多地"授权"。

使用能力／意愿矩阵

1. 首先对下属的能力和意愿——就一项具体的任务而言——作出准确的判断。

* 判断能力的主要指标通常包括经历、所接受的分享、理解能力以及角色感等;

* 判断意愿的主要指标通常包括工作积极性、动力、可靠性以及完成工作的信心等。

图表 1

低能力　　　　　　高能力

低意愿　　　　　　高意愿

引导　　　　　　授权

分享目标

指导　　　　　　激励

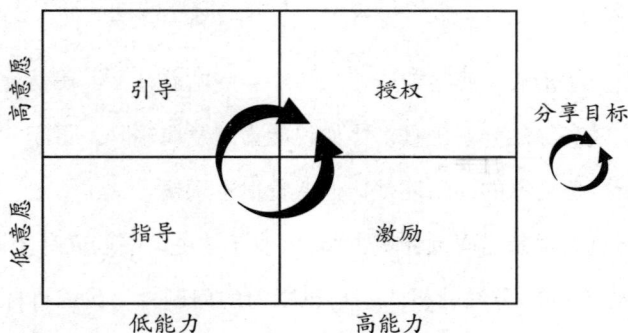

2. 确定适当的培训／管理风格——比如说，在执行某项任务的时候，如果下属的积极性很高，可能力却非常有限的话，领导者就应该更多地进行"引导"。

3. 和对方就你准备采用的领导风格达成一致。

练习

回想一下你上司糟糕的管理或者是分享表现。他的管理风格是否与你的能力和意愿水平相适应？你现在是如何对自己的下属进行管理的？想想看，你应该如何把我们上面讲述的三个步骤应用到自己的工作当中去？

第 11 章　克服受分享者的抵制心理

在本章当中，阿历克斯学会了如何克服受分享者的抵制心理。

阿历克斯一边沿着走廊往前走，一边小声嘀咕着什么。虽然他已经开始真正掌握一些比较高级的分享工具，比如说能力／意愿矩阵，可刚才跟为汤姆工作的收购分析师奥古斯的谈话还是让他感觉很不顺畅。

虽然阿历克斯很想当面批评奥古斯，可他还是决定采取更有建设性的方法。他开始尝试采用 GROW 方法分析一下自己眼前的问题。"我的目标是……找到一种能够帮助我跟奥古斯进行有效交流的方法，这样我就可以向他提供一些比较关键的反馈意见。现在的情况是……"阿历克斯开始回忆起刚刚与奥古斯的谈话。

"奥古斯，工作进行得怎么样？"走进奥古斯办公室的时候，阿历克斯问道。

"很好。"奥古斯的回答有些生硬。

"汤姆现在不在，所以我来看看你是否需要帮助。"虽然奥古斯摇了摇头，可阿历克斯还是坚持问道，"你确定一切都没问题？"

"绝对没问题。"

汤姆曾经告诉过阿历克斯，奥古斯经常高估自己的能力，而且不大愿意向别人请求帮助。汤姆把这归结于奥古斯以前任职的那家公司的企业文化，因为在那家公司当中，要想生存下去，每个人都必须向上司不断证明自己的能力。

阿历克斯决定再暗示奥古斯一下："如果需要帮忙的话，你随时可以来找我。"奥古斯表示感谢，然后继续埋头工作。

想到这里，阿历克斯不禁感到有些疑惑——因为公司里每个人都知道阿历克斯是一个绝对可以开诚布公地交流的人。

他想到自己以前也曾遇到和奥古斯相似的情况。刚来到公司的时候，阿历克斯也不愿意向老板和同事们承认自己遇到了一些问题。因为他总是担心这种"示弱"的行为会不利于自己。阿历克斯意识到，在跟奥古斯进行讨论的时候，他一直自认为自己是一个优秀的分享者。可事实上，或许奥古斯根本不信任他。

"所以，"阿历克斯对自己说道，"如果说要首先取得信任的话，我有哪些选择？首先，我可以直接告诉他；或者说，我可以让别人告诉他我是一个值得信任的人；再或者，我可以让汤姆来负责这件事……"好像这些都不是好办法。"好吧，"阿历克斯想道，"让我好好想一想，我怎么才能评价自己是否应该相信一个人呢？"

想着想着，阿历克斯突然记起了自己以前曾经读到过的一种简单的观点。根据这种观点，人们可以用"感情账户"的方式来衡量自己与别人之间的关系，或者说，两个人之间的关系如何完全取决于两个人之间的善意信用水平。比如说，当你遇到一个陌生人的时候，由于彼此之间根本没有任何的善意信用可言，所以你们很难进行沟通。

慢慢地，阿历克斯开始意识到，自己在奥古斯那里的"感情账户"已经严重超支了。因为最近一段时间以来，阿历克斯经常临时提出一些要求，结果使得大家加班到很晚。而且阿历克斯也知道，奥古斯的父亲——住在离公司三小时车程以外的地方——最近身体非常不好，所以如果加班的话，奥古斯就很难去看望他的父亲。不仅如此，阿历克斯甚至根本不了解奥古斯这个人对于今后的打算。所以，现在的问题并不在于阿历克斯的分享水平，而是他并没有跟奥古斯建立真正的关系。在考虑了所有这些因素之后，阿历克斯开始进行总结：他知道下一步该怎么办了。

他找到了奥古斯上次的年度评估资料，对奥古斯有了更多的了解，并决定一定要让奥古斯周末的时候能够回家看望一下自己的父亲。中午休息时，他邀请奥古斯一起出去喝一杯，一边喝酒，他一边跟奥古斯聊起了自己刚刚进入这家公司时的经历，比如刚开始的时候，他发现自己很难信任老板，以及他是如何慢慢克服这种障碍的。说完之后，阿历克斯仔细地听着奥古斯讲述自己在前一家公司里的经历，以及他对当前这份工作的担忧和设想。

当阿历克斯觉得时机已到的时候，他开始询问奥古斯是否愿意在适当的时候听听自己对他的评价。为了避免引起误会，阿历克斯还强调说这只是一些非正式的评价，并不会被记入个人档案。就这样，当两人之间建立了一种更加开放、更加充满信任的关系时，奥古斯就很容易向阿历克斯提出帮助请求，而且他也开始请求汤姆和阿历克斯在一些他自己不是很熟悉的工作上对他进行监督指导。

每次想到这件事情的时候，阿历克斯总是会得出结论：很明显，要想进行成功的分享，你首先必须学会与对方建立公开、相互信任的关系，双方都应该充满善意。

如何克服一些分享者的抵制心理

虽然你可能觉得对方会从你提供的分享中受益，可事实上，对方可能并不愿意接受你的帮助。

在这种情况下，我建议你首先了解一下对方为什么会出现这种抵制心理。他或许根本不愿意接受任何人任何形式的分享，或者他也可能只是对你本人有一些抵触情绪。

为了选择一种适当的分享方式，你首先应该设法对受分享者进行更多的了解。

如何克服一些分享者的抵制心理

接受者的心态	分享者的选择
本身就不愿意接受分享 ◎不愿意承认自己还有需要改进的地方（无论是从总体上来说，还是就某些具体的问题而言） ◎对自己所在的组织充满不信任 ◎暂时没有时间	**找出受分享者的心理障碍** ◎提出一些事实性的证据，让对方意识到自己在某些方面确实需要接受分享（"推"的策略） ◎首先让对方对你进行分享（"拉"的策略） ◎建立信任 ◎为今后的分享达成共识
不愿意接受你的分享 ◎以前曾经跟你闹过别扭 ◎跟你的工作风格截然不同 ◎觉得你在组织中的位置是在"考评"他们	◎首先表示出温和的态度（注：如果所有这些方法都失败的话，我建议你换个分享者） ◎与对方开诚布公地讨论，如果可能的话，建议你接受这种工作风格上的差异 ◎向对方清楚地解释你在组织中的角色，比如说，你是否能够决定对方的收入水平 ◎强调你与对方之间的交流是"非评估性"的

练习

　　找出你所在的组织当中那些最不愿意接受分享的人，并针对这些人——使用我们刚刚讲过的方法——制订出一份分享计划。

第 12 章　激　励

本章当中，阿历克斯
突然发现自己原来是一个
很好的激励者。

几个星期以后，阿历克斯开始对自己在这家公司两年半来的经历进行总结。他很高兴自己当初加入了这家公司：两年半来，他颇受尊敬，而且提升速度也比较令人满意。他非常喜欢这家公司"以人为本"的企业文化，而且他几乎可以肯定，公司的发展速度之所以能够远远超过行业平均水平，在很大程度上要归功于这种企业文化。

当上高级经理之后，他开始考虑如何对自己的下属进行激励。由于关于这一主题的书并不多，所以他就更加注意从其他优秀的高级经理那里学习，并随时把自己的心得记录并整理出来。

当他想到玛丽——她18个月前加入了自己所率领的团队，现在，阿历克斯正在准备对玛丽进行年底评估的时候，他觉得自己学习过的三种激励方法应该有效，它们是：（1）帮助接受分享者了解自己当前的工作积极性水平；（2）帮助对方对自己今后的职业发展做一番展望；（3）通过赞扬和分享的方式来不断矫正对方的行为，帮助他取得进步。

见到玛丽之后，阿历克斯首先用了15分钟对她今年的表现作了评价。这可不容易，因为玛丽在最近的很多工作上都表现为"低能力"和"低意愿"，所以阿历克斯决定用面谈的最后 15 分钟时间跟玛丽讨论一个其他的问题。

"玛丽，看起来你陷入了一个恶性循环。你一开始就对自己的能力缺乏信心，所以你工作的时候总是表现得不够积极，结果，你的潜力并没有真正发挥出来，自然，在这种情况下，你根本不可能得到足够让你满意的赞扬——而这又会进一步打击你的自信心。"一边说着，阿历克斯一边在纸上画了一张图。（见下文"恶性循环"一图）

"你知道，阿历克斯，"她回答道，"我觉得你说得对。我本来对自己这种状况从未这么想过，事情似乎都搅和到一块儿了。我该怎么打破这种恶性循环呢？"

"好吧，让我们想想，你最擅长的工作是什么呢……"

他们接着讨论了一些选择，然后排除了那些跟玛丽当前的主要工作关系不大的活动，最后，他们得出了结论，玛丽应当成为公司里最优秀的演示人员。在阿历克斯看来，虽然这个目标有点过高，但玛丽可以做到这一点。因为虽然性格有点内向，可她却是当地业余戏剧小组的一名主要成员。

"好了，玛丽，告诉我，你准备怎么实现这个目标？"阿历克斯问道。经过前面的讨论之后，玛丽已经开始变得有些兴奋了，可听到这个问题时，她还是不知道如何作答。阿历克斯感觉答案就在自己嘴边，几乎要脱口而出，可他还是咬了咬自己的嘴唇，他决定让玛丽自己找到答案。让他感到惊讶的是，一会儿过后，玛丽突然想出了一大堆极富想象力的方法，比如"主持本部门的圣诞节抽奖活动"或者"向那些刚刚加入公司的人介绍整个公司"，等等。

"好的，你需要什么帮助吗？"阿历克斯问道。

"我想我可以完成大部分工作！"玛丽好像还处于兴奋状态当中，在她刚刚想出来的主意当中，就包括参加演讲分享班，并注意观察电视上那些演说家们的演讲技巧，等等。"如果看到我做演示的话，请你提供一些反馈意见就可以了！"

"我出差的时候，"好久不见的莎拉跑到了阿历克斯的办公室门口，"你到底对玛丽做了什么？"

　　莎拉刚刚从香港分公司回到总部。她以前曾经和玛丽一起工作过一段时间，可她现在感觉玛丽焕然一新了。

　　玛丽现在在演示技巧方面取得了切实的进步，但也许更为重要的是，她比以前自信了很多，这又使得她在其他方面的工作也都大步前进。实际上，玛丽现在已经成了一个充满活力、信心十足的新玛丽了。这一切都让阿历克斯感到满意，他觉得自己当初在进行评估的时候跟玛丽的谈话是值得的，并且庆幸自己当初并没有例行公事地对玛丽进行评估。

　　"香港的事进行得怎么样？"阿历克斯反问道，"我给你打了几次电话，可你好像总是在东南亚到处飞。"

　　"说来话长，"莎拉说道，"不过我倒是真学会了如何跟那些来自不同文化的人打交道了。"

激　励

激励的黄金法则：

1. 了解你的下属，知道他们属于激励循环的哪个环节；

2. 要尽力提高下属的自信，对于那些极度缺乏自信的下属来说，你唯一能做的就是帮助他们建立自信心。你可以采用下列方式：

★ 帮助他们确立一个远景目标，让他们尽最大努力完成一项非常明确的任务，或者扮演一个非常具体的角色；

★ 意识到他们在那些看起来跟他们当前工作关系不大的活动中所取得的进步，也会对他们的"核心"工作产生正面的影响。

如果他们处于一种良性循环的话，你就要尽量表扬他们；

3. 确定他们在哪些地方需要帮助或者是分享，即便这种帮助是通过受训者本人或者第三方来完成的；

4. 知道哪些方式能够最有效地激励接受分享者。因为虽然每个人都需要被激励，可能够使人们感到振奋的因素又是各不相同的。

循　环

良性循环

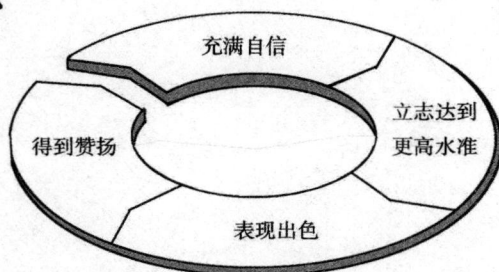

充满自信
立志达到更高水准
表现出色
得到赞扬

恶性循环

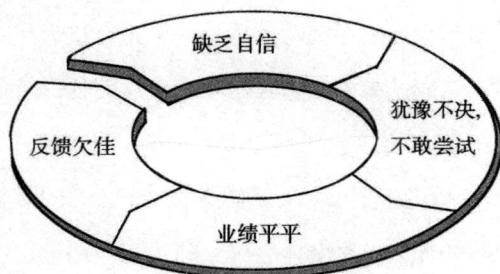

缺乏自信
犹豫不决，不敢尝试
业绩平平
反馈欠佳

　　挑选四位同事，想想他们各自处于哪种循环，你是否能够帮助他们取得进步。

　　组织你的团队填写附录 5 中的表格，然后把结果进行对比，想一想，团队成员之间最大的差别在哪里？

第 13 章　意识到文化差异

在本章当中，阿历克斯发现，文化上的差异将极大地影响分享的效果。

当 MA245 航班轰然升空的时候，阿历克斯感觉自己好像要被粘到座椅上面。他此刻正绕道巴黎飞往摩拉维亚。Genesis 项目——也就是将 Cones-and-Tubs 国际公司整合进阿历克斯所在公司的项目——正在接近尾声，而在此之前，公司已经在摩拉维亚完成了另外一起收购项目，从而使得公司成了目前东欧最大的冰激凌制造商。

第二天早晨，阿历克斯出现在了摩拉维亚子公司的董事会办公室里，准备与当地的管理团队举行第一次全体会议。阿历克斯知道这次会议非常关键，但同时他也知道，由于远离公司在伦敦的总部，这家分公司的管理层跟总部还是存在一定的隔阂。因此他必须抓住所有可能的机会来树立"总部"在这家子公司的影响力。

因此，举行全体会议的前一天晚上，阿历克斯就跟子公司的战略主管让共进了一次晚餐，并跟他一起讨论了如何召开管理会议的事宜。最后两人决定，在第二天的会议上，让将首先向大家说明合并的意义，然后进行自由讨论，最后大家一起参观工厂。虽然阿历克斯以前只见过让一次，可他感觉让是一个非常咄咄逼人的家伙。所以他花了几分钟时间来告诉让如何使其风格变得更加柔和。

让刚刚开始讲话，阿历克斯就不禁打了一个激灵。"哦，老天！"阿历克斯对自己说道，"这可真是太糟糕了！"

他知道摩拉维亚人一般都非常直爽，他们通常会直言不讳地提出自己的看法。可在阿历克斯看来，让的做法也太过头了。看来阿历克斯昨天晚上对他进行的分享毫无效果。

为什么让不采用他们讨论过的柔和一点的方法呢？昨天他们刚刚谈过的要尽量照顾到当地公司首席执行官面子的事，他怎么都忘记了？

眼看着让越说越激动，阿历克斯根本无法打断他。阿历克斯开始额头冒汗。"至少，"他想道，"我知道自己应该开门见山地向他提出反馈意见——在会议结束之后！"

可能是因为压力太大，或者是因为他昨天喝的摩拉维亚酒太猛烈，也可能是因为时差的关系，阿历克斯突然感到自己好像丧失了知觉。

他只记得当让讲完之后，全体人员都站了起来，掌声热烈极了！

会议结束之后，阿历克斯突然想到，自己本来可能会用一种完全不同的方式来处理这些事情。虽然最后一切都进行得非常平稳，可阿历克斯还是决定，下次再对来自不同文化背景的人进行分享的时候，他一定要事先考虑到文化上的差异，至少，他会事先考虑到自己、受分享者，以及相关背景之间那些最重要的文化差异。

比如，阿历克斯想到他应该在晚餐的时候多听听让的想法，或者是跟他开诚布公地讨论一下与第二天会议相关的文化问题，而不是一味地劝诫他要变得柔和一些。不管怎么说，如果阿历克斯再对让进行分享的话，他一定会更加直接，从而可以更加符合让所处的文化环境。

除此之外，让——跟阿历克斯一样——也喜欢在一个等级不是那么复杂的环境里工作。可另一方面，如果让真的对上司唯命是从的话，阿历克斯就会有必要让对方明白一点：头脑风暴时想出来的建议并不等于正式的命令！

同样，在不同的文化当中，人们对于"团队协作"的理解也可能会有或多或少的不同，而对于那些即将组建自己团队的高级经理人员来说，理解这点是非常必要的。

　　当阿历克斯登上波音 727 返回伦敦的时候，他非常高兴自己能够决定在巴黎度过周末，不仅如此，他还很高兴地发现莎拉也会赶到巴黎。他想和莎拉一起谈谈她在香港的经历，并跟她交流一下在一个自己不熟悉的文化中进行管理的心得。

文化差异

当你与一个来自不同文化的人进行分享的时候，他的反应可能会让你感到有些不习惯：

★ 不一定是只有来自不同国家、种族或者是宗教的人才会产生文化上的差异——那些刚刚加入一家新公司的人，由于依然受到前公司的影响，也可能与新的公司存在着文化上的差异；

★ 这些差异可能会影响到新加入者的表现，这时你最好尽量告诉他们你自己的看法和建议；

★ 当你和一些来自不同国家或者不同文化背景的人一起工作的时候，我建议你一定得明白，并最好能够向大家解释清楚这种文化差异将给整个团队作业带来的影响；

★ 最后，我建议你一定要跟其他人就整个团队的工作方式达成一致——包括你的管理风格、工作目标、进度检查以及创造性，等等。

四种文化维度

　　不同的文化——无论是民族文化还是组织文化——都会在很多方面体现出各自的特点。总的来说，文化差异最重要的维度有以下四个：

维度	分享者的注意事项
★ 直接性（直截了当／暗示性的语言） ★ 等级性（接受命令／进行讨论） ★ 一致性（接受不同的意见／达成共识） ★ 个人主义（尊重个人能力／强调团队协作）	适当调整自己提出反馈的方式 仔细调整好自己与对方的分享关系以及 组织汇报关系 从询问／告知管理风格中进行适当的选择 选择好分享的重点——是否集中在整个 团队作业上面

练习

　　想想看，你上次感到很难跟来自不同文化背景的人进行交流是在什么时候？出了什么问题？为什么？你能避免这些问题吗？这么做值得吗？

第 14 章　建立一支协作良好的团队

在本章当中，阿历克斯发现他成了一名公认的非常出色的团队领导。

当阿历克斯来到庆祝莎拉升职的派对时，屋子里已经挤满了人。由于莎拉人缘很好，而且是一位很受尊敬的管理者，所以很多人都来参加她的派对。

阿历克斯端着酒杯从拥挤的吧台边挤了出来，然后在一小群人旁边找了一个地方停了下来——他可以听到那些人在说什么。汤姆也在里面，阿历克斯刚刚建立了一支新的团队，负责为公司制订一份未来三年的发展计划，汤姆就是其中的一位成员。听到大家好像正在问汤姆什么问题，阿历克斯马上竖起了耳朵，开始在大花盆后面认真听了起来。

"跟阿历克斯一起工作感觉怎么样？"有人问道，"我听说他的安排非常苛刻，而且我知道他以前是一个名副其实的食人者。"

"那已经是以前的事了，"汤姆回答道，"我们刚刚开过第一次会，我必须承认，阿历克斯真的是一个很棒的家伙，而且非常聪明。"

"哦，什么意思？"

"他一切都安排得很好。我们的团队一共有五个人，在离会议开始还有几天的时候，他就给每个人发了一份工作计划单。"

"这有什么了不起的？"另一个人问道。"问题是，在递给我们计划单的时候，他明确地表示希望我们能够多提意见，"汤姆接着说道，"我想他肯定事先对我们进行过调查。因为他好像知道每个人的特长，并要求我们从自己最擅长的角度提出看法。

"会议开始的时候，他做了一场非常有说服力的演讲，并让团队的所有成员都知道了这项工作的重要性——通过这种方式，他成功地在团队当中建立了一种真正的同志情谊。

"不仅如此，他还给我们看了去年上司对他作出的年度鉴定，上面并非都是表扬，还有一些他需要改进的地方。"

"可他到底为什么要这么做呢？"又有人问道。

"虽然他没说多少话，可他这样做的效果很明显，因为看过他的鉴定之后，我们都感觉他是一个十分开明的人，所以当他让我们提出自己的意见和建议的时候，大家都会说出自己的真正想法。而且他让我们觉得这是一支携手并进的团队，团队成员之间需要经常进行沟通，每个人都应该在工作中主动发挥自己的特长，帮助整个团队解决问题。

"我们甚至用了五分钟时间讨论了整个项目的哪个环节最为繁忙，并想办法让那些必须加班的情况尽量不要对团队成员们的私人生活影响太大。

"然后我们讨论了各自的角色和责任。你知道，阿历克斯确实在听我们讲话，而且等我们讲完自己的情况之后，大家又一起对整个项目计划进行了修改。就这样，当会议结束的时候，我们每个人都很清楚自己应该干什么，而且我们都感觉自己已经成为整个团队的一分子了。我们甚至决定要在三个星期内对整个团队的表现进行一次评估（见附录6），从而保证整个团队在工作的过程中不至于出现脱节的情况。"

"看来你们并不需要一位火箭专家来负责协调所有的工作。"旁边有人略带讽刺地说道。

"是，"汤姆答道，"不需要，告诉我，伙计，你参加过这样的团队会议吗？你的上司有没有给你看过他的年度鉴定——要知道，这种做法之所以很有效，是因为它可是需要勇气的。"

听到这里，阿历克斯脸上不禁露出了一丝得意的微笑，然后走开去找莎拉去了。"呵呵，这就是人们所说的'走廊谈话'吧，"他想道，"汤姆说的对，出色的领导者并不需要成为一名'火箭专家'。"

他还想到，在建立和管理一支团队的时候，一对一的技巧是多么的重要！

团队作业中的分享

有些团队工作得非常努力，每个成员都很喜欢自己的工作，并能出色地完成任务。相比之下，有的团队显然就不是那么高效，虽然所有成员都付出了双倍的努力，但整个团队却士气低落，效率低下。这是怎么回事呢？

在《团队的智慧》（*The Wisdom of Teams*）一书当中，作者约·卡申巴赫和道格拉斯·史密斯讲述了团队工作的六大基本要求（如下图所示）。虽然我不可能在这里详细地对这六大基本要求进行一一详述，但我还是要向大家简单介绍一下那些与分享关系最为密切的内容。

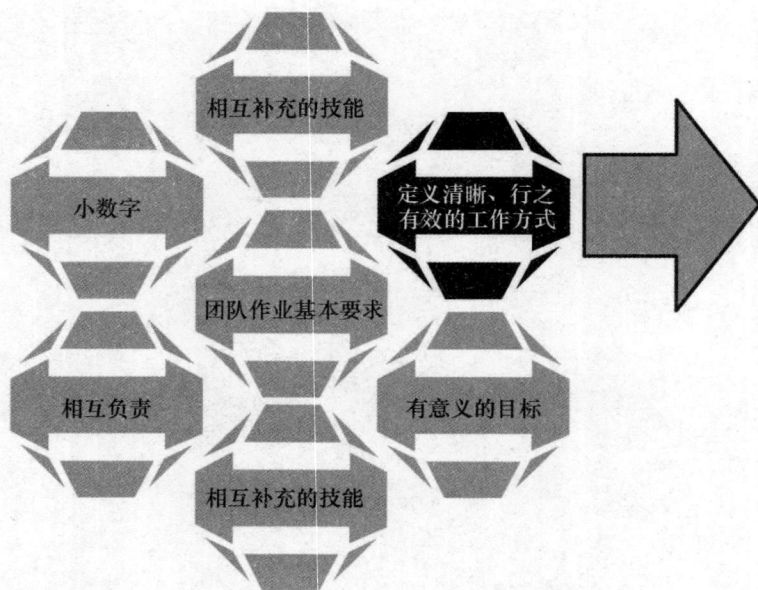

相互补充的技能

小数字

定义清晰、行之有效的工作方式

团队作业基本要求

相互负责

有意义的目标

相互补充的技能

定义你的工作方式

一个清晰界定的工作方式不仅是保证团队作业效率的必要条件，而且对建立一个积极的分享环境至关重要。

这种方式的特点主要包括：

1. 在团队成立的最初两周之内，领导者应该举行一次为期半天的全体会议，就团队作业的基本原则和"团队宪章"达成一致——

★ 每位队员的具体目标；

★ 工作时间，以及可能会加班的情况。

2. 所有人公开主动提出自己需要在哪些方面接受指导。

★ 在这个时候，领导者应该向大家公开自己的年度鉴定；

★ 约定要建立一种清晰的意见反馈机制。

3. 整个团队共同制订出一份工作计划。

4. 所有的团队成员都习惯于接收别人的反馈意见，在必要的时候，要学会说"别放在心上"。

5. 团队每六个星期，必要的情况下还可以更加频繁——每取得一次阶段性进展的时候（比如，每公布一份报告的时候）——至少进行一次工作总结。

练习

以你当前正在进行的项目为背景，考虑你应该如何在自己的项目团队当中使用以上五点，并采取一些纠正性的行为。

第 15 章　关于分享的一些告诫

在本章当中，阿历克斯有些过于依赖心理学了。

为了庆祝他加入公司四周年，阿历克斯刚刚休了一个长假。回到办公室的时候，他已经晒成了古铜色，一切都感觉好极了——尤其是他跟新任女朋友的关系经受住了第一次假期测试。

在秘书的帮助下，阿历克斯开始清理自己的公文格。当秘书正准备离开办公室的时候，阿历克斯问她公司最近都有什么传言。

"没什么，"秘书回答道，"一切都很平静。唯一的新闻可能就是蒂姆和玛丽之间好像有些不和。"

玛丽是阿历克斯手下最能干的经理之一。她跟来自营销部的蒂姆正在对公司的研发流程进行改造，两人在工作的时候有很多交往。虽然整个项目的进展非常顺利，可阿历克斯还是感觉玛丽和蒂姆之间存在着一些摩擦。

"看来我要与他们进行分享了。"阿历克斯想到了屡试不爽的 GROW 模式。

很快，他找到了玛丽，并跟她约定一起讨论一下整个小组的作业情况。

"你最近跟蒂姆怎么样？"阿历克斯问道。

"不是很好，"玛丽回答道，"我们做事的方式完全不同。"

玛丽想了一下，接着说道："事实上，如果只有我们两个人在一起的话，那倒也可以相安无事。可当屋子里有其他人的时候，我们之间就比较容易起摩擦。"

阿历克斯感觉自己已经知道了事情的真相。他注意到玛丽在最近的公司年度垒球比赛中大出风头。所以她跟蒂姆之间的问题显然坚定了阿历克斯的想法：玛丽是一个爱在别人面前表现自己的人。

"你有时候是不是觉得，每次跟蒂姆一起开会的时候，你总是要想办法证明自己，尤其是当有其他人在场的时候？"阿历克斯知道自己只是在猜测，可他感觉自己的猜测很可能是正确的。

玛丽开始用怀疑的眼光看着阿历克斯："嗯……我觉得好像不是这样的。"

"小时候你是不是总喜欢跟自己的兄弟们一较高下？"阿历克斯继续问道。

玛丽这下真的是摸不着头脑了。她焦虑地看了看其他地方，突然注意到旁边的书架上有几本已经被翻烂的弗洛伊德的心理学著作。"实际上，"玛丽礼貌地回答道，"我跟家里人相处得非常好。"

阿历克斯接着又问了几个问题，直到一个国际长途打断了他们的谈话。玛丽看到机会来了，赶紧从这位业余心理学家的沙发上站了起来，溜之大吉。

几天之后，玛丽和蒂姆终于和解。当阿历克斯注意到这一变化之后，他又跟玛丽进行了一次谈话，并吃惊地发现玛丽和蒂姆之间的不和纯粹是因为一些小的误解。当他回想整件事情的时候，他突然意识到，或许自己根本没有弄清楚事情的真正原因。

或许他根本不应该过于钻研心理学。"一知半解真的非常危险……"他自言自语道，"下次我应该多听，然后根据事实作出判断。"

然而，阿历克斯第二天又发现自己还有一个毛病，而且改掉这个毛病花了他几个月时间。在度假之前，他投入了大量时间对周围的人进行分享、激励和反馈，结果最终反而忽略了一些工作中最基本的问题。有的时候，一些比较困难的决策需要由个人来完成，可他却并没有直接处理这些问题，相反，他有好几次都让自己的团队来作决定。"毕竟，"他想道，"我给了他们权力。"可不幸的是，他把那些本来应该由他亲自处理的战略决策权也移交给了团队成员。

关于分享的一些告诫

　　在帮助别人培养技能的过程当中，出色的分享者——跟出色的心理学家们相对而言——通常不会过于依赖心理学知识。事实上，他们总是根据自己所观察到的事实来进行分享，并提出反馈意见。

　　打个比方，看电视的时候，我们每个人都知道该如何换台，可我们却并不一定要去关心电视机里的那些线路的工作原理。因此，我建议你在向别人提供分享的时候，一定要记住下页的这些注意事项。

　　除此之外，那些经验丰富的经理人——跟患有"过度授权综合征"的分享者们相比较而言——总是知道该在什么时候亲自参与到决策过程当中去。

关于分享的注意事项

1. 不要试图成为"心理学家"。

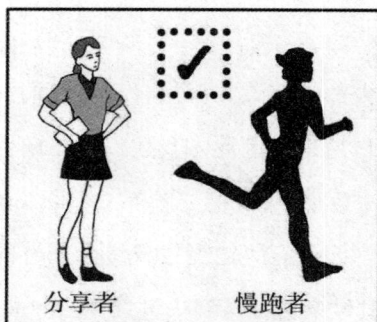

| 分享者 | 慢跑者 | 心理学家 | 病人 |

要做的事	不要做的事
★ 在帮助接受分享一方的时候，一定要将话题集中在具体的任务上 ★ 要就事论事，坦诚相见 ★ 要讨论那些确实存在的问题 ★ 掌握好分享的量和度 ★ 当遇到你所不能解决的问题时，向对方介绍那些有足够能力的专业人士	★ 试图从对方身上寻找一些"可能"存在的心理问题 ★ 尽量待人温和 ★ 偏离重点 ★ 指导过度 ★ 试图解决过多问题

2. 一定要注意那些需要你亲自作出决定的战略和运营问题。

第 16 章　如何向上司提出反馈

在本章当中，阿历克斯发现给上司提建议也很容易，而且会给自己带来好处。

阿历克斯最后终于把拖了几个月的一些战略问题解决了。再过六个星期就要举行全公司范围内的股东大会了，他开始变得有些紧张起来。

他的新任务是帮助公司董事会主席皮特准备演讲稿，可阿历克斯明显地感觉到，每次跟皮特一起开会讨论，总是会浪费很多时间。首先，皮特的东西总是放得乱七八糟，所以每次开始讨论之前，阿历克斯总是要花很长时间帮皮特找到相关的材料；其次，每次开会的时候，那些碰巧路过皮特办公室的人总是喜欢进来打断他们的谈话。

"天哪！"这天，当听到第四个人，在短短四分钟之内，敲响了皮特房门的时候，阿历克斯不禁叹道，"看来我应该在时间管理和个人管理方面给他提点意见和建议！可能以前根本没人跟他提过这些事！"

当天的会谈结束之后，阿历克斯一边向门口走去，一边暗暗鼓足了勇气，转过身来，对皮特说道："顺便说一句，我感觉公司近几年来一直在进行的分享活动效果好极了。事实上，我觉得关于如何给上司提意见的部分尤其有用——它们一点都不空洞，而且大大提高了我的工作效率。您觉得呢？"

"我？当然，我知道，这些分享的对象是公司全体成员，可我确实没时间去征求别人的意见和建议。"

阿历克斯稍微停了一下，希望皮特能够主动征求自己的意见，可显然，皮特并不打算这样做。于是阿历克斯轻轻深吸了一口气，然后假装漫不经心地说道："如果愿意的话，我们可以在下次开完会的时候花几分钟时间讨论一下，我可以给您提点建议。"皮特显然是一个很喜欢听取别人意见的人，于是阿历克斯暗暗告诉自己，下次开会之前一定要事先做好充分准备。

这天开完会之后，阿历克斯把手叉在腰上，然后问道："好吧，皮特，你想听听我的建议吗？"

"我不知道我现在有没有时间。"皮特回答道。

"但你完全可以为自己创造更多时间，"阿历克斯接着说道，"我倒是仔细想过这件事情。"皮特抬头看了看阿历克斯，他感觉有些吃惊，但又非常感兴趣。

阿历克斯说自己有些想法，或许能够对皮特有点帮助，可他还是决定（因为他想起了自己曾经学到的"告知／询问"的分享方法）首先问问皮特最需要在哪些方面得到建议。皮特无疑对时间管理最感兴趣。

阿历克斯建议他们以刚才的会议为例，并跟他讨论一下应该如何让自己的工作更有效率。

一番讨论之后，皮特主动提出自己应该让秘书建立一个更好的文件系统，这样他就可以不用花那么长时间去找文件。他还和阿历克斯一起想出了 20 个好点子，感觉都很不错。

正当皮特以为谈话即将结束的时候，阿历克斯却突然提出了一个最为敏感的问题。他知道皮特一直在奉行"门户开放"政策，公司所有人都可以随时来找他谈话，可阿历克斯相信，如果他现在不提出这个问题的话，像刚才开会时发生的情况会持续一整天。

"还有最后一点，皮特，为什么不让你的秘书把那些只是随便过来找您谈话的人挡在门外呢？这肯定会帮您节省很多时间，因为这样的话，您就可以专心致志地做自己的事情。比如，在刚才的 45 分钟里，我们至少被打断了 15 次。我知道您喜欢向所有的员工敞开门，可为什么不把更多的时间留给自己呢？要知道，门户大开和门户虚掩可是截然不同的。"

"你知道，阿历克斯，我希望公司里所有人都感觉自己能随时和我直接沟通！"

"这很好，"阿历克斯回答道，"可这样做的一个后果就是，所有跟您约见（并不断被其他人打断）的人都可能感觉'非常放松'，他们会随时过来向您补充新的信息，在这种情况下，您根本不可能安心地跟自己眼前的人讨论问题。"在把所有的话都说出来之后，阿历克斯开始等着皮特的反应。

毫无疑问，皮特惊讶极了——他根本没想到自己所设立的"门户开放"政策会产生这样的后果。可另一方面，他也似乎觉得自己应该考虑放弃这么多年来形成的惯例。

既然已经说到这里，阿历克斯决定一鼓作气："为什么不尝试一下呢？哪怕一个星期？皮特，至少没啥坏处吧？"

皮特试验了一个星期。效果好极了，他突然感觉自己的空余时间比以前多了很多。

他来到阿历克斯的办公室。"我要谢谢你提出的建议。30 年前，当我开始创建这家公司的时候，我确实应该对下属保持'门户开放'。可如今不同了，我们现在是一家大型的跨国公司，我也应该让自己的门'虚掩'起来了。实际上，你还帮助我改掉了一些其他的坏毛病。"

"干得好极了，阿历克斯。"皮特一边说着，一边沿着走廊回到了自己的办公室。

建立一种有效的环境，
让下属能够更方便地向上司提出反馈

只要实现能跟你的上司建立一种适当的"契约"，向上司提出反馈可以收到向同事或者是下属提出反馈相同的效果。

★ 大多数人都喜欢那些富有建设性、及时、可行，而且表达适当的建议，事实上，提出反馈并没有你想象的那么困难；

★ 创造一种能够互相坦诚沟通的环境是非常重要的，而建立这种环境的最佳时机就是在开始实际工作（也就是说实际开始提出任何反馈意见）之前。

一些非常有效的反馈方式：

★ "想听听我的建议吗？如果是这样的话，告诉我，你想听哪一方面的，希望我用什么形式来表达？"

★ "如果我感觉有些建议想告诉你，而且我相信它们会对你很有帮助的话，我该怎么表达呢？"

★ "在我们合作的项目当中，你有没有觉得我能够在哪些方面向你提出特别有用的建议？"

★ "看你这么忙碌／劳累／投入／聚精会神，我真不知道该怎么向你提出建议。告诉我，在这种情况下，我该怎么办？"

练习

在开始下一个项目的时候，跟你的上司就反馈方式达成共识。

第17章　如何向别人提供指导

在本章当中，阿历克斯发现自己成了一名导师。

年度股东大会结束之后，阿历克斯——除了他现在担任的许多职位以外——又开始重新参加公司的招聘工作。一天，他和其他几位同事讨论是否应该聘用一位年轻求职者，表决的时间到了。按照规定，所有同意招收这位年轻人的人都要举手。阿历克斯举起了手，其他人也是一样。

他感觉唐纳多对公司是一个很好的补充。当然，阿历克斯也必须承认，这位年轻人还有一些需要改进的地方，不过他相信，这些改进很容易实现。跟阿历克斯四年前刚到公司时一样，唐纳多的第一个职位也是战略规划经理。

一个月以后，公司举行了一次全公司范围的分享活动，就是在这次活动当中，阿历克斯成了唐纳多的正式导师。没人知道"导师"到底是干什么的，很多"导师"只是带着自己的"学生"去吃了一顿午饭。阿历克斯决定自己去寻找答案。

他打开了词典，找到了对"导师"一词的解释。

导师：一位向导，一位聪明的朋友或顾问。《奥德赛》当中的那位导师是奥德赛的一位老朋友，后来奥德赛把自己的家人托付给了这位导师，自己离开了以萨卡前往特洛伊。密涅瓦女神（智慧和技术及工艺之神）于是安排这位导师帮助奥德赛的儿子忒勒马科斯前去寻找自己的父亲。

"怎么才能成为一位合格的向导、朋友和顾问呢？"阿历克斯自言自语道，"毕竟，我可不是神仙。"

在以后的几个月里，阿历克斯发现导师的工作和分享者有很多相似之处。首先，导师也需要帮助自己的学生提高士气——甚至是抱负。有的时候，阿历克斯可能需要用自己早先学到的激励技巧来帮助唐纳多，而有的时候，阿历克斯却又不得不教导唐纳多暂时忽略眼前的问题，转而从一个更为宏大的角度来考虑自己的工作和生活。

有的时候，阿历克斯只需要注意聆听唐纳多的想法就可以了。他知道唐纳多不一定需要自己去帮助他解决一个实际的问题，更不需要自己去表示出太多的关心——唐纳多只是想"一吐为快"，只是希望能够有一位上司对自己足够关心，愿意去倾听自己的烦恼罢了。

有的时候，阿历克斯需要果断地参与到决策过程当中去，帮助唐纳多在众多选择当中作出筛选。这些讨论通常集中在一些比较广泛的职业话题上，而不只是局限于分享者所关心的、眼前的具体问题。

而在另外一些情况下，阿历克斯却需要向唐纳多提供一些他从其他地方并不是那么容易得到的信息——比如，关于公司在东亚地区的发展战略，以及唐纳多应该如何利用自己懂得中文普通话这一优势来推进自己的职业发展，等等。

除此之外，阿历克斯还是唯一能够向唐纳多个人风格提出建议的人。记得有一次，唐纳多穿了一件绿套装，里面配了一件粉色衬衣，脚下又穿了一双棕色皮鞋：这并没有违反公司的规定，但这显然也不会增强他的可信度。在这种情况下，没有其他人愿意就这一问题向唐纳多提出建议。

不仅如此，阿历克斯还学会了避免扮演某些角色——虽然这些角色初看起来好像也是一位导师所应该做的。比如说，他总是在提醒自己不要给唐纳多提太多的建议。有的时候，唐纳多并没有了解到一种复杂形势的具体事实内容，从而导致一时手足无措，只有在这种情况下，阿历克斯才会向他提供一些具体的建议——就好像是一位明智的父亲帮助自己的孩子学会自己解决问题，而不是一味地听取父母的建议一样。

阿历克斯还学会了尽量不让自己成为一名"紧急救援人员"。他知道，如果他只是一味地"接管"唐纳多的问题的话，那将非常不利于这位年轻人的长期发展。比如说，唐纳多曾经跟他的上司——阿历克斯的一位好朋友——发生了争执。就当时的情况来说，阿历克斯很容易把唐纳多的上司拉到一边，私下里劝他几句。可他并没有那样做，因为他知道，如果能够自己想出答案，并将其付诸实施的话，唐纳多完全可以从这件事情当中学到更多的东西。而且当唐纳多有了更多自信以后，他就可以靠自己解决所有类似的问题。

过了一段时间以后，阿历克斯开始回想起自己对唐纳多进行"指导"的这段时间。虽然当一名导师并不需要花太多时间，但他本来完全可以把这些时间用来做其他事情。他感觉自己从这个过程中得到了很多无形的收益——就像几年前莎拉在公司杂志上的一篇文章里写的那样。

正当阿历克斯开始准备考虑一些其他事情的时候，唐纳多出现了："阿历克斯，我一直都没有好好向你表示过感谢。可事实上，我要告诉你的是，你确实对我产生了很大影响。你甚至间接地影响了我跟我女朋友的关系。你可能不知道，她是公司董事会主席的女儿，我们就快要结婚了。在跟我未来岳父聊天的时候，我告诉他你是一个非常了不起的家伙。"

"哦，"阿历克斯想道，"或许这个世界上真的有天理这种东西。"

阿历克斯整理了自己的办公室，随手带上了录音机，这样的话，他就可以在度假的时候随时把自己的灵感记录下来。董事会将在他离开的这段时间里举行一次会议——他已经对此作好了充分的准备。

在回家的路上，他拿出了自己的机票——他的目的地是，希腊。

指　导

指导和分享有很多相似的地方。二者唯一的区别就在于：分享者的主要工作是帮助别人掌握完成某项具体工作的能力；而导师则要考虑一些更大的范畴。通常情况下，导师会与自己的学生建立比较长期的关系，或者说，他会在更多的问题上向学生提出意见和建议。

你可能发现自己会扮演几种不同的指导角色，如果你的组织安排你去指导那些刚进公司的年轻人的话，你可能会成为一名"正式"的导师；或者你也可以与对方建立一种长期而友好的关系，这样你就可以在他的工作中发挥更重要的作用；位于二者之间的，则是各种不同类型的关系。

然而无论如何，所有的导师都会使用下面提到的七种辅导方式中的全部或大部分。

七种辅导方式

辅导方式	如何操作
1. 帮助自己的学生培养一种积极的心态	见"激励"部分
2. 学会倾听学生的问题；并注意体会他们的感受，对他们表示理解	学会倾听，不要作出判断
3. 在必要的时候向对方提供适当的信息	见"提供反馈"部分。而且导师还应该学会向对方透露一些——在经过许可的情况下——"内部消息"
4. 鼓励对方找出更多的选择	见"GROW"部分
5. 学会授权	见"能力／意愿"部分
6. 有效地对抗对方的一些负面行为	见"提供反馈"部分
7. 学会以身作则	创造与对方一起协作的机会，用自己的行动向对方演示一些具体的技巧，并让对方消化吸收

练习

回顾一下你作为一名导师的表现。把你自己对"导师"的理解和你的"学生"对导师的理解进行一番对比。

第 18 章　关于分享的一些总结

在本章当中，阿历克斯对自己关于分享的心得进行了一番总结。

悠然地躺在游泳池边的躺椅上，时不时地望一下远处的爱琴海……此刻，阿历克斯对于自己职业生涯的"回忆"已经接近了尾声。他打开了身边的录音机。"是的，"他想道，"可说到底，一名出色的分享者到底应该做些什么呢？"

想到这里，他按下了录音机的暂停键，给自己倒了一杯酒，带上 Factor 6 太阳镜，然后又重新打开了录音机。

好吧，让我们为"分享"下个定义，然后我们再分析一下，有效的分享者到底具有哪些特点。大多数分享者都能够将我们前面谈到的分享能力和习惯融入自己的日常生活当中去。

分享的目的是提高其他人的学习能力和作业水平。它涉及提出反馈，以及一些其他的技巧，比如说，激励、有效的提问以及根据对方完成某项具体工作的能力／意愿水平来不断调整自己的管理风格，等等。也就是说，分享的基础是通过不断地相互沟通，分享者应当学会让接受分享者自己帮助自己——而不能只是一种单向的教导和指示。

图表 2 描述了出色的分享者的一些主要活动内容。我们下面将逐个对其进行详细分析。

图表 2

接受分享者的受训计划

1.确立背景

★ 首先摸清对方的能力和意愿水平

★ 在提供分享的方法上与对方达成共识

★ 建立信任

★ 激励

2.提供即时分享

★ 使用 GROW 模式 (需要 20~60 分钟)

★ 提供反馈(要具有可行性,频率要高,需要 5~10 分钟)

★ 提出赞扬(频率要高,需要 1 分多钟时间)

★ 要举出实际的案例

3.有效地作总结

★ 鼓励接受分享者自己去思考

★ 要积极地对分享给出反馈

★ 就下一步行动达成共识

1. 确立背景形势

这是非常关键的环节:在很多情况下,我们会毫无告诫地提供反馈,事实上,这种做法很可能会让受分享者感到自己被毫无根据地下了"断语",而不愿意接受那些本来可能非常愿意接受的建议和意见。

所以,优秀的分享者通常会在对方谈话之前习惯性地描述一下谈话的原因（图表 3）。当然,要想做到这一点,分享者需要事先作好准备——尤其是接受分享的一方是自己的直接下属时。

图表 3

如何让对方了解相关情况

1. 邀请对方对你提出分享

★（对你的上司）"我真的想跟您在 _____（谈话的主题）方面多学点东西,所以我很希望您能在下个项目当中在这方面对我进行分享。不知你是否愿意告诉我你的想法？如果可能的话,我们抽个时间聊一聊分享的细节内容,可以吗？"

★（对同事）"我觉得你对 _____（谈话的主题）非常擅长。我也想提高自己在这方面的水平。你能在今后几个月里就这方面多给我提点建议吗？周五午饭/下午时间/晚上一起喝一杯怎么样？"

★（对那些比自己年轻的人）"如果你能在 _____（谈话的主题）上面给我提点建议的话,我将感激不尽。或许你觉得我在这方面已经做得非常好了,可事实上,我还是很希望能够听到你的建议——你可以随时提出来。"

2. 如何提供分享——重点参见"分享"部分的第 5 章和第 6 章

这包括：

* **了解接受分享一方完成某项任务的能力和意愿水平。**请参考能力／意愿矩阵。

* **在提供分享的方法上达成共识。**能力／意愿矩阵将提供一些你可能会需要的总体分享方法：指导、引导、激励或授权。而另一方面,在开始进行分享之前,我建议分享者应该跟接受分享者就一些基本的问题达成共识：你大约会多长时间向对方提供一次反馈？你会采用什么样的方式进行分享？你希望对方作出怎样的准备？你还应该清楚对方通常喜欢接受什么样的反馈方式——书面建议（通过书面的方式将你要传达的信息要点写出来）？口头交流（直接跟对方进行交流）？图形表达（用图表和数字的方式跟对方交流）？还是以身作则（跟对方在一起工作）？

* **建立信任**。只有当真正赢得对方信任的时候，分享者才能向接受分你后来努力"赚得"的。"赚得"信任的一种强有力的方式是首先让对方了解你，让对方清楚你的长项、弱项，以及个人经历。比如，你可以把自己去年的表现评估拿给对方看，或者你可以告诉对方你以前所遇到过的类似的情况。

* **激励受分享者**。你真的知道哪些东西最能激励那些跟你一起工作的人吗？我建议你尝试下面的练习：向你的同事或队友提供一份本书附录上的内容（你可以根据自己所面临的具体情况进行修改），然后跟大家一起讨论你们的答案。我相信，你会吃惊地发现原来人们会有那么多不同的反应。有效的激励通常需要两件事情：首先，你必须知道哪些因素最能让受分享者对自己的工作感到兴奋——他为什么会愿意一大早就跑来上班？其次，你应该学会为对方描述一幅美妙的图景（图表4），让对方形成我们在本书所描述的良性的自信循环。

2. 提供即时的指导

在完成初步沟通之后，你就可以开始对自己周围的人进行一系列具体的分享活动了。通常情况下，此时你应该已经跟对方就展开讨论的频率以及每次讨论的时间达成一致。在实践过程当中，你可能会使用以下四种类型的交流方式：

* **实质性讨论**。这种讨论的结构一般为 GROW 结构，通常大约持续20 ~ 60分钟。如果你跟对方一起共事的时间超过两三个月的话，我建议你可以在这段时间里跟对方进行三次实质性讨论——分别在开始协作的时候、协作的过程当中，以及协作即将结束的时候。另外，在讨论的过程当中，我还建议你应该根据具体情况的不同来适当调整目标、现实、选择以及总结等各环节上的时间，以便使讨论能够获得最大的效果。

* **简短的讨论**。这种讨论通常大约需要5 ~ 10分钟，在这段时间里，对

方的行为刚刚发生之后的一段时间内。

* **在适当的情况下，进行一分钟（或者更长一些）赞扬。** 当典型的经理人对受分享者提出正面反馈意见的时候，大多数受分享者都会感觉很不自然，因为在他们看来，经理人只不过是在为接下来的批评做好铺垫罢了。可事实上，如果你能够真正真诚地向受分享者做一些毫无保留的赞扬的话，他们就会更加信任你，并因此更加重视你的反馈意见。

* **要学会以身作则。** 在帮助受分享者提高完成某项具体任务的能力的时候，你可以通过协作或者是以身作则的方式来帮助对方。比如，如果对方希望学习如何更加有效地主持会议的话，你可以邀请他参加一场将由你亲自主持的会议。不仅如此，在会议结束之后，你还应该询问对方都有哪些发现，以及他下次准备怎么做（你甚至可以让他对你的表现提出意见和建议）。

你也可以通过协作的方式来跟对方一起完成某项具体的工作。比如说，在帮助对方学习如何分析市场调研数据并对市场产生深刻理解的时候，你就可以选择跟对方一起工作的方式来进行一次详细的数据分析，这样他就可以亲自体会到应当如何通过数据来对市场产生理解。

只要你本人相对而言算个"专家"，你就将对对方产生影响。如果你并不具备相关的专业知识，我建议你向受分享者推荐一个能够成为其榜样的"专业人士"。

图表 4

培养愿景

在进行分享的时候，你可以采用我们前面谈到的所有的分享工具：提问／告知、GROW、立竿见影的反馈、纯粹的反馈、激励，等等。

3. 结尾

没有人希望自己在进行分享之后，受分享者会将所有学过的内容渐渐遗忘。你分享的效果事实上取决于一些诸如此类的因素，比如说，对方是否愿意继续跟你一起工作，或者是跟你继续交往。一般来说，在分享结束之前，你应当至少完成三个步骤：

★ 反思。对于大多数人来说，反思都是一种非常有效的学习方式。所以在分享结束的时候，你一定要确保受分享者能对自己在过去几个月当中所学到的东西进行一番总结和思考。

★ 对整个分享过程提出反馈。在分享结束的时候，受分享者应该能够就整个分享过程向你提供一些有用的、总结性的反馈（即便他在整个分享过程中已经提出了很多意见）。你一定要学会主动征求对方的意见和建议，并根据这些反馈对自己的分享行为进行总结。

★ 接下来的步骤。在完成分享之后，你通常有两个选择：跟对方说再见，或者是交换场地，开始从对方那里学习。

说完之后，阿历克斯关掉了录音机，站起身来，伸了个懒腰。他又向远处暗绿的大海眺望了一下，然后转身走进房间，拨通了秘书的电话。

"我整个下午一直都在给您打电话，"电话那边传来了秘书的声音，"董事会主席有话跟您说。"

五分钟之后，阿历克斯放下了电话，不远处，他的太太正从游泳池那边向他走来："莎拉，我有个好消息要告诉你……"

第二部分　激　励
The Tao of Motivation

导　言

并不是因为事情很困难我们才不敢；恰恰相反，正是由于我们的胆怯才让事情显得可畏。

——塞内卡

想象力远比知识重要。

——阿尔伯特·爱因斯坦

世界上最重要的是什么？金钱，权力，性？食物，房子，安全？爱情？健康？

尽管以上这些事物都非常必要，但是还有更加重要得多的事物，这就是激励你自己和他人的能力，因为激励的技巧和习惯将令期望未来的能力、使梦想焕发新生的自信心和成功的奇迹都喷涌而出。

但奇怪的是，激励的技巧极少获得传授，除非被生活中冷嘲热讽的枪林弹雨或者偶然发生的小插曲所昭示。

本部分旨在通过提供许多人在多年的岁月流逝中有效运用的简单工具和技巧来填补此空白。具体说来，每一章集中探讨一种激励的技巧，对之精确描述，并且举例阐明如何运用该技巧，所举之例皆为阿历克斯传奇生涯中为拯救其职业所进行奋斗的一幕幕场景。

什么是激励

"激励"是那些有着诸多细微差别的不同含义的词语之一。本书所使用

"激励"一词具有下列含义：使你自己（或者其他人）贯注力量去实现积极目标的技巧。该技巧包含一系列相互促进的步骤：创造愿景和动力，培植信心，毅然行动，观察结果并克服障碍，建设性地应对反馈……这又回溯到信心的培植。

自我激励的技巧鼓舞成功者更上一层楼，推动潦倒者自救，促进我们大家的成长。如果你能施以援手来激励他人，那么你所给予他们的是一份难以忘怀的礼物。

在当今的商业世界中，除非你能激励你的下属，否则你不可能成为一名领袖。但是，该技巧的重要性远非仅仅限于工作场所。因为我们所有的人在某些时刻都会在某种程度上成为领导者——不论是对家庭，或一群朋友，或一个运动团队，或者是患难之中的朋友而言都是如此。

在现今这个越来越变幻莫测的世界上，也许只有一个高招可以让你真正高枕无忧——自信，不论环境可能强加给你的是什么，你都拥有激励自我的能力。

你从本部分能获得何种教益

本部分之所以以"激励"命名，是因为其所论述的激励你自己和他人所导致的结果相互紧密联系，正如道教中的阴阳一般。你可曾被那些他们自己都未曾被激励的人所激励？在你成功地帮助他人达到激励状态之时，难道你自己不曾也感到激奋不已？

一旦你阅读完本部分内容，并应用其中的某些建议，你应该能够激励自己去实现某一特定目标，在整体上更加"激奋不已"，而且能够对他人施加惊人相似的影响力。

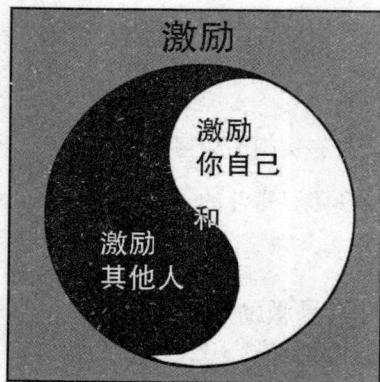

激励

激励
你自己

和

激励
其他人

然而，任何书籍都仅仅只是指南而已，熟能生巧是良训。另外，我冒昧建议读者采用一些简单办法"毅然行动"，在和其他人互动的基础上发展激励的技巧。（附录 7 就读者如何方能最有效地从本部分获益提出了一些建议。）

本部分结构

本部分的前半段解释了一项可以用于激励你自己和他人的简单却威力巨大的技巧。该段内容展示了富有激励技巧的人所追求的不仅仅是让别人开心，而且还包括帮助别人意识到在剧增的努力和令人激奋的回报之间的持续联系。激励是帮助他人创造一项过程并习惯性地应用它，而不是提供某种一次性抚慰。

本部分后半段解释了应用心理学的有关要素——这些是你发挥经理职能所不可或缺的。而且我确信你会发现这些知识并非仅仅和工作场所相关。

至少在今日的商业世界里，持之以恒地全力投入和全神贯注是个人成功和幸福的必备要素。我希望这部分内容能够帮助每位读者迅速沉醉于给予激励的积极习惯中。

第1章 激励和领导才能的
三个维度

本章中阿历克斯看到了拂晓前的曙光——他意识到需要散布激情。

阿历克斯结束了度假并回到了工作岗位。尽管他的行李箱很轻——如同他的钱包一般，但是他的双肩却稍微有点耷拉。整整一周他都在等一通电话，祝贺他荣升为董事会成员的电话。

但是这通电话始终没有来。虽然董事长和他在电话中进行过简短的交谈，但他没发现任何明确的信息。现在阿历克斯担心杳无音讯会最终变成坏消息。

借助假日肤色作掩护，阿历克斯冒险溜进了位于公司全球总部大楼十层的执行办公室。他一边和秘书朱丽娅愉快地打招呼，一边在心里揣度就自己的职业生涯变动的可能性她究竟知道了些什么。她没有透露什么。"……哦，对了，"她无动于衷地结束了谈话，"顺便说一声，杰姆想在9：30见你。"

杰姆是一个非常直率的家伙。他也是阿历克斯的顶头上司。阿历克斯知道伸出来的欢迎之手也将同时昭示他的幸运或者厄运。他不知道会是哪一种结果。

他来不及进一步胡乱猜测，因为杰姆不期而至。"度假愉快吗？"杰姆问候道。阿历克斯知道这问题仅仅是客套话而已，因为杰姆在他对面坐下，接着说道："很抱歉我没给你打电话。这事儿有点麻烦，你知道的。我们最好别兜圈子啦！公司恐怕无法任命你为董事会成员……"

阿历克斯感到天旋地转。大家都知道这是他最后的机会。阿历克斯努力想集中注意力，但他的思维之车没头没脑地横冲直撞，一会儿快速前进，一会儿快速倒退。"我该告诉莎拉什么？""那间希腊酒吧叫什么名字来着？我们上周还去过那里呢。""杰姆会不会解雇我？"阿历克斯要在几小时之后才能明白下面这篇经过艺术家精心粉饰的杀伤力话语的含义：

"你知道，阿历克斯，我们通常认为你干得很棒。你为公司找到了极好的并购目标，主持了一些大型的重组活动，而且在执行委员会会议期间作出了重要贡献。"

"但是，对于我们所处的行业而言，人才至关重要。这些人才需要激励和鼓舞，而不仅仅是被管理好就够了。尽管你的团队确实视你为教练，但是大家感觉你仅仅只是完成了教练的职责。也许你对于如何进行真正富有激励性的领导没有给予足够的注意。公司对领导素质的这方面要求正在趋于严格——在遴选董事的时候更是如此。"

阿历克斯的肾上腺素最终发挥了作用，让他听到了杰姆的最终总结："我知道你需要一些时间来消化这些。现在有一个职位空缺——特别项目部主管。我们认为你应当到该部门待上一两个月，这会有助于你把事情彻底想明白。"

"你是不是说我在公司里已经没有前途可言了？"阿历克斯嘟囔了一句，紧接着，他下了更大的决心，"这不公平！"

"听着，阿历克斯，真正的领袖有三方面共同点：构建和描绘团队该向何方去的激动人心愿景的智慧和艺术技巧；鼓舞和激励团队、客户和与愿景相关的其他人的激情；自我激励能力、个人魅力和解决问题的技巧，以便帮助保持团队以及个体成员斗志昂扬、高歌迈进。这些素质综合起来就构成了激励他人的能力。"

"我们不是说你一定缺乏这些能力，只不过我们并没有发现你足够地发挥了这些技巧。因此，你并没有被解雇。不过，你应该花费一些时间来想想你是否能够——并且热诚希望——向我们展示这些技巧。如果你决定离开公司另谋高就，我对此十分理解。当然我也无法承诺在近期给你提升。"

阿历克斯很清楚这一切意味着什么。特别项目部从来就没有什么非常特别之处，该部门是即将出局的高级职员的暂时栖身之地。"把事情彻底想想明白"则意味着另谋高就。阿历克斯知道他正迈向死刑台，而且获得赦免的机会很渺茫。他的同伴将是"褪色五员"——一小撮公司没有更合适位置安排的中级职员。

杰姆离开办公室后，阿历克斯一动不动地呆呆坐了好几分钟。接下去他想到大厦外面走走，以便清理一下思绪。从电梯里钻出来后，他眯缝着眼睛看着潮水般淹没了旋转门和接待区的阳光。一个身影像被光线推着一般靠近了他。这是迈克尔，公司的前任首席财务官，曾经指导过他。迈克尔现在每个月当几天公司的非执行董事。"阿历克斯，你还好吗？好久不见，刚刚度假回来？"

"是的，不过我刚刚获知一个令我难过的坏消息。"

迈克尔猜想阿历克斯已经知道董事会的决定了，但他还想证实一下："你刚和杰姆会过面？"

"是的……对了，今天晚些时候我们能有机会谈谈吗？"

迈克尔犹豫了一下："……阿历克斯，我今天一天都要开会。"但是他知道阿历克斯需要帮助，"如果你愿意的话，我们可以在六点三十分左右简短地喝上一杯。"

阿历克斯高兴地接受了这个提议。他知道回家后得把这个令人沮丧的消息告诉莎拉。也许事先和迈克尔谈谈会有助于他排练一下如何对她说。而且，说不定迈克尔会更实质性地帮帮他……

激励和领导才能

有许多理由要求我们培养激励的技巧和习惯。最基本的原因大概就是：（1）成为更有效率的领导者；（2）在更广泛的意义上成为世界上一个积极向上的博爱、慈善的一分子。

我们每个人都可以选择是否要博爱对人。但是商业上的成功者通常都是领导者，而且，在工作场所之外，领导他人的需要通常不期而至地降临在我们身上，而不论我们是否有意去寻求这种机会。我们中的大多数人都会在某些时刻成为某些事情的领导者：一个公司，一个职业团队，一个运动团队，一个家庭，共同外出看电影的一群朋友。最低限度上，我们领导和主宰我们自己。

关于领导才能的论述已经汗牛充栋，但它们都可精练为一个简单的公式，在下边会对此公式做解释：

领导才能＝愿景 × 鼓舞 × 动量

请注意，尽管领导者一般首先集中发展"愿景"，然后依次是"鼓舞"和"动量"，然而，在工作进展中，该领导者也会继续在所有这三个方面努力。除此之外，虽然每个领导者都有自己独特的风格，但是，真正的领导者会在所有这三个方面都满足最低的临界阈值要求。不会鼓舞的愿景创造者不是一个领导者，能让团队保持动量的人若缺乏愿景则也不是领导者。

那么，激励和领导才能之间的关系到底是怎么样的呢？

★如果你不能激励他人，那么你不可能成为一个卓有成效的领导者；

★激励和领导才能的所有三个方面紧密结合；

★尽管所有的领导者都需要激励，但并非所有的激励者都需要成为领导者。也许你应用激励技巧的目的"仅仅"是为了帮助一个朋友。

本部分的其余地方旨在为你提供一些容易记忆并且实用的工具，以帮助你激励自己和他人。第 2 章描述了这些工具中的第一项。不过，请首先完成附录 8 中的测评表，这样的话你的进步就会更有针对性。

领导才能的三个维度

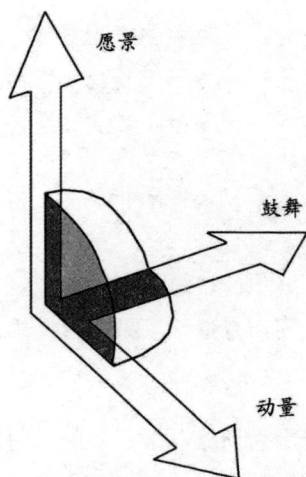

愿景：足够聪明能决定什么需要完成（一项激进的新创意，或者运作时机已经成熟的旧想法），以及有足够的艺术技巧来描绘出旅程终点和途中的激动人心的美景。

鼓舞：成为足够优秀的销售员，以劝服他人加入愿景、旅程和团队之中。

动量：拥有足够的自我激励能力、个人魅力和人际沟通技巧，以及解决问题的能力，以保持整个团队及其中的成员斗志昂扬、高歌迈进。

	工作	家庭	自己
1. 愿景	"买断区域广播许可权，缔造全国性的网络"	"有生之年的家庭度假"	"回到非吸烟者状态"
2. 感召力	招募感兴趣者组建团队	激发起个体家庭成员的热情	动员自己全身心地投入（而非仅仅关注健康、节约等）
3. 动力	调控进展，克服障碍，保持团队或者个体成员斗志"昂扬"		

第 2 章　VICTORY
——激励的要素[①]

> 阿历克斯发现了足以永远改变他生命的一张简图。

傍晚时分，在距离办公室一箭之遥的酒吧里，阿历克斯敲了敲吧台："请来两杯威士忌。再来两杯。"

在过去五年中，迈克尔曾经在许多场合中对阿历克斯施以援手，所以阿历克斯信任他。当他们在一个安静的角落坐定后，阿历克斯觉得可以直接把杰姆的评论全盘托出："……所以，公司把我看作为一个好的管理者和经理——甚至具备教练的能力——但是公司并不认为我是一个鼓励者、一个激励者和一个领导者。"

"那么这让你有何感觉？"迈克尔刨根问底。

"真糟糕，"阿历克斯答道，"他们真的不知道我有多棒，我在激励别人方面很出色，问问我的团队就知道了。"

"我们知道。"不幸的听众睁大了他的双眼，"阿历克斯，我想你不能避

---

① Victory 的含义为"胜利"。这个单词由激励过程的五个组成步骤和其核心的英文字头连接而成：愿景（vision），动力（impetus），信心（confident），毅然行动（taking the plunge），结果和障碍（outcomes and obstacles），应对反馈（responding to feedback），你（you）。——译者注

而不谈这个问题。你需要全力以赴地处理好它：不只是为了工作，而且也为了你生活的其他方面，你需要攻克激励这个难关。我们在过去就你的管理风格进行过讨论——逻辑性强，控制得当，而且也不乏洞察力和直觉。不过，我认为你应该准备好在激励和鼓舞他人的技巧方面下功夫。可能这里我有点跑题，不过，我想你的家庭也会看到由此带来的益处。

"现在我已经退休，所以我的时间安排灵活多了。我很愿意帮助你。虽然我不确定这些帮助对你在公司里职位的提升是否及时，但是不管怎么说，你的生活总还是要继续，而我确信在你点燃他人热情的能力方面付出努力真的是很值得的。"

阿历克斯也不清楚这次谈话是否令他开心。他全部所需要的无非是能帮他分忧的谈伴，但现在看来他像是一堂课程的听众。"迈克尔，你想怎样帮助我呢？"他半真半假地问道。

迈克尔问了问阿历克斯到目前为止他关于自己正面临的困境所总结出的结论是什么。阿历克斯回答道，在整个下午的过程中，他参观了特别项目部，会见了部门的"褪色五员"，了解到目前的特别项目是回顾一下去年的全部客户投诉。这是董事长的偏好，其他人看起来对此都缺乏真正的兴趣——包括特别项目部的五位成员。

他还告诉迈克尔，他一直在试图作出接下来几个月该怎么做的决定。他或者将全力以赴地另谋高就，或者他将在特别项目方面做出一番优异成绩，以此来证明公司的错误。但是，他决定不了该在哪个方面全力投入。

"你所有这些'非此即彼'的想法都是些什么呀，阿历克斯？你非常清楚地知道激励你那五个'褪色'的部属所需要花费的工夫可远远不止你如何和他们交流这么简单，但是这些还远远比不上你投入到整个团队中的全部时间和精力。为什么不双管齐下呢——一方面致力于在此项目中表现出众，与此同时通过在公司以外寻找到一份可能的工作来构建一张防护网？如果你这么做了，那么即使你最后还是需要离开，那你也不会觉得自己是一个失败者。"

阿历克斯不太听得进批评意见。不过，显然迈克尔对他真的很有信心。这就使得这些评论容易接受多了，甚至可以说是有点令他激动。最后，他问迈克尔，如果他决定选择激励整个团队的话，迈克尔能否教他一些小窍门。

"好吧，阿历克斯。虽然我一会儿就得走了，不过，我还是会把我所拥有的激励技巧以几个要点的形式全部告诉你。我还会给你画一张图，这是15年前别人告诉我的，而且这张图我屡试不爽。"

看到阿历克斯听得很入迷，迈克尔继续说道："这些要点中绝大多数既和你如何激励自己有关，也和你如何激励他人有关——不过，我相信你能自己把这两者相重合的部分搞清楚。

"要点之一，如果你想激励其他人，那你就必须自己首先真正地被激励。这听起来有点像是老生常谈，但太多的经理人和领导者自己获得了激励，却没有把激奋状态给传布出去，或者在并不激奋之时假装已经被激励起来了。人们能够很容易地辨别真伪。如果你在目前的职业角色上无法被激励，那么就改换到确实能够令你激动不已的职业角色上去，这样你的激情将会激励他人。

"要点之二，集中力量在他人工作或者生活中的某一特定领域来激励他人。有些人试图区分'在整体上感觉更加被激励'和'被激励去完成一些特定目标'。别在这个暗藏杀机的问题上浪费时间。听我一句话，如果某些人在他们生命中某些特定领域获得激励，那他们很快就会开始觉得整个人生也得到了激励。

"要点之三，要做一个艺术家，而非仅仅做一个教师。激励技巧很大程度上是和如何让别人在一幅成功的景象感召下全身心地投入奋斗有关。你得调动自己的艺术技巧来描绘出一幅关于该人或者整个团队会实现什么样的目标的真正富有吸引力的图画。当然了，每一个艺术家都需要了解他的观众——你给某人描绘的愿景应该和他的个性息息相关。

"要点之四，'鼓励'——'使有勇气'①。这真是个有趣的词。给他们勇气。为了实现这个目标，给予赞扬总是能起到很大作用。在这个全角度反馈的时代里，职场中人持续不断地被混合状态的信息狂轰滥炸——暗藏的非议几乎总是与貌似积极的评价形影不离。所以，请给予对方纯粹的赞扬——不论何时，只要有必要，你就应该这么做。其他诀窍包括帮助他人意识到自己的进步，以及他们的进步是如何与更广范围内的愿景（他们自己的愿景、团队的愿景，或者整个公司的愿景）吻合得天衣无缝。你还需要帮助他们确保没有因为不健康的自我对话而下意识地减弱自己的激励状态。

"最后，你需要把自己的节奏调整到适合一场马拉松赛跑，而非短距离冲刺。你不太可能一蹴而就地激励他人。在时间、耐心和赞扬等方面，调整好你提供帮助的节奏，以便能持之以恒地完成整个过程。当然了，所有这些窍门都是既可以用于激励他人，也可以运用于激励你自己的。"

在阿历克斯沉思时，迈克尔喝完了酒："这些作为背景知识而言确然不无裨益，不过，你如何激励别人来实现某一特定目标呢？"

迈克尔伸手到口袋里取出钢笔，把两只啤酒杯垫翻转以让其空白面朝上："这里就有必要说说那张图了。关于这张图的细节我们得另外找个时间好好谈谈，现在我先简要为你勾勒一下。这张图叫作 VICTORY 环。我可以保证，它可是有着百分之一百的成功率。"②

---

① "鼓励"的英文单词为 encourage，按照音节分为"en""courage"两部分，en 这个词头的含义是"使成为，变得"，courage 的含义为"勇气"。——译者注

② 啤酒杯垫上的内容见本章后续部分所述。——译者注

激励的 VICTORY 之环

激励你自己或者激励他人的过程都包括一系列步骤。激励是个过程，极少能一举奏效。

这也是一个循环往复的过程：这些组成步骤都需要你在给这个环进行数次翻新的过程中得到不断的改进和强化。

激励过程的五个组成步骤如下所述：

◆ **愿景。**激励过程中最关键的步骤也许就是为"成功"描绘一幅富有吸引力的愿景。你不可能在真空中描绘出这幅景象——它需要从某些现实元素中发展出来；或者是缘于你自己所羡慕或者憎恨的某个人物形象；或者经由和他人的交谈而来；或者是通过被激发的"想象力"而形成。另外，愿景极少是"理论化"的，只有在愿景动用了全部的六种感官，而且为简要的行动计划奠定基础的时候，它们才最能够派上用处。

◆ **信心。**"信心（confidence）"一词源自拉丁文"以坚定的信念"。坚定持有的愿景会培植信念和信心。

◆ **毅然行动。**最终你还是得采取某种针对目标的行动。有时候这需要你"在深水区跳水"。不过，如果你已经把游泳池灌满了水，就是说，你拥有显著的愿景，而且你知道自己会游泳并对此很有信心，那么你将会活下来，说不定还可以胜出。

◆ **结果和障碍。**你的努力终将得到回报，此过程中你也许会蒙幸运女神眷顾，也许不会。

◆ **应对反馈。**你的总体感知以及随之而来的信心既由实际的结果或者反馈自身决定，也取决于你如何应对这些来自你自己或者他人的反馈。

当然，VICTORY 中的 Y 代表"你"，以那些激励你和你的成功的基础因素为表征。

作为高层次的总结，这就是激励你自己及激励他人这个过程的本质核心所在。

有效激励环

√ 伴随着令人激奋和充满力量的愿景和刺激，产生的是坚定的信心、加倍的努力、出色的结果和令人振奋的反馈，接着信心就得到了进一步的加强。这样你就被激励了。

× 没有愿景和动力时，努力变得迟延犹豫，结果平平常常，反响令人失望，信心逐渐消失，你会感觉你处在被激励的对立端。

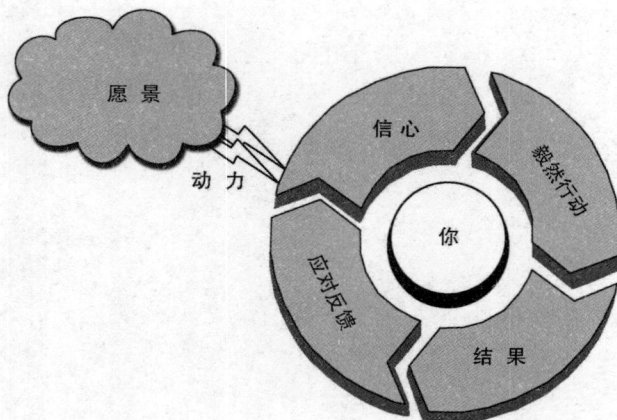

愿景

动力

信心

毅然行动

你

应对反馈

结果

练习

1. 提醒你一下，应该把上述模型记载在你的日志里，或者记事贴上——现在就记。

2. 找个机会在你自己或者其他人身上试试这个模型。

● 这个模型是否有助于你理解当前某一挑战让你产生的正面或者负面的感觉？

● 上面这个有效激励环的哪个部分你实现起来最迅速？

第 3 章 愿 景

阿历克斯发现他构建
愿景的能力取决于一定的
实践，而非他的天赋。

当阿历克斯向妻子透露他没有被任命为公司董事的坏消息时，因为他既不是新新人类，也不是国际足球选手，所以他没有潸然泪下。那天晚上晚些时候，她帮助阿历克斯认识到了在接下去的几个月里选择"既……又……"道路，而非"非此即彼"策略的好处所在。他将在提高自己激励他人技巧的同时寻找一份新工作。

阿历克斯第二天早上回到工作岗位上时，还没有完全为自己树立一个愿景，但是他感到至少要责成自己完成一个清晰的目标。三个月之后，就是到圣诞节的时候，他应该完成三件事情。他应该成功地完成特别项目，把"褪色五员"变成一个精英团队，并且在公司之外找到一份激动人心的工作。这些真是富有挑战性的目标。不过，在确定了一些具体的目标之后，他至少感到了一丝振奋。

那天早晨，他盘点估算了一下客户投诉项目。关于数百种产品的数以千计的投诉彬彬有礼、缄默不语地端坐在计算机里。关于问题关键在何处，到目前为止还没有什么概念。再接下来就是那"褪色五员"了：罗勃、比尔、艾玛、杰瑞和凯特。在随后的几个月里他会更好地了解他们，不过，他和他们之中每一个人的最初 15 分钟谈话无一能让他对他们的技巧或者意志抱有什么信心。

"好吧，"他对自己说，"咱们来把这个项目好好地安排一下。"按照这些情况下的通常做法，他以制订一份详细计划作为开端。这份计划把子计划之间的种种关系全部考虑在内。

"哦，不会吧？我又碰到这种情况了——尽管我有所有的计划，但是我没有宏观图像，也没有愿景。"他把这些计划扒拉到一边，抓过一张白纸，开始为这个项目寻找一个愿景。整整十分钟之内，他把浮现在脑海之中的词语、短句和图像都记了下来："充分利用客户投诉的有益之处……铸剑为犁……亚瑟王之剑……客户不是敌人而是同盟军……海滩登陆……丘吉尔……"他感到恐慌。以前他从没有干过这个。他忧心忡忡，自己应该老早就发现一种激动人心的强大技巧，而且在过去的25年内自己应该一直在使用这个窍门！当然了，这项技巧是如此疯狂，以至于他绝不会承认使用过它的。不过，他坚持了整整十分钟。

接下来他审视了一下自己的三页涂鸦，并圈出了几个看起来最具有潜力的创意。"炼金术？是的，把普通金属变成黄金，或者，把客户投诉变成价值的源泉。不过，这听起来有些过于神秘了。而且，没有包含足够的行动，也没有足够的关于把客户作为合作伙伴的内容。"最终他选定了"亚瑟王之剑"作为项目的主题——前一天晚上小侄子杰克聆听他讲述亚瑟王的故事时表现出来的激动仍然历历在目。

"那么，接下来我该如何处理这个问题呢？"他困惑的表情渐渐地变成了笑容，"当然了，我们的项目和团队还没有统一的标识。我们需要一个名号——亚瑟王之剑项目。而我们则是亚瑟王团队，将从客户投诉的暗石中拔出比较优势之剑。"

接下来他又花了十分钟摆弄这个比喻。看上去还算管用。不过，实现任务的主要步骤是什么？主题是很有吸引力，但是，他怎样才能在和整个团队分享愿景的同时把一些行动步骤结合进去呢？他从终点出发：他们应该在圣诞前夜，即三个月之后拔出这把比喻之剑。

现在，应该如何解决那些中间步骤呢？对于计算机中所有那些数据来说，需要用一些神奇的公式来把它们转化为有用的东西。罗勃懂得计算机编程。对了！——他就是魔法师莫林[①]……十分钟之后阿历克斯已经草拟了一份愿景和一份计划，而且为团队中的所有五个成员都准备了一些可能的角色。

阿历克斯安坐沉思："这看上去和我平常启动一个项目所用的方法也没什么分别嘛。以形象来代替错综复杂的乱麻。不过，这让我很兴奋。希望这主意对整个团队都能起作用。"

他在召集部门会议之前犹豫了一下。也许他应该用他先前头脑风暴时产生的那个足球的比喻，但是亚瑟王之剑和所有与之相关联的丰富形象已经在他头脑中铭刻下了不可磨灭的印记。他停顿了一下，但这只是为了在他的日志中写下一个词——炼金术士。这将是在接下来的三个月里他为自己所树立的愿景。他将把整个团队改造成为一个被激励的团队，而且他将把自己改造成其他人的激励者。

阿历克斯聚齐了小组成员。他在公布他的愿景时所传递的真正的激情和信心让他自己和整个团队都很惊讶。刚开始的时候小组成员们对此不太有把握，但随着阿历克斯用该计划的里程碑和团队成员的角色来充实其讲述，他们被说服了。而且他们甚至还开始贡献出自己的创意，而阿历克斯则试图把这些创意结合起来。

会议持续了 45 分钟。从某种意义上来说他们什么目标也没有实现：他们并没有形成详尽的计划，也并没有以军事般的精确度来分工和落实任务。不过，这是相对于陈旧的衡量标准而言。事实上他们收获良多：他们拥有了一个清晰、吸引人而且让人干劲十足的愿景作为前进方向，除此之外，他们还知晓了需要穿越的大河和需要攀登的峻岭，以及每一个团队成员将要担当什么角色。在整个项目的进展过程之中，这些将会令他们获益匪浅。他们甚至还明

---

① 莫林是《亚瑟王传奇》中的预言家和魔法师的名字。——译者注

确了一些前期行动步骤——因此，他们用激情来相互鼓励，并且赋予了该项目一些初始动量。

在接下来的几天里，阿历克斯花时间和罗勃、比尔、艾玛、杰瑞以及凯特共同相处。他和他们一起制订了他们的个人规划，并且偶尔回顾一下整个项目的愿景和针对每一个团队成员所担当角色的愿景。

例如，罗勃曾经非常焦虑。公司从来就没有让他在计算机技术方面好好发挥过自己的水平，因此他觉得自己在公司里好景不长、去日无多。阿历克斯试着进行合乎逻辑的思考：罗勃还不如用接下来的三个月时间培养和完善他在使用数据库方面的才能。他既可以把这些才能贡献给现在服务的公司，也可以用在向其他公司求职上。不过，阿历克斯没做过领导，他用愿景来作为逻辑思维的补充。罗勃的自我想象是魔法师莫林——他要获得可以带到遥远国度去的魔法，而这真正地点燃了他的热情。

构建和分享愿景

VICTORY 环中的第一站就是构建一个关于目的地和旅途中主要景点的愿景，而且还要令人信服和生机洋溢。这是任何一个持续激励过程——不论是对自己或者其他人——的先决条件。当你采取 VICTORY 环中进一步的步骤时，你会周期性地回顾这个愿景。如果没有强烈坚定的愿景，你就有在个人不安全状态的精神迷雾中迷失的危险。

在构建愿景时，请记住：

◆ 发挥你的想象力——毕竟你是在创造一个形象。

◆ 在构建和表述你的形象时，动员起你所有的感觉。你有多少种感觉？哦，大家所熟知的感觉有五种，不过还有第六感，接下来还得加上幽默感、平衡感（或眩晕感）、责任感……把它们统统用上。

◆ 不论如何，试验一下你的愿景是否有效。看看你是否可以利用该愿景或者愿景的某些部分来制订一个非常简要（一页纸）的行动计划，来让你行动起来，这样就能检验出它是否如预期那般有价值。这份计划将会触发愿景和VICTORY 环其他部分之间的雷击联系。别误陷在计划的泥潭中——把一些重要步骤记下来就可以了。

如果你是在激励其他人，或者一个团队，那么，毫无疑问你需要让大伙共享你的愿景。当你这么做的时候，请记住：

◆ 用一切可能的方式让你的愿景显得生动形象。仅用词语描绘可能是不够的。在某些情况下，当目标是培养一种特定技能时，演示的方式可能是最有用的途径（这样可以证实目标是可以达到的）。

◆ 在进一步构建愿景时，让其他人一同参与，这样产生出来的愿景要让人记忆深刻很多。

◆ 无论如何，请用强有力的方式来表述愿景的最初草稿——即使是仅仅依靠"推许团队为无与伦比"这样的方式，你也可以在建立团队信心方面迈出第一步。

◆ 最后，别忘了，在你引领自己或者其他人构建VICTORY环的过程中，你要周期性地重申你的愿景。

愿　景

愿景应当

● 给出关于目的地和
旅途主要景点的富
有说服力的形象

● 动用尽可能多的感觉

● 催生简单行动计划，
为VICTORY环的
余下部分赋能和加油

第4章 动力——金钱、权力、性、尊重、
嫉妒、骄傲、责任、完美、希望……

在本章中阿历克斯将
和他的创造者会面。

现在阿历克斯感到开心一点了，他已经开始让他的团队成员们一起参加到一个共同的愿景中来。虽然他知道，如果想让他们真心实意地为这个愿景而努力，那么自己还需要投入更多的时间和精力，不过，他想他也应该在求职方面取得更多进展。

他慢慢地向后斜靠在椅子上，伸直双腿，把双脚搁在桌子边缘惯常的位置上。"什么才能激励我真心实意地开始我的求职之路呢？"他纳闷不已，"而且，什么样的工作才是我乐于从事的呢？"他闭目片刻，让思绪飘来飘去，试图想象出一个开心的结局……

突然，门犹犹豫豫地推开了，出现的是他的老校友乔。他看上去很愉快，穿着合体，衣冠楚楚。作为三个孩子的父亲和一位丈夫，他拥有数家公司，干得可真不赖。短暂交谈后，乔瞧了瞧手表，他该走了——有一个重要会议需要参加。

"好啊，乔，"阿历克斯嘟囔道，"他天生就是块成功的材料。"嫉妒的潮水淹没了他。

他伸手去拿电话，想问问秘书，为什么她没有让他知道乔会来拜访。但是电话在他拿起来之前就响了。

"先生，我们想请您确认一下您今天晚上的订位。"阿历克斯喜欢"先生"这个称呼，特别是当这声称呼来自本城最高档、同时也是最难订位的餐馆的时候。阿历克斯确认了订位。而且他灵机一动（也许是在他刚才的嫉妒的驱使下），要求预订该餐馆最好的位子。像往常一样，他的要求得到了满足。阿历克斯喜欢权力。

"朱丽娅，请不要再让不速之电打扰我。"他转过头去吩咐毗邻办公室的秘书。

他看见在公司办公大楼停车场上，顶尖销售明星戴夫正钻进他的法拉利，准备和那位魅力极其惊人的女郎一起外出吃午饭。女郎的长腿看起来不太可能塞得进法拉利里。阿历克斯决定他在办公室里不该想着性，这和公司的宗旨与价值观大相径庭，何况阿历克斯还为起草它们出了一把力呢。他的责任感战胜了性欲。

他又一次开始考虑他的求职，他的首位雇主——脂匙咖啡屋的经理——跃入了他的脑海。在这家咖啡屋，阿历克斯度过了他学生时代的好几个暑假。"你真是天生做侍应生的材料，"那位经理曾经说过，"实际上我也没看见你干了多少别的活儿，你看上去就是不够聪明伶俐。"那么些年以前，阿历克斯就已决心证明给他和家乡小镇上所有的人看看，自己能做得多么成功。傲骨可以成为很好的激励因素。

他的思绪飘浮到了刚买的那座城堡。这座城堡有35间屋子，还有一条护城河和一座吊桥。他进入城堡，在大厅漫步，接着又爬上了最高的塔楼，并走到外面的城垛上，鸟瞰自己的领地。"我喜欢拥有金钱。"他想。

就在这个时候，他听到了一阵石头相互碰撞的声音，他感到脚下在塌陷，而且看到他现在立足的那部分城垛出现了小裂缝。突然之间他开始下坠，越来越快地向护城河掉下去。过去的岁月在他眼前一闪而过。他诅咒帮他买下这座城堡的金钱。他就要掉在地上了……

阿历克斯的双脚从桌上滑落，"砰"的一声撞在地板上。这让他脚踝麻木，膝盖僵直。这个时候他醒了过来。

这次电话真的响了起来。是朱丽娅。"很抱歉打扰您，但是您夫人想跟您通话……另外，别忘了参加半小时后的项目组会议。"

"嘿，莎拉，一切都还好吗？"

"还好，阿历克斯。我打电话来只是想说我……我……我……"

"什么？什么？"阿历克斯心痒难搔，莎拉有的时候并不表白她对他的爱意。

莎拉打了个喷嚏，然后继续："我……我找不到我们今晚碰面的那间餐馆的地址了。其他人想要在那儿和我们见面。再告诉我一遍地址好吗？"阿历克斯尽管很失望，但还是告诉了她。

"啊，对了，"莎拉说，"还有一件事，我想，我爱你。"

他们俩都笑了起来。阿历克斯很惊奇地发现他在这一天余下的时间里都很快乐。他想了一下在他梦境里拜访过他的形象和刺激因子，有一些仍然有几分吸引力。

不过，他意识到真正能够激励他前进的是他和妻子对彼此的挚爱，以及他所盼望的他的团队将要给予自己的尊重和敬意。

除此之外，他下定决心要找出来对他团队中的每一个成员而言，什么样的激励因素能产生类似的威力。

动　力

　　一幅富有吸引力的愿景总是很不错的。但是，如果我们并没有真正地被激励到进入激奋不已的状态，那又怎么办呢？或者，如果其他某个我们想要施以援手的人处于这种状态，那又该如何是好？

　　首先，你需要更深入地探索自己的内心世界——去寻找一些比成功地完成手中的任务的愿景更令你激奋不已的激励因素。你需要找到进行内心销售工作的基础出发点，来说服你自己开始行动——创造动力，克服惰性和拖沓。

　　也许对你来说——或者对于你想要激励的那个人来说——"金钱万能"，不过，事情可能并非如此简单。

　　下面列出了一些潜在的激励因素。有些激励因素可能会显得比另一些要更"健康"一些，不过，每一种激励因素都能以"好的"或者"坏的"方式来使用。请记住，种瓜得瓜，种豆得豆。也请参见"需求层次"。

　　其次，你也可以用一页简单的计划书来启动你的 VICTORY 环——这份计划书只要列举一些让你行动起来的步骤就行了。你现在还不需要完整的计划——以后你会补充你的计划，但至少现在你已经"发动了引擎"。

　　成功的激励者知晓应该如何创造动力。

动力之源泉

金钱："如果我这么做了，那我会赚很多很多的钱，一切就都将称心如意。"……

但是，对绝大多数人来说，金钱仅仅只是个"卫生"的因素，即如果他们觉得"回报合理公平"，而且相当安全可靠，那么一般性的额外金钱酬劳就并不能达到强劲有力的激励效果。

对于另外一些人来说，金钱是成功的终极衡量标准。

权力："实现这个目标将会让我控制他人或者我所处的环境。"……

绝大多数人在他们的生命中都会想要拥有某些权力。对于某些人来说，"足够的权力"是指"一般程度的影响力"。

另一些人则希望拥有更多的权力，而且只有在他们完完全全地控制他们的亲友、团队、国家或者世界时才会满足。这样的人通常会认为只有他们才能让事情井井有条："如果我放弃权力，那么，混乱将会主宰世界。"或者是，他们也许会仅仅视权力为一种"记分"的方式。

性："实现这个目标将会让我更具有性感魅力。"……

但是我们需要小心提防就如何方能点燃我们另一半的激情作出错误的判断。

嫉妒："我也想要他已经拥有的。"……

更具有建设性的是："如果他能做到这一点，我就能干得更好。"

骄傲："他们说我永远也做不到——我会证明给他们看！"……

接着你确实做到了！

责任："我必须这么做，因为我是一个称职的丈夫、妻子、儿子、女儿、工人、老板、朋友……"

责任确实"不错"，但也会成为一种"防御机制"（参见第 10 章）。

成长，成功："我做到了！（而且，现在我已经准备好了迎接下一个挑战）"……

在激励的王国中，成功的作用是无与伦比的。

希望：没有希望，也就没有激励。

其他激励因素：尊重，同胞间竞争，无私奉献，爱国心，贪婪，等等。

第 5 章　信　心

阿历克斯帮助罗勃建立了对他的能力和他自己的信心。

亚瑟王之剑项目已经开始运作起来了，整个团队急迫需要一份初步的粗略版本客户投诉数据。这活儿是罗勃的职责，而且他需要把这些数据整理成最便于从计算机里的已有信息中获取的归类方式。

尽管其他团队成员也能够分别启动他们在整个项目中所负责的那些部分，但是归根结底每个人都依赖于数据的初步处理，以使自己的努力可以更有针对性。

举例来说，凯特打算访问一些作为公司产品购买者的大公司客户。尽管她可以安排访谈，但是如果没有客户投诉的分类清单，她就无法准备详细的访谈问题。比尔和艾玛也需要类似的指南，以便对涉及公司内部一些相关部门的更为经常发生的一些投诉追查到底。杰瑞也需要相关信息，以便能够评估这些明显的产品和服务问题对公司的财务状况造成的影响。因此，整个团队都很急迫地需要罗勃的工作。但是，上周罗勃的进展看起来慢了点儿。

阿历克斯认为到了该搞搞清楚的时候了。他查阅了罗勃过去的个人记录，并且和在他调到特别项目部之前的管理者进行了交谈。几年之前，罗勃在公司所完成的第一个项目里表现良好。然后他的表现就——缓慢然而确实在——下降。

阿历克斯不太确定应该在"工作时间"里解决罗勃目前进展不力的问题，

还是选择一个不那么正式的场合。他选择了一条折中道路，决定中午带罗勃出去吃顿快餐，这样罗勃可能会更容易敞开其心扉。

"那么，罗勃，你对数据的初步处理进展如何？"

"快完了——再给我几天时间就能准备好了。"罗勃给出的还是那句熟悉的回答。

"罗勃，几天之前你就是这么说的。我们现在已经到了这么一个阶段：团队的其他成员需要这些信息，否则他们就只能让轮子空转。"

阿历克斯怀疑罗勃缺乏信心，尽管他外表上看起来兴高采烈。他回顾了一下他的导师迈克尔和他在上周碰面时所给予的建议。

即使拥有关于成功的有力愿景，一个信心不足的人仍然很有可能既不会去专注于，也不会主动去寻求面对持续的挑战。而且，这么一来他就不可能从出色表现所赢得的表扬里获取令人振奋的奖励，VICTORY 环将会断裂——而且这种断裂将是永久性的。

如果你在帮助别人树立信心，首先你就需要构建正确的背景：试着获取他们的信任，而且让他们明白你在意他们的信心和成功。接下来你要像栽种花园那样来培植他的信心：用愿景和你坚定声明的对该人将在其尝试中获得成功的信念来播种信心；用对他们干得出色的那部分活儿的表扬来滋养这种信心，并鼓励该人认识到他们自己的努力，而且表扬他们自己；接下来帮助该人剪除掉他们自己——或者其他人引起的负面"自我对话"之杂草。你既可以应用这些原理来构建自己的信心，也可以用来培植别人的信心。

阿历克斯问罗勃，他上周的工作中哪些部分干得不错，哪些部分遇上了麻烦，需要阿历克斯或者其他人来帮忙。当他开始博得了罗勃的信任后，阿历克斯拓宽了谈话范围，直截了当地问罗勃，他在公司过去的两年时间里究竟过得如何，为什么他的业绩表现明显在下降而不是在提高呢？

事实证明罗勃的确缺乏信心——而且是在他生活中的许多方面均如此。他的信心在他转入特别项目部门后遭受了进一步的打击。

"罗勃，我希望你能够回顾一下这个项目，把它当作你所完成过的最最出色的工作。我会帮助你，而且我知道你能行——这也是为什么我真的很欣赏你在愿景中所充当的魔法师莫林的角色。你知道你能成为把数字玩弄于股掌之中的天才。现在，让我们实际一点，告诉我，你认为在过去几周里哪些地方进展顺利，哪些地方你可能需要我帮一下。"

罗勃想不出到目前为止他有多少活儿干得出色。所以阿历克斯帮助他回顾他目前工作中和过去工作中的一些得意之作。

"我想我确实在这些地方干得还可以。"罗勃勉勉强强地承认了。

"既然你能够完成所有这些任务，罗勃，我确信你能解决目前关于亚瑟王之剑项目的数据问题。事实上我知道你能行，而且你也知道自己能行。我希望在明天下班之前你能把数据交给团队。而且，在你完成这一切之后，我希望你能把这次的成功累加到你的信心构建纪念碑的备料堆中。"

罗勃觉得这场和"老板"的谈话多少有些奇怪，但是他确确实实开始感到更加有信心了。

在接下来几周和罗勃的交往之中，阿历克斯继续集中力量培植罗勃的信心。而且他同时也建议罗勃每隔几天就把那些他完成得特别出色的任务给记录下来。阿历克斯时不时地和罗勃一起回顾这份清单，而且在合适的时机强化这些正面信息的效果。

罗勃的信心的确在增强，同时也伴随着他的主动性的提高，虽然这一切的发生不是在一夜之间完成的。

这一切的确需要阿历克斯在亚瑟王之剑项目的早期阶段投入一些精力，但是，回报是多方面的：阿历克斯发现在项目后期他需要花在罗勃身上的时间就少多了，这样一来，他就能把更多精力放到他自己的求职中去；阿历克斯也提醒了自己注意信心构建的要旨所在，而且偶尔也试着用在自己身上。不知怎的，团队成员们最后变得相互支持而且互相培植信心，并且是以阿历克斯所从来未曾想到过的方式来做这些的。

构建信心

"信心（confidence）"一词源自拉丁文"以坚定的信念"。我们是如何构建对我们自己的信念——对于我们能达到某一特定目标的信念，对于我们能成为某一特定种类的人的信念呢？我们又如何让其他人建立对他们自己的信心呢？

信心是一座需要播种、滋养和除害的花园。

◆ **播种**：在这里愿景起着至关重要的作用。哪怕我们仅仅敢于让成功愿景的种子发芽，我们就已经在构建信心方面迈出了第一步。如果我们敢于自诩为或者认为别人很了不起，那么成功之旅就此起程。创造并不时回顾愿景，以此来构建并保持信心。

甚至是你以园丁形象出现的行为（而且你也由此证实了你很在意该人的信心）也会对构建信心帮助不小。

◆ **滋养**：没有哪座花园可以在真空中成长。每一座花园都需要种类合适的肥料，充足的日照和水分。毫不奇怪，我们信心的最为常见的营养可能就是作为我们努力结果所接受的（由我们自己或者别人所给出的）正面反馈。请确保你获得（并且给予）足够的正面反馈！请找到确认你自己的成功的方式。

请记住，动员起你的头脑、身体还有精神。保持身体健康，聆听动感活力音乐，并且成功地享受你的消闲嗜好。

◆ **除害**：我们信心的花园太容易被纠缠不休的杂草和贪婪吞吃的害虫搞得一片荒芜了。这些信心的炸弹有多种形式，我们在本部分后面还要探讨。了解危害你信心花园的害虫并且去除它们。

信　心

要像照料花园一样照料信心。

1. 播种

◆ 周期性地回顾你的愿景。

◆ 在需要时加以润饰，以便使愿景的威力更加强大。

◆ 回忆你过往的成功经历。

2. 滋养

◆ 和那些会对你做得出色的事情加以表扬的人交谈。

◆ 花时间来确认你自己的成功之处。

◆ 在你完成任务的过程之中，通过反思你生命中其他领域取得的成功来给自己的信心进行交叉授粉。

◆ 利用体育锻炼、音乐或者其他养分来帮助你自己感觉良好。

3. 除害

把你所知道的能够破坏你信心的害虫和杂草加以分门别类，根除这些害虫和冒名顶替者。（例如，把时间花在那些会贬低你或他人的人身上；自我责难；过于忙碌以至于无暇留点时间给自己——而且因此觉得你是别人的傀儡一样。）

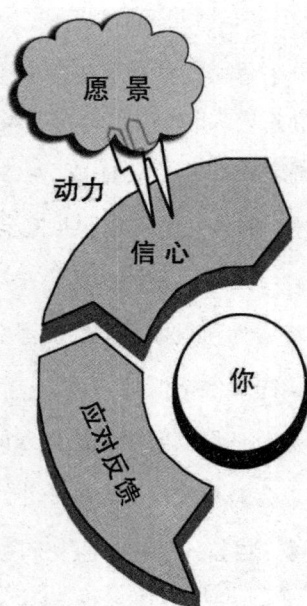

练习

成为一名园丁：

◆ 找到你自己的（或者他人的）给信心播种、滋养以及除害的习惯。

◆ 在自己身上试试本章论述的这个比喻：什么样的园艺工具你能够或者可能使用？你是否会忙中偷闲领略玫瑰的芳香呢？

第6章　毅然行动

本章中阿历克斯帮
助某人"努力追求"。

"阿历克斯叔叔，你看我的！"阿历克斯六岁大的侄子杰克正摇摇欲坠地坐在游泳池的边上。他的胳膊胡乱转动着，但他一点也没有因失去平衡而从高出令人目眩的水面六英寸的游泳池边沿上掉下来的意思。

"你很聪明，"阿历克斯挖苦道，"但是，现在难道不是到了你学习跳水的时间了吗？"

"我这样就能跳水。"杰克立马回敬道。

"那么来呀，跳给我看看。"

"如果你想要跳水的话，你旁边得有一位老师陪着。他们在学校里是这么说的。"

阿历克斯只见过杰克的女班主任一次，那还是在他代表杰克的父母出席家长会的时候。他从一见面起就非常讨厌她，因此决心现在和杰克共谋把这条错误的规则抛诸脑后。他想在众目睽睽之下表演给杰克看看应当如何跳水。

阿历克斯意识到杰克刚才关于跳水技巧的宣称都是虚张声势，而事实也确实如此。他直截了当地开始了传授。他采用了半蹲姿势——双臂伸展向前——这是叔叔们在这种情况下天生就准备好了采取的姿势。几分钟之后，杰克终于毅然对游泳池另外一端的某样东西产生了兴趣，阿历克斯的双腿开始酸了，他决定换用不同的方式。

不知怎的，简洁的 VICTORY 模型跳到了他的脑海中。"这个模型是否适用于游泳池？愿景、信心、毅然行动……让我们以某种愿景和某种信心为开端，然后把它们重复几次。"他想。

阿历克斯知道杰克也有家族其他成员那种喜欢违规行为的特征——至少是轻微的违规。"让我们来做一些老师们说不能做的事情。"他大胆地建议道。这几乎很难算得上是一个富有吸引力的愿景（也许马马虎虎算是吧），不过它确实吸引了杰克的注意力。

阿历克斯哄杰克做一些准备工作："来，让我们看看你跳进水里能激起多大的水花来……哇……那些孩子们弄出来的水花可真大。我打赌你弄不出更大的水花来……"看起来杰克的信心在增强，尽管他还没真正在提高他跳水的技巧。

"好吧，杰克，现在我们来跳水。"这个向主要目标的转移进行得并不如阿历克斯预期的那般巧妙。杰克没理会他，跑过去拿他那把绿色和粉色相间的超级 exocet 荧光水枪。

阿历克斯想到，自己可能遇到了一个额外的会使好戏演不下去的障碍——那就是杰克不愿意把他的脑袋弄湿。不管怎么说，阿历克斯得想方设法帮助杰克克服这个特定的情绪。现在到了该真正行动的时候了。

"杰克，你最喜欢的动物是什么？"

"狮子辛巴，《狮子王》里的——那你最喜欢的呢？"

"超人。"阿历克斯回答道。

"超人不是动物，他是人。我喜欢辛巴，因为它会咆哮，还能从高高的悬崖上跳下来。"

杰克的回答让阿历克斯看见了希望的曙光。他们四肢着地，变成了狮子，越来越大声地咆哮，越来越狂野地相互攻击。突然之间，阿历克斯咆哮一声，猛地跳进了游泳池中。

同样是突然之间，杰克一下子一点也不喜欢这个游戏了。儿童的洞察力让他断定这里面有什么东西很可疑。

阿历克斯又多花了15分钟，但他最终让杰克确信他就是辛巴。他能咆哮，他能跳跃，而且，他能……跳水。这回管用了。杰克跳进了游泳池中。在接下来的五分钟里，杰克以只在儿童身上才有的镇定，发挥他刚刚发现的诀窍，仿佛他一直以来就具备这种技巧似的。每当他想要跳水的时候，他就变成了辛巴并开始咆哮。他拥有了愿景，拥有了信心，而且他有了行动的引爆雷管——咆哮。

但是麻烦马上就来了："阿历克斯叔叔，你有没有从那边那个高台上跳过水？"

阿历克斯转过头去，恐惧地瞥了一眼30米高的跳板。"我跳过很多次了。"他撒了谎。

"那么来吧，你跳给我看看。"

"现在不行，咱们该走了。"

"就一次？"杰克恳求道。

"来吧，就一次。"一个不怀好意的声音从几码之外的地方传了过来。阿历克斯转身过去，看见了马克。他是阿历克斯的妹夫，一个实力强劲的游泳运动员。

"对呀，阿历克斯叔叔，就像你说的，当一回超人吧——你只要大喊'Kryptonite'，那么一切就没问题了。"他们的不速之客抬高了眉毛。

阿历克斯大步走向通往跳台的梯子，他的步伐表现出信心十足，虽然心里未必如此。他偷偷检查了一下梯子是否和混凝土结构连接稳固，然后向上爬去。接着他到了跳台边缘。现在只有两样东西能让他免于在众目睽睽之下尴尬地原样爬下来：一个就是那个并不存在的电影角色所构成的愿景；另一个就是那句他早就精心准备好了在面临危机的时候用的话："至少得拿出一点冒险精神来吧。"

在他长达 30 米的坠落过程中，他感谢上帝让他拥有精彩的生命，并且诅咒孩子们学习的速度。

此后，当他在更衣室中擦干自己的时候，阿历克斯想到，当面临足够吓人的挑战时，甚至成年人也会退缩到——至少部分地退缩到孩童的状态。在这些状态下，他想，毅然行动的引爆雷管可能会来自最最不可能的来源——来自关于自我的幻想形象，来自预先准备好的只言片语，甚至来自不速之客。

毅然行动

"这个时刻终于来到了。我们抓住了这个机会。我们精力充沛地付诸行动。我们的决心不允许任何动摇。我们摒弃那些持否定意见者。我们征服难以逾越的障碍。在失败时我们投入不可阻挡的力量。我们成功了。犒劳我们自己。"

或者是："我们战栗颤抖。盲无目的地乱转。一定程度的尝试。我们三心二意地前进了一点。"

为什么我们最终经历的是这些道路中的某一条而不是另外一条呢？为什么我们在日暮西山时幻想着过去的成功蓝图，而在清晨到来之时却变成了犹豫不决呢？（或者是相反的过程）为什么我们会在最后的紧要关头急踩刹车？

本部分全文都致力于从几个角度来帮助你察觉并解决这些问题。不过，到目前为止，你需要记在脑海里的有三点：

准备好放手一搏：不论你想要秘密进行的冒险尝试是什么，如果你能做到下面几点的话，那么你成功的机会将会自动增大。

★ 为你自己培植一个富有吸引力的愿景；

★ 唤起并汇集其他人的有效支持和帮助；

★ 明智地选择你行动的时机。

放手一搏：当你一无所获的时候，你必须聆听到一个不走样的声音。下面给出了若干妙语，你可以选择一个或几个加以精心准备，以便在需要的时候自动浮现在脑海中。

冒险之后：想想看，这场冒险是否真的像你预期的那般可怕，也许你会逐渐成长。好好享受伴随着勇往直前进取精神的肾上腺素吧。

犹豫不决会破坏 VICTORY 环。不惜一切代价也要避免这种情况发生。

战胜犹豫不决

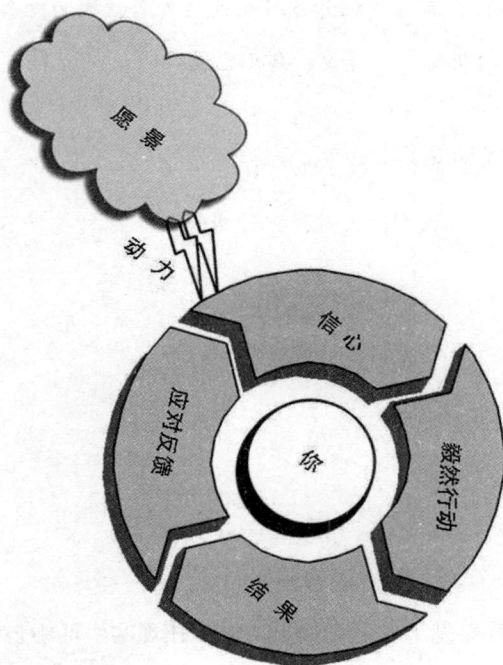

战胜犹豫不决，至少得拿出一点冒险精神来吧。

——阿历克斯

我失败的越多，就越是幸运！

——佚名

学习更好地失败。

——塞缪尔·贝克特

睿智的判断源自经验，而经验源自蹩脚的判断。

——瓦尔特·瑞斯顿（花旗集团前主席）

头脑是它自己的家，在其中可以将地狱变为天堂，或将天堂变为地狱。

——弥尔顿

疾驰的箭，流逝的光阴和错过的机会——这些事情永远不会回头。

——佚名

来，斟满杯，春晖中抛开冬日烦忧之外套，因为距离时光之鸟儿的飞翔仅有短暂的距离——是飞，鸟儿已展翼！

——莪默·伽亚谟

麦克白：如果我们失败了呢？

麦克白夫人：我们！失败！把你勇气的螺丝钉拧到不能再拧，我们就不会失败。

——莎士比亚

练习

找到你自己的针对犹豫不决的解药：

◆ 精心准备好典型形象或者妙语，以便在现实生活中自动起作用。

第 7 章 观察结果，视障碍为机遇

阿历克斯努力地合理考虑、全面衡量事态进展。

当阿历克斯第二天到达办公室的时候，他已把在游泳池的成功经历给忘得一干二净了。夜间的雷击及其导致的电流骤变冲击把保存在团队硬盘上的数据搞得一团糟，数以千计的客户投诉里含有的全部信息都被清除了。

整个团队都忧心忡忡，阿历克斯也一样。事实上他们的忧虑更多的是由于他们对此产生的后果毫无把握而引起的，而不是因为他们明白无误地知道整个项目将完全失败。但是，忧虑是实实在在的。

阿历克斯觉得他们需要获得一些咨询。于是他设法在电话里找到了迈克尔，"……那么你究竟是如何在灾难发生的时候让你的人保持激昂斗志的？"他问道。

"拿破仑通过用灾难来激励别人，创造了他的整个事业。"迈克尔开玩笑道。他的轻松愉快令人恼火。但是他接下去的话就有帮助多了："好吧，阿历克斯，告诉你一些关于障碍的看法。除此之外，因为这些看法和领导者以及激励者的角色有关，所以从更广泛的意义上说来，它们也是关于'结果'的观点。

"首先，你确实真的需要认识到任何障碍都能被克服。不过，除此之外，

你还需要相信，你所用来解决障碍的创造力会令你萌生创意，而这些创意确确实实会让你的项目比未遇到障碍之前进展得更好。这点屡试不爽。

"你肯定会仔细考虑那些你首先就会想到的备选方案。但是，出于某些原因，别忘了那些你未曾考虑到的选择。从这个意义上说，摆明了是障碍的实际上似祸实福——只要你能够揭开这个佯祸的假面具。举例来说，在你解决计算机中损失的数据这个问题的过程之中，你应该致力于找到那些能让你和你的团队就该项目整体上取得更佳效果的创意。你越是真心实意地相信这一点，所涌现的创意就越是出色。把每一个出现的障碍都看作为神的信使吧。你可以选择枪决这信使，或者获取他带来的秘密消息。

"这种有意为之的'无心插柳柳成荫'的思维方法对于一个领导者的自我激励很重要，对于整个团队随之获得的信心和激励也很重要。

"其次，请确保你是在从一个有利的视角来观察显眼的障碍。回溯你为整个项目、为任务、为各个团队成员（包括你自己）所设立的整体愿景。横亘在你面前的真是崇山峻岭吗？或者它只是鼹鼠挖洞时刨出的泥土所形成的小土堆？或者它可能只是个山麓小丘？合理衡量，全面考虑，这会帮助你保持均衡，并因此而更能产生富有创造力的解决办法。

"再次，应该认识到最佳计划是那些灵活的计划。请不要为自己制订了一个缺乏完美预见性的计划而苛责自己。恰恰相反，你应该额手相庆，因为你可以通过对该计划进行再加工而得以'无心插柳柳成荫'。

"顺便说一句，阿历克斯，上个月我们一起讨论愿景和计划的时候我应该已经阐明了一点，这就是，我注意到有些人制订计划的方式导致这些计划的结构根本就让人很难对之进行修改。而有些人在制订计划时却有意让它们的内在结构灵活得多。你或许可以利用这次机会来好好检查一下你对整个项目的规划——这个计划是不是既确定又不乏灵活性？

"最后一点要说的是……我已经分析过了结果是障碍的情形。不幸的是，我们通常给予成功的注意并不如我们给予障碍那么多。这一点可能在目前与你没有太多相干，不过，请确保你或者你的团队能够留意到你们在项目进展过程中所取得的积极成果。然后请庆祝这些成功！成功带来进一步的成功，真正的领导者都是杰出的助产士！"

阿历克斯记录完了迈克尔的建议，表示了感谢。然后就开始咬着铅笔杆进行思考。他下一步该如何做？

长话短说，阿历克斯在迈克尔的建议指点下和整个团队，特别是和罗勃（现在已经不复存在的数据原来也是由他负责的）一起努力。

事态的确和它们起初看起来一样糟糕——数据都转换成了随机的一串串"1"和"0"。不过，他们用了一点创造力就找到了解决问题的办法。因为罗勃曾经在上周工作的不同阶段把数据打印出来过，这些数据确实还存在——不过只存在于纸上。既然罗勃假想自己是魔法师莫林，通过把打印数据用光学扫描仪加工一下，他就奇迹般地重新生成了这些数据文件。充分发挥扫描仪的功能的确费去了一些工夫，但这是值得的。团队终于找回了失去的数据。

阿历克斯给了团队另一个挑战，从而让整个团队永远记住：挫折实际上会产生机遇。那就是，他们怎样利用这份经验来改善项目的整体效果呢？

最终他们琢磨出了几个主意。他们想要确保将来的客户意见可以很容易获得并被记录下来。

为什么不用扫描的办法来把这些数据直接输入到电脑里边去呢？不过，扫描系统尽管能够阅读铅印文字，但大多数还是不能够"阅读"客户的手迹。那么，为什么不把扫描仪的创意引申一下呢？——在互联网上建立一个网站，客户们可以把他们的意见直接录入网站？小组成员们又琢磨出了几个点子，并记录下来以供将来参考。

他们也重新考察了整个项目计划，对它进行了重新调整，以便使某一领域将来可能发生的"灾难"对其他领域的冲击和影响可以降低到最低程度。

结果和障碍

VICTORY 环的第四步是观察我们的进取活动或"放手一搏"所产生的结果，以及克服障碍。在这里，让我们把注意力集中在结果和障碍自身，而非我们用以解决关于它们的反馈的方式。

当和激励联系到一起的时候，关于结果和障碍有什么重要的注意事项呢？

◆ **回溯联系你的愿景。**对于 VICTORY 环中所有的步骤，都要问一声："这个结果或者事件是怎样和长期的愿景相联系的？"

◆ **制订计划和回复计划。**在给关于要实现什么目标的愿景充实血肉时，你会描绘出怎样取得进展的图像，就是通往成功的路径。你也应该已经把这条通往成功之路的图画转化为了行动计划。为了从你获得的结果（不论这些结果是多么成功）中得到最大限度的激励价值，请确保你清楚它们在何处和你的全局计划相吻合。

◆ **把计划修改成简单的拼图，而不是复杂的卢比克立方（Rubik's Cubes）**如果你的计划秩序十分井然（"做 B 之前先做 A，做 C 之前先做 B"，就像玩卢比克立方一样），那么，你就没有给你自己太多的灵活性。但是，如果你的计划更像一个拼图游戏，那么你的进展就会快得多。你具备了更大的灵活性，你可以致力于在当时最为合适的那部分工作。

◆ **培养"无心插柳柳成荫"的本事。**"无心插柳"是将偶然事件点铁成金的艺术。根据定义，偶然事件不会出现在任何人的计划之中，但是你可以计划好给来访的不速之客准备一张床，这就是运气。

◆ **从小处着手，不要好高骛远。**不同文化背景和不同年龄段的人对下面这句箴言有很多种不同的版本："千里之行，始于足下。"

请学会把积极的结果看作为迈向你的目标的步伐。最为有效的激励因子之一就是进展本身。而且，请将每一次挫折都视为一个能为更加广阔的使命创造出更好结果的机遇。

第8章 应对反馈

阿历克斯帮助凯特的信心免遭逐步的蚕食破坏。

亚瑟王之剑项目现在开始进入第二个月了，一切进展顺利。整个小组已经明确了客户投诉问题的主要类型。凯特已经开始了和重要客户的逐轮会谈，以便于找到解决这些问题的办法。

凯特看上去是担当此重任的理想组员。她外向、乐观，而且具有一种专注于手边事情的天生的激情。

但在访谈开展一周以后，凯特来见阿历克斯。她的开场白是："我想我再也干不下去了。"

"这些访谈困难重重，给我非常大的压力。我觉得自己惹下的麻烦比解决的问题都要多。"阿历克斯很惊讶，让凯特详细说说访谈的事儿。

"每次结束访谈的时候，我总是感觉真的好沮丧。我知道应该通过这些访谈来解决客户的问题。但是与此相反，最后我总是呆呆坐在那儿，无言以对客户不绝的悲叹。他们对待我应该更加尊重一些，但是最后他们只是说该走了，然后就结束会谈。而且在访谈的过程中我总是忘记询问正确的问题，尽管我已经提前把它们记了下来……"

阿历克斯觉得自己已经清楚到底发生了些什么。不过，他还是让凯特接着说，与此同时，他记录下了一些要点。他知道在访谈方面凯特确实干得很不错，他早就看过凯特在会谈后作的记录。他甚至还接到过一位客户打来的致谢电话。这位客户感谢公司为安排这么一场专人拜访所做出的努力（尽管他忘记把这个电话的事情告诉凯特了，而且为此他恨不得给自己一脚）。

凯特又继续滔滔不绝了五分钟，于是，阿历克斯终于还是打断了她："凯特，首先，我想让你知道你在访谈方面干得很不错。"他解释道，她的会谈记录很有价值，而且他还提到了他从客户处接到的那通致谢电话。他知道凯特可能会认为他只是在试图安慰她而已。所以他用直观的方式把他所获得的反馈的积极一面证实给凯特看，而且他还十分明确地告诉凯特，他希望她继续进行这种访谈——既然她干得这么出色。

接下去阿历克斯低头看着他刚刚匆匆记下一些要点的那一小片纸。

"关于你的访谈，只有一个问题，凯特。这个问题与访谈本身无关。问题出在你评价自己进行访谈的能力的方式上。在听取和评估来自你自己和他人的反馈时，你所选择的方式在逐渐蚕食和破坏你的自信，而不是帮助提高它。最终这变成了自相矛盾：你干得极棒，但你让自己确信自己干得很差劲。问题是，如果你不纠正它的话，这种自相矛盾最终会导致悲剧。"

为了解释自己的话，阿历克斯画出了 VICTORY 环的草图：我们的自信心（以及由此而产生的进行进一步建设性行动的可能性）更多地取决于我们是如何诠释对我们所付出努力的反馈，而不是取决于这些结果本身，甚至也不是反馈本身。

"但是你是怎样改变你诠释反馈的方式的？"凯特问道。

"哦，首先，你需要确保你从'外界环境'中真正地获得了足够的反馈或者信息。这听起来好像理所应当，但奇怪的是我们通常做不到这点。以你的客户访谈为例，你所应对的唯一一件事就是你的'自我对话'，就是你告诉自己的那些东西。如果你忧心忡忡，你本可以问问我认为这些访谈进展得有多么出色。这样也许就可以提醒我把客户打来的那通致谢电话告诉你。"

"好吧，阿历克斯。不过，假设我正在接受反馈——那么我怎样改变我应对反馈的方式呢？我想这才是你的主要建议吧。"

阿历克斯继续说道："你必须调整你的自我对话（如果有必要的话，你最好把你持续不断用在自己身上的那些词儿再给写下来），而且你还需要审视一下你的信念——就是你关于世界是怎样或者应该是怎样的模型。

"让我给你举几个例子。当你开始描述你所面临的问题时，你用了12次'应当'、6次'必须'和4次'总是'。

"当你说，'我总是忘记询问正确的问题'，你很有可能并不正确。我相信，你大多数时候都询问了正确的问题。如果你告诉自己你总是没干好某件事，这种概括结论最终会毁掉你的自信心。所以，请尝试着和自己进行更为积极的（而且可能也是更为正确的）自我对话。"

接下去，阿历克斯继续给凯特展示我们大家都有对于世界是如何运转的固有信念。这些信念可以是理性的，而且导致"健康"的情绪和富有建设性的行动。但是，信念也可以是非理性的（通常建立在过多的"应该""应当""必须"和"总是"上面）。非理性的信念势必会导致不健康的情绪，诸如焦虑和沮丧。而这些不健康的情绪接着又会导致低效率或者破坏性的行为，比如说贬抑他人、妄自菲薄和止步不前。阿历克斯试图通过画一张简图来让自己的观点更加清楚一点。[①]

"凯特，根据我所了解的看来，我觉得你有一点点完美主义。很显然，我们希望你做的工作尽可能好，但是，如果你相信每一场访谈都必须是绝对完美无缺的话，那么，我很担心你会变得对你自己是如此的失望，以至于你会丧失你的自信，无法专心致志，接下去就开始把事情搞砸。

"无论怎样，好好想一想。另外，如果你想让我和你一起参加下一次的访谈，就告诉我好了。"

---

① 阿历克斯画的这张图画复制在后面。

凯特意识到自己不可奢望通过访谈就解决很多客户的问题，并且为自己设立了更加具有可实现性的目标，那就是，尽可能全面地理解客户的投诉。下一场访谈进展良好，她不需要接受阿历克斯陪伴她的提议。但是她忘记祝贺她自己了（不过，她在以后类似的机会中记住这么做了）。

应对反馈

应对反馈就是我们用以结束激励的 VICTORY 环并且给我们自信心的补给添水加油的过程。

反馈是我们学习、发展和激励的主要来源。它使得我们在掌舵自我之舟时不至于迷失方向。但是令人奇怪的是，许多人打击、逃避、错误诠释并且忽略反馈——不论是故意为之，还是用更为隐蔽的伎俩。但是，现在让我们假设我们自己、其他人或者环境给我们提供了关于我们正在做（或者是已经完成了的）的某些事情的信息（反馈）。下面我们就来集中讨论一下如何诠释和应对该反馈。

◆ **拓展胃口，既能食甜，也可尝苦。** 成功者用积极反馈的甜美来直接增进自己的信心和激励自己。但是他们也学会了享受因他们不那么成功的努力所导致的苦涩反馈之果，以便提高自己的能力和技巧。

◆ **改写你的自我对话。** "我为什么就这么笨呢？"这可不是成功者对自己说的话。"是什么样的原因让我作出那个决定？下周我怎样才能以不同的方式来做事？"这些还差不多。这是一个很大而且颇为微妙的话题，有关要点简要总结在下面的论述中。

◆ **重新聚焦你的信念。** 我们的信念是我们用来观察世界的镜头。好好审视以保证它们不会扭曲我们的视野（参见下面的论述）。

◆ **表扬你自己。** 上一次你因为自己取得的某些成绩而犒劳自己（或者仅仅是确认一下成绩，甚至仅仅是明白无误地注意到这些）是什么时候的事情啦？

自我对话，以及信念

自我对话——在我们千锤百炼、试图锻造更为健康的自我对话过程之中，我们需要避开下面三个陷阱。

陷阱	描述	例子
1. 概括总结	含糊地告诉自己：你有一种天生的负面习性	"我总是什么也记不住。"
2. 非理性	作出事实所并不一定支持的结论	"老板没有恭喜我的论文，所以我一定遗漏了什么东西"。
3. 错位	用关于你生活某一区域的负面感觉来影响其他区域	"我写作能力不佳，所以我不能成为一名出色的公众演说家。"

信念：信念是我们用以观察世界的镜头。"理性"的信念激发健康的情绪和建设性的行为。"非理性"的信念导致破坏性的行为。下面的这些理论来自爱丽斯（Ellis）的理性情绪行为疗法。

情况发生了，看上去可能不利		信念	情绪	行为
	√	宁愿…… 希望…… 最好是…… 和／也……	难过 失望 挫败感	行动起来 以改进接受 学习
	×	应当…… 必须…… 总是…… 非此即彼……	焦虑 沮丧 狂怒 自怜	抱怨 止步不前 压抑 （自我）贬抑

举例："我必须总是得到尊重，如果有人瞧不起我，那么这太可怕、太恐怖了，我将不得不逃避（或者整垮他们）。"

练习

利用附录 10 来测试一下你的自我对话和你的信念。

第9章　你

本章中阿历克斯想到
自己才是决定自己能否被
激励的核心。

在他第二天早晨驱车去上班时，阿历克斯觉得他现在正在以相当大的冲量来推动亚瑟王之剑项目。凯特在客户访谈方面取得了更为出色的进展；罗勃已经开始分析数据了；而其他组员和负责生产以及产品研发的公司部门之间的积极探讨也在进行之中。

阿历克斯到了办公桌旁。当他轻轻打开公文箱的时候，两个啤酒杯垫滚了出来。它们记录了几个月前迈克尔写下的智慧之环。阿历克斯凝视着迈克尔所画的 VICTORY 模型，不知为何，竟开始奇怪起来，自己看起来怎么几乎已经像第二本能一般使用着关于激励的那套思维方式了。

只有一件事情还在困扰着他——他记不起来迈克尔关于图画中最后那个"Y"曾经说了多少。他记得"Y"代表"你"，但除此之外迈克尔没有说别的。

也许这也是对的，阿历克斯想到。不管怎么说，毕竟是由我们自己来决定我们想成为什么样的人，而且我们能成为什么样的人在很大程度上取决于我们从自己和他人处获得的激励的程度和方向。

阿历克斯当天的日程表安排的太紧张了，时间不允许他进行这样的哲学思考。不过，尼采的一句妙语自动地从他的记忆中跳了出来："我们决心如何开心，我们就会真的这么开心。"阿历克斯想，这是否是因为我们决心如何被激励，我们就会真的如此激昂。

阿历克斯查看了一下他的日程，决定先停止就此做进一步的思考，待参加完在晚上举行的心理学讲座之后再说。他很期待这次的讲座能对他的激励理论起到一定的推进作用。

你

在 VICTORY 环的中央屹立着一个"你"。这代表你正在激励的那个人——你自己、一位朋友或者是一位同事。

很显然，这个"你"是由许多事物来定义、表征和创造的。不过，我们在过去几章中所探讨过的 VICTORY 环的诸要素在此扮演了特别关键的角色。从某种意义上来说，我们为自己设定的愿景和我们自信心的水准等都决定了我们是谁。

和这些要素的简单相加相比，它们之间的相互联系的作用也许更重要：我们有许多从来没有办法拨冗来最终实现的愿景，经常会有动力——但是它却被抑制、被束之高阁，从而引发焦虑不安。

因此，激励的技巧包括帮助别人意识到、创造出并强化这些步骤之间的联系。帮助别人创造出一个关于他们未来成功的愿景固然很好，但是鼓励他们将此愿景和一些深层次的推动力相结合，这样就会更加有可能催生行动。帮助别人感觉到更自信固然不错，但是支持——或者推动他们去实实在在地冒险放手一搏却更好。

伟大的艺术家绝对不仅仅以精湛的技艺来描绘分立的树木、河流和个人，他还要有办法把这些要素以某种方式联结在一起，这种方式被称之为"风格"。

同样的，杰出的激励者并不仅仅用一种分立的方式来描述诸如愿景和自信心这样的论题。通过帮助被激励者来以一种和谐的方式将这些要素整合在一起，该激励者也帮助被激励者培植或者强化他们自己的个人风格。

VICTORY 环的核心

第 10 章　心理学精要

> 百年来关于人类
> 行为背后动因的思索之
> 精要。

　　阿历克斯慢吞吞地走进了报告厅。他把进场时间调整得恰到好处，既不是太早，以便他能混迹于报告厅后边他的同事之间，也没有晚到让他不得不坐在前排的程度。

　　能聆听这场关于心理学精要的讲座，这可真让他很好奇和兴奋。他想，这些心理学知识会和他最近萌生的对激励的兴趣联系到一起。

　　他是通过公司的人力资源部来报名参加这次讲座的。现在他正翘首以盼，想听听比·开普兰博士——著名的心理学家和公司的顾问能给大家带来些什么。

　　当开普兰博士讲完了之后，他发现她的讲授是如此的引人入胜，以至于他要带走的讲座纲要的笔记竟然有十页纸之多。

心理学精要入门

比·开普兰博士（文学硕士、医学博士）

　　心理学是研究人们行为背后动因的学问。对于各种职业来说，经理人员或者领导者对此领域需要最为透彻和深入的理解。经理人员身边永远围绕着大量个性极为不同的人，而且他们相互之间通常并没有选择和对方一起共事。另外，对于这些人来说，经理人员必须用范围和种类格外广泛多样的方式来交往，这些方式包括指引、建议、询问、告知、教导、社交、训练、恭贺和激励。

所以，本文旨在帮助你理解心理学精要的最新认识，这样一来，你就可以更加有效地和别人交往并激励别人。这些认识以如下方式编排：首先出场的是绝大多数心理学学派所共同接受和认可的理论体系；其次是特定的心理学流派（如弗洛伊德学派和荣格学派）所分别强调的不同重点对心理学发展的贡献；第三点是关于激励的比较有影响力的理论，主要讨论它们在工作场合的应用。本文以对以下两个论题的更详细的阐述作为结尾：马斯洛的需求层次理论和防御机制。

绝大多数心理学家一致认可的理论

绝大多数流派的心理学家对下面五项基本原则一致认可。

1. 行动比语言更有说服力

我们应对特定情境（刺激）的方式，或者说，我们陷入种种不同环境中时争取主动的方式，就表征和昭示了我们的个性特征。只有在极其稀罕的情况下，我们才能够如此透彻地认识自我，以至于单单用语言就能够向我们自己或者其他人准确描述我们的个性特征。

2. 折中的痛苦

在决定采取何种行动之时，我们往往取折中方案。我们的目标是，满足自己的欲望，但是我们又不想给自己惹上太大的麻烦。具体如下：

◆ 我们的此类行动可以分为两种：通常它们或者是创造性行为或者是破坏性行为，每种行为都可能被导向内部（指向我们自己）或者导向外部（指向其他人或者事物）。这些行为或者是"积极的"，或者是"消极的"，通常它们让我们更接近一个人或者事物，或者让我们远离这个人或者事物。（参见图例1）

◆ 推动这些行为的强烈欲望源自我们希望使我们自己或者其他人更接近于我们在头脑中为自己或者其他人设定的形象。对于绝大多数人来说，这些欲望来自如下愿望：（1）在生命力上长生不老，永垂不朽；（2）在魅力上无法抗拒；（3）在影响力上无所不能。

这些愿望依靠爱的力量［＝力比多（libido）——创造］或者憎恨的力量［＝莫的多（mortido）——破坏］来转化为欲望和行动。（参见图例2）

◆ 因为要避免给我们自己找麻烦，我们喜欢能够提高安全性、增加愉悦感并且减少焦虑和痛苦的结果。

有些时候，我们有意识地注意这些因素，而在另外一些时候，这些因素是依仗诸如否认、抑制、不当文过饰非等防御机制，通过我们的潜意识来起作用的。

图例1　我们采取的行为之种类

我们的行为或者是创造性的，或者是破坏性的；或者是朝内指向的，或者是朝外指向的；或者是积极主动的，或者是消极被动的。

	朝内指向	朝外指向
创造性的	学习一种新技巧； 自我表扬 接受其他人的帮助	帮助他人；创造事物 让孩子们自己去摸索
破坏性的	自我贬抑，妄自菲薄 得意忘形	嘲笑奚落他人 得饶人处且饶人

图例2 愿望，欲望和折中之计

在决定如何行动时，我们在欲望之间寻求平衡——以有意识和潜意识的共同贡献为基础。

愿　望	欲　望	折　中	
长生不老的生命力 无可抗拒的魅力 无所不能的影响力	力比多 [libido] 爱 + 莫的多 [mortido] 恨	增加安全和愉悦 减少焦虑和痛苦	行动
		潜意识：防御　有意识：清楚 　机制　　　　的分析	

3. 承受压力时的心理倒退

当我们面对的环境存在巨大到一定程度的压力时，我们就会倾向于后退（倒退）回那些在过去都助我们应对这种情况的行为。在极端的情况下，我们最后就会表现得像儿童一样。在心理倒退之前，不同的人可以承受不同程度（以及不同数量）的压力。

4. 在因循中成长还是在变化中成长

在我们成长的过程中——以及当我们经历新的或者显然很熟悉的情境时——我们会辨认出熟悉的模式，因循我们过去应对这些情况或者作出决定的方法。这些"因循"、自动产生的习惯能让我们节省时间和精力。不过，更为理想的情况是，我们还应该保持开放的头脑，以便能够学会和掌握与我们的周遭环境打交道的新方法。

5. 神圣的三位一体

我们的头脑、身体和灵魂是有机联系着的。心理上的（头脑的）健康是和生理、精神健康紧密结合在一起的。

不同心理学流派的分歧之处

尽管绝大多数心理学流派（甚至包括古希腊的心理学流派）对上面所阐述的原理都一致认同，但是他们还是在许多领域有着不同的侧重点——而且这种分歧经常是根本上的不同。

有些心理学流派强调意识清醒之头脑的重要性，而其他学派则着重于无意识状态。有些学派强调幼年时期经历所产生的难以磨灭的显著影响，而有些学派则认为在我们的一生中，我们的成长是以更为均匀的节奏进行的。差异最为巨大的领域大概是帮助他人进行改变的方法了（不论这些人是相对"正常"，还是需要更为实质性的咨询帮助，或者是心理治疗）。某些学派，比如弗洛伊德学派强调对幼年经历的深入分析，而其他学派则致力于研究成年人"如何表达自我"。

1. **西格蒙·弗洛伊德**（1856—1939）是近百年心理学历史上最为显著的人物。他最终还是赋予无意识状态以特别的重要性。在他看来，无意识状态是受到抑制或者被遗忘经历的藏身之处，而这些经验却是我们许多方面行为的驱动力。他试图采用他的心理分析方法来深入透彻了解无意识状态，该方法格外倚重自由联系。另外，他还强调（也许强调得有点过头）性驱动因素（力比多）的重要性。

他的关于人格结构的模型（包括不同的表现形式）经受住了时间的检验。

◆ "本我"（Id）代表所有的本能冲动。"本我"是原始的、由生理决定的本能冲动，按照"唯乐原则"（趋乐避苦）活动。没有得到满足的欲望则催生紧张状态，而这些则最终会需要经由行动或者疯狂来加以释放。"本我"位于头脑的无意识区域。

◆ "自我"（Ego）位于头脑的无意识和有意识区域。"自我"按照现实原则活动，能够认识到外部世界的种种限制，而且会把我们满足欲望的行动延迟到一个合适的时机来进行。"自我"扮演的是自我管理者的角色。

◆ "超我"（Superego）部分在意识中活动，但大部分在无意识中活动。"超我"代表的是我们的"正确"行为（理想的自我）模式，而且是试图通过呼唤"良知"来阻止我们行动中"不合适"的部分。当"超我" 没能够成功地阻止这种行为时，我们就会有"负罪感"——那些有强有力"超我"的人比其他人有更多的负罪感。

弗洛伊德认为人格的这三个组成部分大部分在六岁以前就已经形成了（到这个年龄，我们已经通过了弗洛伊德学说里的口腔、肛门和生殖器阶段）。作为成年人，我们的责任就是认清我们自己的伪装并且对付它们。如果有必要，可以动用健康的"防御机制"（参见下面的讨论）。

2. **卡尔·荣格**（1875—1961）与弗洛伊德的联盟最终还是破裂了。荣格认为弗洛伊德过于强调性驱动力以及对压抑体验侧重得过多。

荣格相信，人格由主观意识、个人无意识和集体无意识这三个相互作用的体系组成。主观意识通过感觉、直觉、情感和思考的混合来感知和体验世界。个人无意识与弗洛伊德学说中的无意识很类似，不过荣格认为个人无意识对我们的影响要更加良性和温和；而且荣格还强调梦境在评估个人无意识时的作用。集体无意识是某种典范（诸如神、英雄、圣母）的载体。这些典范影响着我们的思想和行为。不论我们成长的环境有多么不同，我们大家都拥有一个汇集这些典范形象的相类似的宝库，这些典范形象不知何故根植于我们所有人的心理和头脑中。

荣格关于主观意识的四个组成部分的学说，加上他的关于"内倾"和"外倾"的理论，都反映在目前广泛使用的许多心理学评估工具上——诸如梅耶斯—布里格斯人格类型测试表。①

3. 其他心理学派

弗洛伊德和荣格奠定了心理学作为一门科学的基础。他们把心理学从19世纪中期的阶段催眠术的实验中提升了出来，并且把它和人脑生理的科学研究结合在一起。

他们的同时代人和紧随其后的晚辈充实和填补了这门科学的其他角落——安娜·弗洛伊德精练了防御机制理论，简·皮亚杰集中研究了儿童心理学，等等。（参见图例3）

图例3 主要心理学流派
（以树状图的根部为发端）

人本主义学派。卡尔·罗杰斯（1902—1987）以及其他心理学家。强调对于个人现存问题的设身处地的、整体为重的治疗。 罗杰斯：以客户为中心的治疗法：T组 弗利兹·坡尔：格式塔（完形）治疗法 埃里克·伯尔尼：调和分析	**认知疗法学派**（20世纪50年代末期）。 主张人类作为有意识的生命个体，并不完全受无意识和外在世界所控制。 贝克：认知行为治疗法 爱丽斯：理性情绪治疗法 凯丽：个体建设治疗法
存在主义学派。维克多·弗兰克尔，R. D. Laing和其他心理学家。主张病人在怀疑、焦虑和确定无疑的死亡面前寻求意义。	**海恩斯·考胡特**。主张人成年以后坚持理想化其父母（并被他们认可）的需要。
亚伯拉罕·马斯洛（1908—1970）。人性本善。激励指向自我实现。	**目的联系学派**。D.W.维尼科特等。研究重点集中在个体和外界目标（以及其他人）的联系上。

---

① 参见本部分第11章论述和附录11。

埃里克·埃里克逊（1902—1994）。主张由幼年时期起整个生命进程中不断发展；在每个阶段都有需要解决的特定问题。	行为主义学派。伊万·巴甫洛夫（1849—1936），B.F. 斯金纳。主张行为——而不是激励或者无意识——是关键所在；人类对外界的条件反射可以被调谐并且降低反射的灵敏度。
安娜·弗洛伊德（1895—1982），提出了防御机制，主张个体自律，强化本我。	简·皮亚杰（1896—1980）。主张对儿童的成长采用科学方法进行观察和研究。
卡尔·荣格（1875—1961）。提出无意识，典范、内倾与外倾；强调梦境。	阿尔弗雷德·阿德勒（1870—1937）。主张把个体作为一个整体而非仅仅是部分之和来对待和治疗；强调群体和社会交往的重要性；提出源自幼年时期的自卑情绪。

西格蒙·弗洛伊德（1856—1939）。现代心理学的奠基者。详情参见正文。
十八世纪晚期：越来越多的学者认为疯病可以治愈。对催眠术、颅脑构造和大脑解剖学的研究展开。
古希腊时期——希波克里特（精神上的失衡是由心理原因造成的，而非源自神的影响）。亚里士多德（大脑在凝结心脏产生的热蒸汽方面的作用）。

　　心理学方面的随后发展是在西方世界所发生的更广泛的变化的紧密镜像映射。随着20世纪曙光的出现和工业革命的繁荣昌盛，人类的大脑本身也逐渐被越来越多地当作一部可以被调试和调谐的机器来对待：行为主义心理学繁荣于世。部分源于此，20世纪中期出现了卡尔·罗杰斯和人本主义学派。他们的侧重点在于真正的、对于个人的设身处地的理解。随后90年间，各种心理学流派犹如雨后春笋般涌现，这些学派的区别主要在于他们寻求让个体更"健康"的方法不同。

关于激励的理论

自从亨利·福特提出的新颖的生产线概念（1896 年）把我们带入了 20 世纪以来，商业世界是对激励研究最多的地方。随着越来越多的人比以前更加紧密地在一起工作，或者在更大的团队里工作，或者做着更具有可比性的工作，对于怎样激励工作者以便实现商业目标来进行科学研究的时机已经成熟了。

最初，行为主义学派占据统治地位。巴甫洛夫和斯金纳的原则被引入了工作场所。人类的行为趋向于"胡萝卜"（让自己快乐的事物），而远离"大棒"（令自己痛苦的事物）。如果给某一特定任务的完成配备以足够的"胡萝卜"，工作者就应该能被激励以有更佳业绩。

部分是为了纠正这些过于简单的理论，爱德华·托尔曼和其他认知心理学家逐渐成了历史舞台的主角。他们确信人类基本上是理智的，能够选择自己的目标并且能够有意识地调整自己的行为。托尔曼的研究导致了预期理论在 20 世纪 30 年代的诞生。这种理论指出：我们是为对于如果我们做了某些特定事情之后所发生的事情的有意识的预期所激励的。（V.H. 弗洛姆在预期理论诞生之后试图把这些激励因素定量化，在 20 世纪 60 年代提出每种激励因素的强度等于结果的"原子价"或者吸引力乘以我们给结果事实上发生的情况所确定的概率。）

弗里德里克·泰勒结合了行为主义心理学家和认知心理学家的方法，但是他可能更多地倾向于行为主义阵营。他在 1947 年的论文《科学管理的原理》颇受该时期所涌现的大型企业组织的青睐。该论文写道："选取 15 名技巧格外出色的工人……研究基本操作和工具使用的精确结果……利用秒表来确定完成每一件基本工作的最最迅捷的方法……"

但是，认知心理学家逐渐占据了上风。到20世纪40年代晚期，道格拉斯·麦格雷戈关于"采用Y理论、摒弃X理论"的倡导得到了越来越多的追随。（X理论是指，绝大多数人天性厌恶工作，所以，若想让他们对整个组织的目标有所贡献，就需要对他们进行控制和强迫。绝大多数人希望被人引导，极少人有进取心或者希望承担责任。Y理论是指，工作、脑力劳动和玩耍一样是自然而然的；人类如果致力于整个组织的目标时，会自我引导和自我控制；这种对于工作的投入是一系列和工作相联系的回报的函数，随这些变量变化而变动；在这种环境下，个体确确实实是在寻求承担一定的责任；绝大多数人都具备相当的创造潜力，但是这种潜力绝大部分没有被开发和挖掘出来。）

埃尔顿·迈耶在20世纪30年代对于美国山楂工厂的研究工作将为人们所牢记：生产效率更多地受到社会压力、团队激励以及某人让他们感到自己很重要的事实的影响，而非仅仅是随着休息时间长短和泰勒的"科学管理法"中其他要素而变动。

在20世纪40年代，亚伯拉罕·马斯洛提出了著名的人类需求层次理论（参见后面的论述）。而在60年代和70年代弗里德里克·赫兹伯格的理念也问世了。赫兹伯格考察了在某些企业中特别高的雇员周转率，创造了"工作满意度"的概念（该概念是指满足雇员更为高级的成就、认可和"自我实现"的需要）。他还帮助确认了"卫生"的因素（即是指那些在某些基本的层次上必须得到满足的需要）的存在，而对于这些需要，即使给予更高的、更多的相应回报或者犒劳，也不可能创造出更多的努力。赫兹伯格认为薪水在大多数情况下只是一种"卫生"的因素。

在接下来的几十年里，对于个体激励方面的研究更加明确地从组织战略和结构的视角出发来进行。对此作出重要贡献的有阿尔弗雷德·斯隆的分散化理论（由他于1963年在担任世界上最大的公司的首席执行官达23年之久后明确提出），以及汤姆·比德斯和鲍勃·华特曼的《追求卓越》。

心理学家们在 20 世纪已经建立了许多框架和模型。图例 4 和 5 总结了其中两种应用最为广泛的模型。

马斯洛指出我们皆为满足五种基本需要而被激励，详情如下所述。这些需要以一种等级森严的层次结构而相互联系。其中生理需要是最强有力的，如果这些最强有力的需要没有得到满足，那么它们就会对我们的能量和努力施加垄断控制。但是，人类的欲望是永远没有止境的，一旦某种欲望得到满足，那么我们的注意力就会转向下一个更高层次的需求。而且，某种需要永远得不到满足的看法会催生焦虑和不正常的行为。

安娜·弗洛伊德和西格蒙·弗洛伊德建立了"防御机制"的概念。我们利用这种机制来保护自己免于遭受痛苦的焦虑之煎熬。这种焦虑可能来自外界的威胁，或者是来自于我们内心冲动或者信仰之间的相互冲突。长期依赖于这些防御机制被认为是不健康的。你已经受到过警告！

在我们研究如何激励自己和他人的过程中，上面提到过的绝大多数方法对我们来说都不乏可取之处。不论我们发现哪一种理论学说最吸引自己、最具有实际应用的可能性，很显然，这种理论都会随我们自己的心理变化而变动！

　　人类天性中两项原理说一不二：
　　自爱催生欲望，理性提供自律。

——亚历山大·波普

图例 4 马斯洛的需求层次理论

自我实现	我们可以做什么，以及我们必须做什么
尊重	来自自己和他人
爱	来自他人，并且给予他人
安全	健康，保护自己不受暴力和灾难伤害
生理需要	食物、水、睡眠、性、纯粹的活动

图例 5 防御机制

防御机制	例证
否认	"我没有被解雇"（而事实上你被解雇了）
压抑	"和她在一起太美妙了"（而事实上并非如此）
投射	"他憎恨我"（而事实上是你憎恨他）
换位	"你为什么这么难相处？"（而难相处的是第三方）
升华	"我喜欢拉小提琴"（但是罗马正在失火）
退缩	"别伤害我，我只是一个手无缚鸡之力的孩子而已"（成年人如是说）
强词夺理	"我打你是因为你脸颊上有一只苍蝇"（！）
应激反应	"这不是一只老虎，这只是一只可爱的猫而已"（但它确实是老虎）
无私忘我	"我将成为忘我助人者"（所以我能忽视自己的麻烦）
幽默	"那个无情嘲笑我的笑话真是太有意思了"（真的如此吗？）

第 11 章　人格类型

"谢谢你为大家做的心理学简介，"阿历克斯在讲座结束之后走近比·开普兰博士并致谢，"请问你是否有时间回答一个简单的问题？你在提到人们的时候仿佛他们都是一模一样似的。你确实指出过，不同的人可能会以不同的方式来采用多样化的防御机制，但是，真的有这么一种区分不同类型人格的更为清晰的体系吗？"

"我想恐怕不存在什么万灵公式。你为什么问这个问题？"阿历克斯解释道，他近来对激励很有兴趣。而且他想知道，是否通过了解一个人的"类型"，他可以更快地弄清楚怎样去激励他们。

"通过对于人类生活几乎各个方面的分析，古希腊人奠定了这个领域的基础。希波克里特认为不同的人具有不同的他称之为'体液'的混合配比。某些人'抑郁质'多一点，另一些人'黏液质'多一些，有些人'多血质'多些，而另外一些人'胆汁质'多些。

"这种分类方式在帮助人们区分不同类型的人倾向于如何相互交往，以及如何处世这些方面起不到太大作用。不过，至少这是一个开端。

"荣格，就是我在讲座里提到过的心理学家，取得了真正的首次进展。他

171

的著作提出了现在已经为人们所熟知的术语'内倾'和'外倾'，接下来他……"

阿历克斯打断了比的话："对不起，除了在临床治疗中应用之外，这种内倾或外倾的区别是怎样在日常生活中和在激励时帮助我们呢？"

"我们称之为'内倾'的人，喜欢在他们生活中的某些领域（并不一定是所有的领域）把他们的能量投向'内部'。和'外倾'的人相比较而言，他们更喜欢思想和概念，而非喜欢人和事物；他们更喜欢聚精会神，而不是相互影响；通常他们喜欢思索超过喜欢行动；他们倾向于思考—行动—思考，而不是行动—思考—行动。这些听上去有道理吗？"

"我想是的。"阿历克斯回答道。罗勃和凯特跳到了他的脑海中。罗勃总是摆弄计算机和数学模型，而且看上去宁愿在和别人讨论检验之前自己努力设法找到绝对正确的答案。而在另外一方面，凯特总是积极参加团队的体育活动，而且在解决问题时更喜欢与别人彻底讨论。罗勃总是认为凯特不能够靠自己的力量找到"正确答案"，而凯特呢，则认为罗勃在人际交往方面有困难——但是，也许他们俩的差别仅仅只是在他们所偏好的风格方面，而非在能力方面。

"那么，和激励外倾者相比，上面的差异将如何影响激励内倾者的方式呢？"阿历克斯继续追问下去。

"首先，"比回答道，"区别在于他们情愿自己被激励的方面。我想你能想象得到这两种类型的人所喜欢迎接的挑战是不同的。其次，区别在于潜在的激励因素。对于在把内倾和外倾这两种类型和诸如对金钱的欲望或者对影响力的欲望此类事物联系在一起的研究工作，我不甚了解。再次，不管怎么说，在你帮助这两种不同类型的人进入激励状态所采用的方式方法上存在着明显的差异。"

"真的有明显差异？"阿历克斯问道。

"是的。在我举办讲座的过程中你问到了VICTORY环。很显然，你已经对如何激励人有所了解。现在，喜欢以内倾方式处事的人可能会对把VICTORY环首先作为一个概念来理解更为热衷，然后才轮到应用它。而一个外倾者则可能会更愿意在他们自己或者他人身上先试验一下某些简单的窍门，然后再研究整个理论。

"如果你看看人们是如何不同的另外一个例子，那么激励的作用可能会更加清楚。某些人喜欢高度组织化、计划井井有条并且管理严格；而另外一些人则喜欢更加灵活、自由、随心所欲和随波逐流。对于前者来说，你可能会希望为他们准备好一份关于他们将如何激励自己的详尽计划，而对于后一种类型的人来说，如果你采用同样的方式，那么他们的情况很可能会相当迅速地变得一团糟。"

阿历克斯脑海中跳出了两个人。和阿历克斯比起来，他原来的上司是更典型的计划主义者。如果你想和他谈谈收购一家公司的事儿，除非你先准备好一份清清楚楚列出各项议程的备忘录，并且严格遵守各项议程，再和他会谈，否则你根本就别指望能唤起他对此事的热情。而在另一方面，和阿历克斯比起来，他的夫人莎拉则喜欢更为灵活的处事方式，而且她还经常怂恿阿历克斯也别那么死板。对她而言，在假日来临之前花费数月时间——或者只是数周时间——来比较旅游宣传手册，远远不如那种心血来潮在出发前一分钟才作出决定的旅行更容易让她兴奋不已。

比继续说道："这个人格'类型'是个很大的话题。把你的名片给我，我会把那些看上去最有用处的理论的简要总结发给你。有些理论在你试图改善团队业绩时更加有用些，而另外一些则对你解决冲突的努力更加有帮助。不管怎么说，我认为你会发现值得记住它们的。"

阿历克斯谢谢比回答他的问题，然后和大伙儿一起去了酒吧。他简直等不及要尝试着区分开内倾者与外倾者，并且区别计划型的人和自由型的人。

定义不同的人格类型

为了激励某人，我们需要和他们进行交往。这就意味着我们需要理解他们——了解他们拥有什么样的人格类型。

对任何事情进行归类都可能会导致简单化（这挺危险），但也可能是富有洞察力并且令你获益良多的。当我们试图进行归类的对象竟如同人类这般复杂时，这点就显得尤其正确。

我们经常会给别人贴上标签："活力十足""懒惰""鼓舞人心"和"思虑周详"。这些简单的描述极少能够昭示一个人的本质，而且也很难帮助我们与他们进行交往，或者激励他们。

在过去的千百年中，很多种关于"理解"人类个性的不同理论不断涌现。下面给出的是其中比较重要的一些理论。

警告：确定人格类型时需要认真谨慎。这些方法通常衡量的是一个人倾向于以何种方式和别人进行交往。这些描述并不一定等同于这个人实际上与他人进行交往的方式，或者并不一定等同于他们使用或者培养某种特定风格的能力或潜力。

人格的分类

1. 梅耶斯—布里格斯人格类型测试表定义了 16 种类型的人格。其基础为被测者把他们的能量引向何方（内倾还是外倾），他们所注意的是什么（感觉还是直觉），他们如何决策（思考还是感受）以及他们如何查明外界世界的真相（判断还是感知）。有关进一步的讨论参见附录 11。

		思考	感受	感受	思考
		感觉		直觉	
判断	内倾				
感知					
感知	外倾				
判断					

2. 赫尔曼大脑决定因素测试表用很直观形象的方式描绘出了人类使用大脑的四个部分时的倾向性。

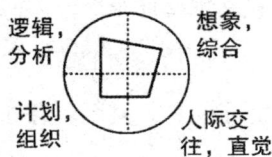

逻辑，分析　　想象，综合

计划，组织　　人际交往，直觉

3. 贝尔宾的理论重点探讨了团队中的角色分工，共分为九种基本类型：塑造者、调控评估者、团队工作者、实施者、完成者、专家、安装者、资源调查者、协调者。

4. 希波克里特（约公元前 460—公元前 370）是进行人格类型分析的先驱之一。他的理论以四种"体液"的不同配比为基础。

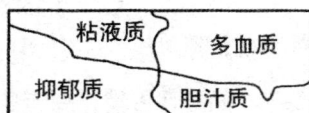

粘液质　　多血质

抑郁质　　胆汁质

第12章　惧怕成功以及无法
被激励的其他原因

阿历克斯在此认
识了哗变和自我暗中
破坏。

亚瑟王之剑项目现在已经进行六周了。除了在初期阶段遇到的一些问题之外，这个项目现在进展相当顺利……令人担心的顺利。实际上，它有变成为巨大成功的危险。

整个团队已经发现了最最经常出现的那些客户投诉类型，已经找到了导致产品缺陷的某些生产问题，而且已经开始计算采取修正措施的财务成本和收益。

阿历克斯的求职之路也进展良好。他已经和几个老朋友以及过去的同事进行了交谈，甚至还意外地接到了猎头公司打来的几个电话。有几份工作看起来相当地吸引人，不过，阿历克斯觉得自己恐怕无法胜任有些职位。

电话铃响了，是比打来的电话。"接到你的电话真叫我惊喜交加，"阿历克斯说，"再次感谢你上周作的那场关于心理学的讲座。对我真的很有帮助。"

比问阿历克斯是否可以腾出几分钟时间来谈谈，她就在办公大楼内，刚刚结束了她的一位公司里的客户的个别辅导课程。几分钟之后，她出现在阿历克斯的办公室里。

"我想你可能需要一些帮助。我猜项目进行得不怎么顺利。"

"你为什么这么说呢？"阿历克斯惊讶地问。

"哦，刚才我在楼上的临时餐厅里偶然听到了几个人的对话。我想，他们和你一起在进行那个什么——发掘者项目①？"

"亚瑟王之剑项目。"阿历克斯纠正她。

"就是这个项目。哦，你的团队成员们午餐时相互之间在讨论这个项目，他们看上去并不是非常起劲。他们给人的印象是并没有取得多大进展。"

阿历克斯解释道，事实上项目进展得很顺利，取得的成绩超出了每个人的预期之外。他惊讶的表情变成了困惑不解。

比思考了一会儿。"也许他们是处在惧怕成功的状态之中。"她若有所思地大声说道。

"你是说惧怕失败吧？"

比重申她说的是惧怕成功。看到阿历克斯困惑不解的样子，她接下去用简要的解释揭开了他心中的谜团。

"首先，我谈谈你刚才提到的惧怕失败。在使用这个术语的时候你得相当小心，因为它有两个相当对立的含义。一种含义是：'我惧怕在生活中做一个失败者，所以我最好推动我自己去做到优秀和出色。'这种恐惧是积极推动和激励性质的（但有的时候会过头）；另外一种含义是：'我担心如果我试图去完成这项特定任务的话，我可能会失败。所以我最好先别冒险尝试。'这种恐惧阻碍人们去冒险进取，它暗中破坏我们的激奋状态。

"但是惧怕成功与此不同。它表现为，'如果事情按照目前的局面发展下去，我就有成功的危险了。但是我不清楚成功了之后我是否会很舒心，所以我最好放慢一点步伐。这样一来我就不用努力去适应成功了。'"

阿历克斯在座位上扭动着，尽管比的话听起来令人感到难以置信，但是他还是觉得在自己身上找到了一些症候。"不过，为什么人们会对他们生活中的

---

① "发掘者"的英文为 excavator，而"亚瑟王之剑"的英文为 excalibur，开普兰博士因为两者读音相近而混淆了它们。——译者注

某些领域里的成功感到不舒服，或者是对整个生活的成功感到不舒服呢？"他问道。

"原因数不胜数。"她继续说道，"比如说吧，'我不配成功。因为某些人或者某些事情已经让我确信我配不上成功'，或者'如果我成功了，那么从此以后我就只能走下坡路了，而我不喜欢每况愈下的感觉'，或者'如果我成功了，那么想要维持我的好名声就更加困难了——我会被推进是非的旋涡中心'。我的一位客户甚至下意识地说过，'我不想成功地改善我和丈夫的关系，因为这么一来，他就失去了继续背叛我的借口——这就会证明他不爱我了。'"

阿历克斯明白了这些话的意思。但是这些和他的团队有什么关系呢？比知道过去他们曾有过"褪色五员"的绰号，她认为他们可能在完全摆脱他们过去低调的、轮廓模糊而且令人感到舒适的形象方面遇到了困难。

"但是你怎么解决这种问题呢？"阿历克斯继续问道。

"在我上周作的讲座中你提到了 VICTORY 模型。'惧怕成功'的克星就蕴涵在这个模型之中。你已经知道答案了。解决办法就是重新改写我们和自己之间进行的对话。和你的团队成员们谈谈吧，搞清楚他们的感觉是怎样的，你也许需要说服他们成功没什么好惧怕的！试试看'辞旧迎新'的观点。不管怎么说，再过一个多月，新年就来到了。"

"我必须承认我自己也有一点点恐惧。"阿历克斯说道，"我在找一份新的工作。我手边有一些相当有意思的职位，"他接着说，"但是我对于自己能否胜任愉快却不怎么有把握。"

比不同意地看着他，"惧怕成功，或者仅仅因为缺乏自信？"她开玩笑地问道。

"两者都有一点吧？"他大胆承认道。"但是你又如何呢？你是不是曾经有过惧怕成功的经历呢？"他继续问道。

"从来没有过。"比回答道，"……好吧，有时候会。"她笑着坦白了。

惧怕成功和惧怕失败

恐惧是强大的推动力，它可以推动我们作出令人吃惊的业绩来，但是恐惧也可以阻止我们甚至只是尝试攻克其他目标。例如，对于我们可能会"在生活的游戏中失败出局"的恐惧会驱使我们调动起我们的能力和技巧，从而最终胜出。但是，对于我们可能会"因为我们尝试着去改变自己而失败"的恐惧则可能会妨碍我们去尝试接触不熟悉的事物。如果我们想要激励我们自己或者其他人，我们就需要警惕恐惧的阻碍作用的发生。

阻碍性的恐惧品尝起来主要有这么两种滋味：

◆ **惧怕失败**：通常我们都熟悉这种滋味。有时候我们会害怕在一大群听众面前公开讲演，我们会害怕由山顶向下速滑，会害怕接受全新的挑战。我们的恐惧在于担心，一旦我们失败了，我们会受到来自自己或者别人的批评或嘲笑。

◆ **惧怕成功**：这种滋味就微妙多了，它也更加似非而是。我们经常会意识不到这种恐惧的存在。但是，在内心深处，人们经常会恐惧做得太成功。在像"我现在这个样子就很好"这样的自我对话的证明之下，我们成功地说服自己，我们就是不配成功，或者对我们来说，成功的外套既不合身，穿上去也不舒服。

直面你的恐惧，并且成为它们善意的主人！寻找——或者给予鼓励吧，请再次参考本书的附录 10。

惧怕失败和惧怕成功

惧怕失败

"我最好别尝试，因为如果我失败的话，那么人们将只会认为我很愚蠢。"

"如果我失败了，那么，我将会认为我很愚蠢。"

"以前我尝试过，但是没有用。"

惧怕成功

"我不配拥有成功（因为某些事情或者某些人已经证明给我看，我不配拥有成功）。"

"我不愿意成功，因为处在目前的状况下我很开心。"

"我不愿意成功，因为我不会喜欢成功后的新生活方式。"

"我不愿意成功，因为人们都会瞩目于我，而我将被迫成为'引人注目者'。"

"如果我成功了，那么人们就不会再给我他们的同情。"

"我可能会对成功上瘾，那将会要求我付出更多的努力，而且要一直这样。"

"这太容易了，里边一定有陷阱。"

"从此将只有下坡路好走——没有什么东西可以让我们翘首以盼了。"

第 13 章　摧毁激励

阿历克斯"无心插柳柳成荫"的天赋让他偶有所得。

在他回家过周末的路上，阿历克斯只想匆匆逛一下二手书店。他在找一本叫作《建造你自己的花园库房》的书，在他以后尝试着修缮庭院的时候会用得着这本书。

但是书店给阿历克斯提供的诱惑是如此之多，以至于他忍不住开始浏览了起来。（阿历克斯是个铁杆浏览迷，举例来说，他竭力避免与互联网有任何接触，因为他知道自己一旦领略到在数字空间探险的魅力之后，就一定会变成"失踪并推定死亡者"。）

他的警惕性在他浏览书架的过程之中慢慢放松了……而且一本军事类型封面的名为《人格破坏和激励摧毁——蒙得维的亚①秘密警察手册》的书让他注视书架的目光为之一亮。

带着好奇心，他快速浏览了书的目录和前面几页。他读得越多，就越是毛骨悚然和惊惧失色。书中描述的方法不仅残酷无情、奇异怪诞，而且它们对于那些曾经在大型组织里待过的人来说是再熟悉不过的了……

———————
①　乌拉圭首都。

当他把书放进拟购物堆中时，他回想起了在过去的岁月中曾经与他一起共事过的几个人：他曾经拥有过的最出色的秘书——她出乎意料地辞职了；那位几年前他试图网罗进他部门的绝佳应聘者——他却莫名其妙地拒绝了这份工作机会；他在商学院的同学们——他们看上去有数月之久打算把他拒于所有的社交活动之门外。这一连串的事情和别人是否觉得他会激励人有任何关联吗？当然不！

他付了书的账，然后起程回家。

人格破坏和激励摧毁
蒙得维的亚秘密警察的伎俩
目录

	页码
介绍	ii
1. 生理监禁	1
2. 迷失方向	5
3. 摧毁意志	9
4. 给予痛苦	15
5. 黑屋禁闭	23
6. 虚假希望	35
7. 刑讯逼供	38
8. 好人坏人	43
9. 剥夺睡眠	53
10. 忍饥挨饿	59
附录	62
词汇表	68
图例	74
索引	80

摧毁意志①

以不可修复的方式摧毁目标的意志是非常重要的。这可以通过使用下面五个步骤来实现，这五个步骤在后面还要详加阐述。

1. 击碎关于逃脱、释放、食物供给、痛苦减轻等这些方面所有的愿景和希望。

◆ 令目标迷失方向［例如，出乎意料地改变囚徒的环境（位置、囚室布置、饮食供应时间，等等）］

◆ 惩罚（例如，对任何逃跑的企图或者个性化其周遭环境的企图作出迅速和严苛的反应）

2. 磨碎自信心。

◆ 屈辱（例如，强迫做低贱的杂役）

◆ 惩罚（例如，当囚徒无法完成困难到几乎不能完成的任务时给予打击）

◆ 压制（例如，按照计划进行所有摧毁自信心的行为，持续不断地增加严酷程度）

3. 去除任何自主行动的机会。

◆ （注意：这是个很重要的步骤，因为目标存在通过成功地完成即使是很微不足道的，但却是他自己选择进行的任务而培养起自尊的危险。）

◆ 参见其他章节

4. 用消极信息进行狂轰滥炸。

_____

① 本章内容引自《人格破坏和激励摧毁》一书。

◆ 嘲笑奚落（特别是当着其他人的面）

◆ 撒谎（例如，告诉囚徒他的健康状况正在致命地恶化）

◆ 剥夺所有的感官刺激（参见"黑屋禁闭"）

5. 系统地破坏目标的自我形象。

◆ 打击（例如，给目标出示关于他正在恶化的情况的照片或者其他证据）

◆ 解构〔例如，对于囚徒的不同方面（比如生理、情绪，精神等等）出乎意料地使用不同的策略〕

◆ 破坏形象模型（例如，让目标知道与其处于相同处境的他人是如何被摧毁的）

第 14 章　多米诺效应

阿历克斯惨遭连锁
反应之苦。

一切都是从他不经意间用锤子砸了自己的大拇指开始的。这是星期六的早晨，地点是在花园里，当时阿历克斯正在把那即将完成的小零件给安装到新的库房上。阿历克斯对自己无法得心应手地使用锤子感到很窝火，于是他就瞄准这个新矗立起来的建筑物的门柱使劲一击。门框塌陷了进去，库房的其余部分也很快就随之倒塌了。"我对房屋修缮可真是不怎么在行。"阿历克斯总结道。

他溜进了屋里。"嘿，阿历克斯叔叔！"这是他的侄子——杰克和大卫。他们出人意料地和他们的父母一起来做客了。事实真相很快就清楚了，他们来拜访的真正目的在于想让阿历克斯帮忙对付大卫的数学作业。

数学作业中要求的证明题让大卫一筹莫展，然后就轮到他父亲目瞪口呆了："他们竟然给 15 岁的孩子出这样的题目？"不过，问题总能解决的，因为阿历克斯叔叔对数学可是无所不知。

毋庸讳言，阿历克斯没能成功地把他的数学技巧从记忆中不常使用的那个角落给挖掘出来。"看起来我不再那么精通数学了。"垂头丧气的阿历克斯对失望的大卫感到很抱歉。

事情由不如意开始变得一塌糊涂。晚上阿历克斯和莎拉大吵了一通，争吵是由一些芝麻小事开始的，很危险地近距离绕过了花园库房的话题，最后以阿历克斯是一个不称职的丈夫的结论而告终。

在第二天早上驱车去办公室的路上，他感到后背僵直，这是在客房那张陌生的床上过夜的结果。他总结了一下最近获得的殊荣：不称职的丈夫，糟糕的数学家和最最让他恼火的——差劲的房屋修缮者。他错误地用"坏事不过三"的古训来安慰自己，因而没有注意到逼近的无处可避的骑自行车的人。他即将再次成为公认的蹩脚司机。

逆转多米诺效应

我们中的大多数人都对多米诺效应很熟悉。某种失败的感觉或者对工作的不满意可能会引发家庭生活中的连锁反应，反之亦然。如果把健康、财富和智慧都作为潜在的组成部分包括进来，那么发生多米诺效应的可能性就会以指数形式增长。

不过对于某些人来说，即使他们在自己生命中的某一方面正在遭到创伤，他们看起来依然能保持乐观。这是如何做到的呢？当我们让自己或者他人保持激励状态的时候，关于多米诺效应，下面两件事情是我们可以做的：

◆ **让不同种类的多米诺骨牌相互隔开**。用比喻的说法就是，你把不同组别的事情放到互相隔开的盒子里，然后分别处理它们。用这种方法处理的话，这些事情就不太能够相互影响。当然了，在比较长的时期里，不间断地使用这种策略的话也是有危险的。因为有可能你生命中所有不同区域都正在试图向你传递同样的重要信息！因为你"化整为零、各个击破"，所以你最终可能会遏制你自己得到一个重要的信息。

◆ **促使多米诺效应反向运行**：如果你生命中的某些区域运转出色，那么为什么不尝试着把自信心和激励的种子传播到生命中的其他区域呢？很有可能你就是搞明白怎样在你自己身上应用这一战略的最佳人选。

尽管不存在对付多米诺效应的简单方法，你仍然可以仅仅通过剥去其面具，并且充分意识到其存在可以在很大程度上帮助培植你自己和他人的激励动力。

良好的感觉和糟糕的感觉是如何相互影响的

正常多米诺效应：关于生命某一部分（浅色多米诺骨牌）的负面感觉能够在其他部分（深色多米诺骨牌）创造出负面感觉。这种"感染"通常是通过把"自信心"当作一个不可分割的整体来对待，并且在潜意识中用一种消极的方式重塑我们自己来起作用的。

隔离：如果你碰上了麻烦，那就尝试着把不同类型的多米诺骨牌分隔开以避免"感染"，这样你就可以集中全力来分别对付每一种类型的事情。请参考第 5 章（自信心）和第 8 章（应对反馈）。

反向多米诺效应：如果事态开始有好转的迹象时，重新组合你的多米诺骨牌，以便获得最大化的收益。

练习

弄明白你是多么倾向于受多米诺效应影响，以及你是否曾努力去隔离你的多米诺骨牌，或者试图去逆转该连锁反应过程。

第 15 章　婴儿潮那代人遇上 70 年代生人

阿历克斯对此有一套理论，但是他无法证实。

阿历克斯到达办公室的时候是有些心神不宁，但是还没到魂不守舍的地步。幸运的是，他的公路事故并没有造成严重后果，只是车辆有些损伤，人安然无恙。

这还不算什么，因为阿历克斯需要解决在比尔和艾玛之间愈演愈烈的冲突。在亚瑟王之剑项目的初期阶段他们都取得了相当不错的进展。因为项目组已经发现了导致客户投诉的一些生产方面的问题，比尔和艾玛就对公司里的相关生产部门进行了跟踪调查。他们的目标是查证关于问题出在何处的假定，并且劝说生产经理改正这些问题。

尽管阿历克斯已经努力设法最终消除了团队的"惧怕成功"问题，项目进展仍然变缓慢了。而且距离项目结束只有几周时间了。在比尔负责的厂房里，生产经理们看似对整个项目的整体概念并无异议，但是比尔就是没有办法让他们下定决心同意对他们的生产过程做一些具体改进。

与此不同的是，在艾玛负责的部门里，一些具有极高价值的创意涌现了出来。但是没有人知道是否可能存在更多的机遇，而且那些生产经理们看上去似乎并不理解该项目的整体合理性。

似乎比尔使用的是"由上而下"的方法，即由整体角度出发，然后（过于缓慢地）向改进生产流程的具体办法推进。而看上去艾玛用的是相反的方式，即首先抓住一些非常具体的问题，然后向更为宽广的画面推进（但是进展不够充分）。

不管是什么样的原因导致了比尔和艾玛所用方法的差异，这种不同现在正在引发问题。在他们开始总结他们的战果时，比尔和艾玛对于彼此的不满与日俱增。比尔想按照某种方式来总结战果，而艾玛则赞成另外一种不同的总结方式。比尔想要在总结陈述中置入更多的背景知识和来龙去脉，而艾玛却主张直接导入价值最高的创意。

"也许这种处事方式的不同与他们俩的年龄差异多少有点关系吧，"阿历克斯想到，"不管怎么说，艾玛只有25岁，而比尔却已45岁了。"

阿历克斯和他们做了交谈。当他依次去见他们时，他们俩办公室布置上的差异给他留下了深刻的印象。艾玛的互联网浏览器向经过的数字空间探险者发出无声的召唤，而比尔磨损了的文件夹摊开放在桌子上。艾玛的时尚招贴画与比尔的家庭照片形成了鲜明的对照。艾玛的书架上赫然陈列着诸如《点击你的成功之路——妇女互联网操作指南》这样的书刊，它们绝对不会与比尔那些翻得破烂肮脏的《顺利退休之路》这样的书籍为伍。

阿历克斯和艾玛谈了15分钟，和比尔也谈了差不多这么长时间。为了在解决他们俩之间的问题上迅速取得进展，阿历克斯大胆进行了假设和简化。"哦，"他想到，"年龄差异可能确实在这里发生的事情上起到了部分作用。比尔在商业环境里有较长时间的历练，这让他明白促使所有合适的参与者——比如那些生产经理们——都理解整个项目的背景是多么有价值，这么一来，他觉得到了实施这些创意的时候就会少些阻碍。另一方面，艾玛洋溢的青春会鼓励她更加大胆，可能会让她去'孜孜以求'那些比尔（正确或者错误地）会以不合适为理由摒弃的创意和方法。"

"但是，这些问题真的是由于他们现在的年龄所导致的吗？或者，恰恰相反，问题是由他们出生并成长的那些年代所引起的？"

例如，X 代（出生在 20 世纪 70 年代的那批人）是在一个机遇如此充沛、变化多端和转瞬即逝的时代成长起来的，因此他们不得不"为了生存而点击"。不仅仅是在笔记本电脑上点击，而且是点击几乎每样东西。

婴儿潮那代人（出生于 20 世纪 40 年代晚期和 20 世纪 50 年代初期）度过了一个完全不同的青春时期。尽管他们可以迎头赶上并学会点击的技巧，但是他们当中可能很少有人会愿意改变自己，来接受一种彻头彻尾的点击思维方式。

"我真希望我能早点想到这些，"阿历克斯对自己说，"这样一来，我当然就会按照不同的方式来安排他们的任务了。"

"我相信艾玛更能为一个更加富于'点击'的角色所激励，而比尔则应该更易为一个能让他更直接地发挥他经验的角色所激励。"

"不过，现在的安排也许仍不失为一个好办法。没准儿艾玛能向比尔学习，而且——这对于比尔来说更加重要——也许比尔也能在某些方面向艾玛学习。"

阿历克斯意识到他是在推测。他知道年龄学是很重要的，但是他没找到答案。他很怀疑是否有人能够找到答案。

不管怎么说，他坦诚地直面这个问题，而且鼓励艾玛和比尔也这么做，并且取得了一些成功。

代沟——无底深渊还是毫厘之差

"代沟"是令人费解的沟。例如，有些人觉得在 25 岁和 50 岁的人之间存在相当大的差异，而另外一些人则认为在同一代人之间不同个体的差异远远超过在不同年代之间的整体差异。而还有一些人相信前者，但却声称后者是对的。

在某些领域里，比如科学领域，我们很大程度上依靠专家。但对于帮助激励年长得多或者年轻得多的人的问题来说，我们的意见更有可能受到我们自己较年轻或较年长经验的影响，而不太容易受到其他人的观点的影响。

然而，社会正在以越来越快的速度变化着。如果这些变迁没有在不同时代出生的孩子心中刻下烙印，那么这确实会令人惊讶不已。如果经验和责任的累积没有在一位年老者心中留下任何痕迹的话，这也会是不可思议的。

下面给出一些要点，你也许希望把它们记在心中，以便帮助激励较年长者或者较年轻者。

X 代与婴儿潮那代人

社会学家是这样谈论 X 代人的……

驱动原因	学习和生活的倾向性
●消极世界观（40%的父母高婚比率，双亲工作的重组调整） ●独自在家的个人主义者（双亲皆有工作，日托，有线电视，电子游戏） ●忠诚度下降(政治丑恶表演，双亲工作的重组调整) ●质疑权肆行(父亲较少陪伴孩子，缺乏军事训练,教堂减少) ●更加多样化(种族汇集和混合)	●反馈饥渴 ●行动—思考—行动（而不是先学再应用） ●并行处理(而非循序渐进) ●技术高手,信息化的机会主义者 ●在寻求个体快乐时较少妥协 ●创业精神和结果 ●可点击的声音片断，而不是冗长的讲演

而在激励较年长者，例如婴儿潮那代人时，下面这些因素可能会更加重要些：

◆ 惧怕遭受失败，或者惧怕没能取得足够的成就；

◆ 由于担心技术会进步得太迅速以至于让他们无法跟得上，而导致焦虑紧张；

◆ 倾向于模式和逻辑，而非仅仅依靠数据点（不论它们多么有趣）；

◆ 更喜欢具体化，而非虚拟或者准虚拟；

◆ 关心或者挂念家人。

练习

分别和某个比你年长得多的人、和某个比你年轻得多的人谈谈激励。比较一下他们的观点。

第 16 章　NLP——神经语言学规划

阿历克斯从一个名字很吓人的理论中挖掘出一些非常实用的诀窍。

　　阿历克斯希望他的第三杯咖啡能让自己清醒一点，因为当天上午晚些时候他有一场重要的工作面试。阿历克斯目前公司的主要竞争对手看起来非常渴望能够雇用他。不过，到目前为止，还没有人和他进行过面对面的交谈。

　　可是在前去面谈之前，阿历克斯清查了一下亚瑟王之剑项目目前的状况。十天以后，项目小组将向公司的执行委员会提交相关的建议。而且，和项目小组原先的预期相比，这个项目已经开始引起更多的关注。在委员会的议程草案上，这个项目已经从当天的最后一个议题的山脚位置爬升到了高些的位置，将在"下午中段"进行讨论。

　　就整体而言，项目看起来进展正常。但是，对于自己的求职，阿历克斯可就没这么有把握了。今天上午的面试只是他在过去六周里多方努力后才得到仅有的三个机会中的第三个。除此之外，他觉得自己对于被面试的技巧可是荒废已久了。

　　在上午十点半，他紧张并且偷偷摸摸地溜出了大楼。他觉得自己是在逃学旷课，与此同时还违反了禁止竞争公司之间串谋的行规。而且，他所努力挖掘的就业机会还是完全的不充足。在准备过程中，他竭尽全力动员了所有的自我激励技巧，他给自己描绘出了一幅关于自己在面试中即将取得成功的图画，并且通过回顾自己过去在远为困难的情况下游刃有余的经历来鼓舞起自己的信心。他就这样为放手一搏作好了准备。

两个小时之后他回来了。他觉得自己在面试中的表现应该说是相当到位的。但是，对于自己是否真的和坐在对面的那位先生进行了交锋并没有太大的把握。

回到办公室以后，他发现比待在走廊的另一端。他示意她到自己的办公室来。

"我刚参加完一轮求职面试，"他把门关上，说道，"看起来还不错。但是，我对于面试主考官是否与我处于同一个波段感到不太有把握。你对于如何激励别人录用你有什么建议吗？"

比犹豫了一下。她有几个主意，但是她觉得阿历克斯不太可能运用得好它们。这么一来，他可能不仅不能改进自己的表现，反而会有损它。最后她终于说："NLP。"

阿历克斯对于三个字母的缩略语，什么 QED 啦，PhD 啦，TWA 啦①总是持怀疑态度……"那么什么是 NLP？"他问道。

比又犹豫了片刻。这可是一个很大的话题，不太容易在五分钟的交谈中讲明白。"好吧，阿历克斯，我简要地给你介绍一下。不过，在你应用这个理论之前，你得对它多点了解才行。

"NLP 代表神经语言规划。你可以粗略地把这套技能比喻为个人完善和追求卓越的一套工具。正如它的名字所显示的那样，这套技巧是基于'规划'你自己（就是你的'神经'线路）以特定的方式来运作或者反应，与此同时，还要密切注视'语言'和其他符号以及图形的使用。

"这个理论的基本前提是，如果你能够把相应的行为模型化和内部化，那么你就可以实现任何愿望。在这个前提中，'模型化'包括：（1）看到（并

---

① QED 意为"证明完毕"，PhD 意为"哲学博士"，TWA 意为"暂时工作区"。——译者注

且听到、感觉到、品尝到、闻到）你自己正在实现你的目标的行动；（2）你是通过运用自己的想象，或者观察某些专家能人的行动来实现上一步的；（3）在你循序渐进地改善自己的表现的过程中，你要时刻留心自己的进展。这样一来，你才能有意识地对自己的方法进行细微调整，这有点儿像自我催眠，但是它既依赖于意识的活动，同时也依赖于潜意识的活动。"

阿历克斯思索了一会儿，试图消化这些内容。"但是我怎样才能用这些来激励其他人在求职中录用我呢？"他问道，意图让谈话回到他的首要目标上来。

"NLP 理论的一个组成部分阐述了我们进行交流沟通的方式。研究结果表明我们所说的话所起到的作用，只有 5% 和我们实际上所用的言辞有关！45% 的作用取决于语气、语调和我们声音的其他特点，而 50% 的作用取决于一些非语言因素，比如，我们动作的方式，以及有没有什么举动会让其他人相信或者不相信我们。"

"哦，"阿历克斯提高声音说道，"你说的就是着装艺术和肢体语言吧？"

"阿历克斯，尽管你说的那些因素都很重要，但事情并非如此简单。你曾说过你觉得自己和面试主考官并不处在同一个波段，是什么原因让你这样觉得的？"

"哦，绝大部分时间里他都抱着双臂，喜欢越过我的肩膀上方看过去，而不是看着我，而且在谈话中看上去有些跑题。"

"他抱着双臂……"比向前欠身，"你有没有试着向前欠身，或者做点别的什么来让他变得开放一点？"

阿历克斯发现自己下意识地也朝比的方向向前欠身。这让他猛地意识到自己正在模仿比的举动。他不自然地笑了笑，也意识到在工作面试的过程中他甚至没有试图去和面试考官处在同一个生理波段。

"更重要的是，"比继续说道，"你需要调谐到其他人思考的方式上去。有些人是以视觉方式思考的（'我看见你在说什么了'），有些人则是更为听觉性（'我听到你要的是什么了'），还有些人则是动觉型（'我感觉我明白了'），如果你想和某人建立密切的关系，那么你就应该使用他们的思维方式。"

阿历克斯并没有完全地心悦诚服："这听起来有点刻意。难道人们不会看穿这一切，结果就不信任你了？"

"阿历克斯，每个人都有直觉，如果你打算刻意为之，那么是的——人们会识别出这个的。但是，对其他人来说，你同样也可以说你是一番好意、用他们自己的语言来和他们进行沟通——这可不仅仅是口头语言，而且还包括他们的语调、动作和情绪的语言。就像我所说的那样，我刚才所描述的仅仅只是NLP 理论的冰山一角而已。"

"多掌握点 NLP 理论，我保证它会在面试中帮助你——而且还远不止这些。"

神经语言规划（NLP）

NLP 起源于 20 世纪 70 年代早期，从那以后，它成功地结合了语言学、神经生理学和生物学的要素，以及对我们进行交流沟通所用方法的研究，逐渐发展成为一种实现卓越的实用工具。

这种理论包括用内容丰富的（而且并不一定是语言学意义上的）图像来对一个人的头脑进行"规划"。下面就是这种理论的核心要点：

◆ 实际上我们能够实现为自己设定的任何目标（例如，学说一种新语言，绘画，更加清楚地演讲，更加有效地解决问题）。

◆ 为了朝我们的目标迈进，我们需要：（1）形成一种关于该目标实质上是什么样的特别丰富的形象；（2）通过有意识地模仿那些我们或者其他人在过去发现很有帮助的方法来向该目标迈进。

◆ 但是，我们只有对来自我们周遭环境和我们自己的反馈保持警觉，并且相应地调整我们的主观能动性（以及和我们的使命相联系的精神模型），这样我们才能迅速成长。

◆ 对上面所有这些步骤而言，非常关键的是需要动员起我们所有的感官。如果我们把自己仅仅局限于语言自身的话，那么我们就无法很清晰明了地和自己以及他人进行交流沟通。

NLP 被广泛地认为是自我发展的通用理论，很值得就此专题进行一番研读。本章之阐述不过是一份开胃甜点而已。

未曾揭示奥秘的 NLP 片段

神经	你是如何利用你的感官来过滤和处理你的体验，以及……
语言学	利用语言和符号来创造心理模型，以此来培养……
规划	新的、根深蒂固的习惯和心理模式

NLP 概念精选
（对这些要领的解释参见附录 12）

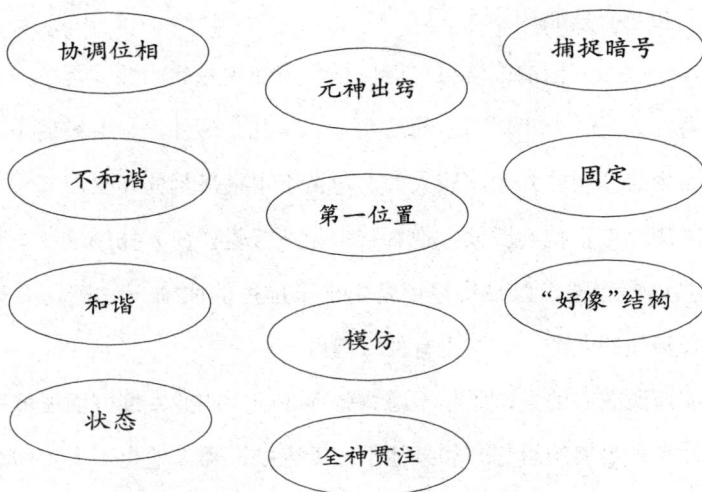

协调位相

元神出窍

捕捉暗号

不和谐

第一位置

固定

和谐

模仿

"好像"结构

状态

全神贯注

练习

阅读或者浏览一本关于 NLP 的著作。仔细观察你所仰慕的一个演说者——留心他或者她是如何利用视觉的、听觉的和动觉的形象。

第 17 章　表　扬

> 阿历克斯发现让人心悦诚服是很困难的。

　　仅仅几天之后,阿历克斯就要向董事会做关于亚瑟王之剑项目的最终报告,对此他感到相当有信心。

　　在成本—收益方面的改善很可能比项目组起先预想的要大得多;对这些建议的实施看上去是一个相对而言简洁明了的事儿;另外,很关键的是,项目小组所作的努力给公司的几个比较大的客户留下了很深刻的印象。

　　但是阿历克斯很担心罗勃,他看起来无法接受任何表扬。尽管罗勃在项目开始的时候进展缓慢,但最终他还是作出了出色的成绩——阿历克斯的确早就有理由表扬他的业绩了。这没有什么问题。

　　阿历克斯所关心的是,罗勃不愿意就现在他在职业发展方面所能采取的积极措施进行充分足够的思考。如果他不接受表扬,那么他也不太可能有足够的自信在公司内部职位调整中或者向其他公司申请更适合他的高级职位。

　　阿历克斯又尝试了一次联系迈克尔。他试图联系上迈克尔已经有数周之久了,但是看起来迈克尔就是不再回他的电话了。阿历克斯想就自己的职业发展规划咨询一下迈克尔的建议,而且还打算加上一个关于如何给予罗勃表扬的简短问题。

阿历克斯最终还是在接入他的语音信箱时发现了迈克尔的留言："很抱歉我没有和你联系上——这段时间有很多事情。"接下来在语音信息中迈克尔给了阿历克斯一些简要全面的建议，在结束之前就如何用一种激励的方式来给予表扬提出了一系列简要的建议。

　　当天晚些时候，阿历克斯遇见了罗勃。

　　"你最近怎么样，罗勃？"

　　"很好，谢谢。"他的回答很平常。

　　"你接下来的工作如何？—— 有没有想过这个问题？"

　　正如阿历克斯预料的那样，罗勃看上去没给自己确立很高的目标。

　　"听着，罗勃，"阿历克斯恨不得抓住他摇晃几下，让他别那么迟钝，"在这个项目里你干了非常出色的活儿。难道现在你不应该为成为某些更重要的角色而努力吗？"

　　"但是我不是很确信我做了那么出色的工作……我的意思是说，我还可以进行很多其他的分析。"

　　阿历克斯迟疑了一下。他不知道是否应当再次指出罗勃的不安全感，抑或应当仅仅把这些谈话集中在让表扬更突出上。他选择了后一种方式。而且他应用了迈克尔的第一条建议：证实自己真的是在提出表扬。

　　"罗勃，不论对董事会作的报告将取得什么样的结果，我都希望你知道：你做的工作非常出色。不论何时我需要让人帮我从一些复杂数据里发掘出真正有价值的东西，你都是我要找的人。"

　　他们又谈了几分钟，阿历克斯意识到罗勃还是没能认可对他的表扬。阿历克斯换用了第二种方法：解释清楚为什么他认为罗勃的工作是如此出色。尽管他用了合适的例证，阿历克斯还是觉得此路不通。

　　现在他下定决心把自己的观点阐述清楚。他意识到自己正在越界，但不管怎样他还是继续了下去。依据罗勃的出色表现，气势磅礴地提出了罗勃毫无疑问可以跃升到难以想象的高度的断言："罗勃，我现在唯一能说的就是，你给自己确立的愿景是成为摆弄数据的魔法师莫林，我只是想告诉你，你可真是一个奇才。有那么一天，你可能会拥有自己的软件公司，或者你可能会回到学术界去。不论是哪条道路，我都确信你将因你的那些技巧而名声大震。"

罗勃看起来精神振作了。他的声音变得坚定有力，他直接看着阿历克斯的眼睛。"你真的这么认为吗？"他激动地问。

阿历克斯为他自己锲而不舍的毅力所打动，很庆幸罗勃没有当场拒绝自己的表扬。"绝对如此。"他坚定地回答，并为罗勃祈福。

罗勃关上办公室的门出去了，阿历克斯因自己的努力感到筋疲力尽，更深地陷入他的椅子里。"我不知道自己做得对不对，"他不安地问自己，"看上去似乎过犹不及。"

但是奇妙的事情发生了。在接下来的几天（也许更长的时间）里，罗勃看起来比从前积极得多了，也外向多了。阿历克斯不知道，罗勃一直梦想着建立自己的软件公司，而他现在正朝着这个方向作出最初的冒险尝试。

阿历克斯总结出——在给予表扬时——手段的合理性确实由结果来证实……只要确实存在一些真正的证据能表明该工作做得的确很出色。

表 扬

　　除非你能够以一种令人完全信服的方式对某人所做的事情（或者是他们所拥有的技巧）给予表扬，否则你就无法激励这些人。

　　出于某些缘故，绝大多数人都以为像"你那件事干得可真棒"这样的评语后面会跟着"但是，让我告诉你怎样才能干得更好"。因为这个原因以及其他原因，许多人都会拒绝接受开头那句话的真实性。至少他们会觉得你在遮掩事实上的批评。下面的表格给出了你可能会愿意采纳以减少这种并发症的一些窍门。

　　当然了，确实存在着这样的时候——特别是在工作环境中——你可能也会想要向别人提出如何改进他们业绩的建议。然而，你应该留心给予别人足够分量的真心诚意的表扬。

　　如果你正在试图维持你自己的激励状态（而不是其他什么人的），那么你很明显就需要找到你自己独特的方式来让自己确信自己的能力。

关于给予表扬的四项建议

问题	建议
人们无法相信你的正面评价	**证实**你自己真的是在提出表扬："你的报告是如此的精彩，我想让你来做接下去的几个报告。""照片太棒了——你给我再多拍几张好吗？"
人们并不真正理解为什么你认为他们干了一项很出色的工作	**解释**为什么你会认为他们做的工作很出色："你的报告很精彩，是因为你……""那张照片很棒，是因为……"
人们觉得他们是因为"运气好"才取得这样的成绩	**指出**他们的表现是他们本身固有的品质："你确实是一个很棒的演讲者……""你确实是一个出色的摄影师……"
人们不能明了他们自己的全部潜力	**充分揭示**他们的潜质："你是如此出色的演讲者，你都可以成为电视新闻播音员了。""照这么摄影下去，你会成名的。"

第18章 压力：头脑、身体和精神

阿历克斯学会
区分压力和张力。

阿历克斯坐在董事会会议室后部，等待轮到他向执行委员会报告，此时他有些紧张不安。亚瑟王之剑项目组已经给他准备好了幻灯片，但是他知道在他的报告当中还是存在几处薄弱的地方。

显然市场营销主管很胸有成竹，他漫不经心地走到连接投影仪的笔记本电脑前，这让阿历克斯很羡慕。

"我这么紧张，他却如此放松，这是怎么搞的？"阿历克斯感到很奇怪，"不管怎么说，我们是处在同样的环境下面，而且我们俩都具备大量的在众目睽睽之下作报告的经验。"

然后阿历克斯就记起了在他的工程师岁月里学到的一些知识：压力是外界施加在一个物体外面的力，而张力则是这种外力在这个物体内部进行传输的方式。压力是外力，而张力则是内在的。所以，从技术角度说来，阿历克斯和市场营销主管都受到同样的压力，只是这些压力在阿历克斯身上引发了更多的张力。

阿历克斯一边若有所思地在自己的纸上涂鸦，一边奇怪为什么他的张力会和市场营销主管的张力不同。

"也许这些完全存在于思想之中，所有这些自我对话，所有这些'叽叽喳喳的小猴子'都是冥想活动致力于令之缄口的对象。我已经做过关于冥想的试验，看上去它确实不无帮助。但是，我总是觉得那些经常规律性冥想的人（有时候每天要冥想数小时）只是找到了一种新的活动，以便让自己能够沉溺其中并上瘾而已，这不仅不能促进这么做的目的（去除'杂念纷扰'，达到'灵台清净'），有时候冥想本身反而创造了一种新形式的'拖泥带水'。"

　　阿历克斯得出了自己的头脑确实正常（至少现在是如此）的结论。他决心——而且这也不是他生命中第一次下这样的决心——超越进行冥想的需要。这可真是一个了不起的借口。

　　"也许我所感受到的张力应该归咎于我的肉体。不过，我的饮食很合理、健康，尽管我认为我并没有达到应有的锻炼量。但是，就我的年龄而言，我的体形保持得相当不错。如果我真的想跑一场马拉松赛跑的话，我还是能够胜任的，只要我进行足够的训练……不，问题没有出在我身体上，也许我近来参加应酬宴会的次数多了一点，但是我也不认为应该归咎于此。"

　　阿历克斯准备继续检查自己的精神。这是他的"头脑—身体—精神"三位一体的第三个组成部分。但是随后他就又产生了一些新的想法。

　　"当我们想到'身体'的时候，我们总是会想到饮食和锻炼。而我们却不会这么经常地想到习惯性行为和反应——而许多习惯性行为和反应已经变得如此地自发自觉，以至于它们真的已经成了我们身体的组成部分。那么肾上腺素呢？这些导致'要么战斗，要么逃逸'的物质——难道是'头脑'的一部分吗？我想答案是否定的——它更应该是'身体'的组成部分。"

　　即使是把'身体'的定义扩大到上面的范畴，阿历克斯还是在他的简要自我检测中给自己一个可以接受的通过符号。但是他的确感到奇怪，为什么绝大多数医疗检查看上去对情绪反应都只给予如此少的关注，而相反却在纯粹生理性的膝跳反射方面大做文章。在他下次去拜访自己的私人医生时他打算问问他。

"那么，我认为我的张力一定和我的精神有点关联。但是，什么是'精神'呢？"[他打开自己的掌上电脑，点击"工具"，进入"同义词词库"，上面对"精神"是这么解释的："生命，活力，活泼，锐气，灵魂，本质。"哦，没多大用处（司空见惯了）]。"灵魂"？——这个看起来有希望。让我们看看词库对这个词是怎么诠释的："……生命，活力，活泼，锐气，精神，本质。"

这种同义词词库中毫无价值的循环定义让阿历克斯感到很失败，他干脆放弃了寻找他的"精神"含义的努力。

随着他做报告的时刻越逼越近，他得到如下结论：就是遏止住"张力"的简单致因是非常困难的事情。也许这就是为什么心理咨询师们的日程表总是排得满满的缘故吧。

一个人所能够采取的全部有效措施包括：对于压力和张力之间的区别保持清楚的认识；不要试图让自己过于频繁地暴露在充斥着过量压力的环境中；希望某些集中在头脑、身体和精神上的整体维护活动（或者是分别针对这些部分的活动）能够想方设法联合起来，以一种不是太令人痛苦的方式引导张力通过自己的身体。

但是阿历克斯被一场看起来正在酝酿形成的争论给突然带回到了董事会会议室的现实中来。看上去似乎市场营销主管忽略了执行委员会提出的几个问题……而且也没有完整地回答其余的问题！他对自己是如此信心十足，以至于他在作报告的过程中虽然乘风破浪，但却没有想到他的听众们也许会作出一些有价值的贡献。

"也许对他来说，很有可能是太放松了，或者是紧张得不够。"阿历克斯想到，"我们大家都需要在我们的身体系统里有一些肾上腺素的存在，这样才能让我们保持状态。如果没有这些压力，我们会坠入梦乡的——或者会没法回答听众提出的问题。"

现在轮到阿历克斯给董事会作报告了，在他做讲演的时候，不管怎么说他还是感谢自己体内肾上腺素的存在。他概述了从亚瑟王之剑项目中得到的建议，着重强调了在提高赢利率的同时改善客户服务的可能性。他的机警和敏捷反应让他在回答随后的刁钻问题时显得既聪明伶俐又不乏技巧。

阿历克斯的演讲看上去给董事会留下了深刻的印象。不过，当然需要董事会在第二天的会议上通过这些议案才行。

压　力

　　有的时候事态会变得糟糕。然后是更多的方面出问题。最终我们开始觉得撑不住了，我们开始感到压力巨大了！

　　真是这样吗？压力是一个经常被误用了的词。但是它的误用是非常微妙并且不易为意识所感知到的，所以它是我们自我对话词典中一个特别危险的词条。

　　但是，工程师们会在压力和张力之间作出非常清楚的区分。压力是作用在一个物体上的外力；张力是该外力在物体内传输的方式。尽管我们可能并不一定总是能控制外部的压力，但是我们一定可以对内部的张力做点什么。

　　好了，那么我们如何才能保持激励状态，即使是处在巨大的压力之下呢？

　　◆ 学会区分压力和张力——把它们置入隔离开的盒子之中，并且各个击破。

　　◆ 认识到适当的压力（以及随之而来的张力）的有益作用。如果没有这些力量，我们将会过着一种非常没有意思的瘫痪生活。

　　◆ 找出你自己的最佳压力和张力区间。我们中的某些人比其他人需要更多的压力，这样才能更有效地运作。请找出你自己的压力边界线；积极地在这些边界线上做试验——把它们向上弯曲或者向下弯曲。

　　◆ 但是如果你对压力感到彻头彻尾地难以抵挡，请寻求专家的指导和帮助。

　　压力和张力都是既可以强化也可以削弱 VICTORY 环中各个部分之间的联系的。请学会以对你自己有利的方式来摆弄它们（或者帮助其他人这样做）。

　　如果你在这个领域需要进一步的帮助，任何一家不错的书店都会提供整本整本的著作（以及研究报告）来帮助你管控压力。

压力与张力，以及最优区域

不同的身体以不同的方式来应对压力。有些身体会维持原状，然后突然间崩溃。其他身体则会变形，但不致崩溃。这些都取决于他们的"灵活程度"。

如果在长时期内承受过少——或者过多的压力，我们可能会变得不那么有效率。我们每个人都拥有自己的轮廓和我们自己独有的承受最佳数量压力的个体区域。

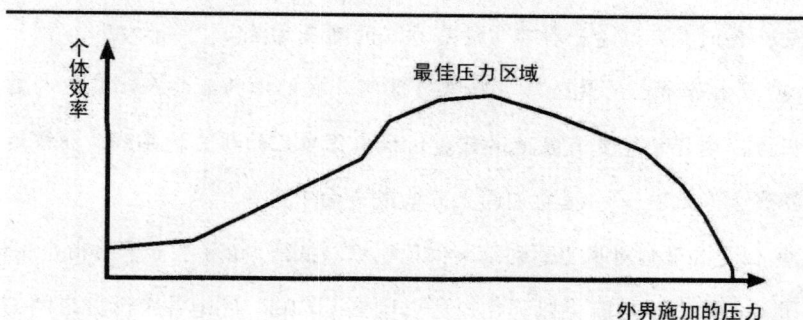

练习

请在头脑中回忆你的生活片段，描述你自己在这些生活片段中独有的"灵活程度"，勾画出你自己的效率是如何随着施加压力的数量而变化所形成的轮廓线。

第 19 章　工作场合以外的激励

阿历克斯在工作以外的场合应用他最近获得的激励技巧。

　　在结束了给执行委员会做的报告之后，阿历克斯看了看手表，出发去"无家可归者中心"。每年当圣诞节快要来临的时候，随着夜晚变得越来越冷，阿历克斯会把自己的几天时间贡献给慈善事业。在该组织的总部，他运用自己的规划和物流才能帮助他们把正确数量的捐献来的毯子、床和礼物在正确的时间运到正确的地点。

　　尽管他最近在工作中遇到了挑战——或者，他也许是把这次义工当作是应对工作挑战之后的休息，他决心今年再次贡献一回自己的力量。

　　迎接他的有新鲜的面孔，也有几张熟悉的脸。"嘿，阿历克斯。自从去年圣诞节以来一直过得都还好吧？"这是查克·丹尼尔斯。他一年到头总是兴高采烈，还是个很成功的企业家。今年他又一次担任了这支志愿者队伍的临时长官。

　　"我经历了几次沉浮，但我自己感觉现在比起几个月之前来说充满活力，精神饱满得多了。"阿历克斯回答道。

　　"听到这些我可真高兴。"查克总是把过去的事情撇在一边，并且全神贯注于现在和将来，"今年我们碰到了几个问题。床太多了，而毯子却不够。

而且我担心有几个和你一起做物流的人想把今年作为他们志愿者生涯的最后一年。我还不清楚这是为什么。"

一个阿历克斯呻吟了一声——这听起来很像"褪色五员"的传奇故事又从头来过了,另一个阿历克斯记起了杰姆——他的上司——在几个月之前曾说过的那些话,他说阿历克斯如何是一个不合格的激励者。后一个阿历克斯占据了上风。他决心证明杰姆是错的——阿历克斯会率领任何团队并激励他们。

阿历克斯得进行一番快速思考。他们只有三天时间来把活儿干完,而且在整个团队到达之前阿历克斯只有 15 分钟时间给他们作简要布置。就他的天生倾向来说,本来他想应用他在规划和组织等方面的出色技巧,这些技巧是在他大学里学习工程那些年、他的生产管理的第一份工作、商学院的求学历练和在目前公司进行的战略规划生涯中慢慢磨炼出来的。但是他停顿了一下。他应该证明杰姆和其他那些董事错了,他应该专注于愿景和激励的其他因素,而不是一门心思搞规划和微观管理。

当物流小组的最后几个成员抵达他们残破不堪、年久失修的屋子时,阿历克斯仍然在给他的介绍陈词做最后的修补工作。应该诉求于何种愿景形象?应该用什么样的简要行动计划来刺激他们做出努力呢?能把这些志愿者会聚在一起,并让他们齐心协力的激励因素是哪些?

"我们聚集在一起——现在——在这个地方——在圣诞前夜,在那些无家可归和需要帮助的人们面前,在接下来的三天时间里我们会面临艰巨的挑战,但是我们要战胜这些挑战。这不是为了金钱,也不是为了名声,更不是为了我们自己。但是,我们就像两千年之前的那个旅馆主人一样,要给那三个需要帮助的旅行者提供安身之处……

"而且我们最终还要达到一个目标:我们在接下来的三天时间里要共同度过一段如此美妙和愉快的时光,为此我们还将期盼着下一个圣诞节再次聚到一块儿。"他总结道。

阿历克斯觉得接下来的几天时间可能会给他提供一个风险不那么大的舞

台，以供他操练自己的激励技巧。在他现在所处的环境下，他的团队成员中绝大多数都并不清楚他过去常用的分析和控制风格。因此，他在实验方面可以极端一点，而不用担心其他人会问："阿历克斯怎么了？为什么他会这样处事？"

阿历克斯已经有意克服了自己想要"全部工作都由自己来控制"的愿望。在他的规划里，他已经预留了足够多的时间来和每一位团队成员进行交谈——同时检查他们各自对接下来三天的工作所确立的愿景，并给他们充电加油，监控并提高他们的自信心水平，同时还要观察和重塑他们应对当前进展速度的方式。

工作截止日期逼近了。在最后一个下午，借来的卡车把床、毯子和其他东西从各式各样的仓储点收集到一起。有些司机直接前往散布全国各地的无家可归者救助中心的最终卸货点；其他司机则先在中途的仓库卸货，然后再把重新混合装好的货物运到中心去。

最终还剩下一些问题——有些严重，有些轻微。但是，当庆祝圣诞前夜的午夜钟声敲响之际，整个团队都知道他们的工作胜利完成了。

大家端着盛着廉价葡萄酒的塑料杯，小组成员们情绪高涨。查克把阿历克斯叫到一旁，和他握手："非常棒的工作。"

"谢谢。"阿历克斯回答道。

"不……"查克继续说道，他又一次地把过去撇到一边而直奔未来主题，"我说的是，我要给你提供一份非常棒的工作。我将要宣布一项规模巨大的并购活动，现在我需要一些重量级的人物来运作此事。在过去几年中我亲眼看见过你的工作，而且——我希望你不会介意——我很冒昧地调查了你的资历。所以……你对此有没有兴趣？"

"听起来是一个很棒的机会。我想我需要对被并购的公司多点了解。"

"别担心这个。我确信你知道的够多了。不管怎么说，我们需要的就是你的激励和管理技巧。"

午夜一点的钟声敲响了。阿历克斯现在不需要立即作出决定。

他动身回家，并且答应第二天给查克打电话。而且他不会爽约的……

在工作场合之外进行激励

本书中给出的诸多例子中有很多是展示如何在工作环境中应用 VICTORY 模型的。

但是，这些技巧和建议可以运用的领域要宽广得多。可能你并非孜孜以求成为一个专业咨询顾问或者激励者，但是，即使你仅仅只是"给出一点点激励"，那么也许你就可以获得出乎意料的回报。

◆ 下面的图表给出了几个也许你会希望应用你的激励技巧的领域。

◆ 在你如此做的过程中，有几点注意事项需要你牢记心中：

注意情势环境。 在工作中，作为管理者和其他人的领导者，别人会期待你去激励他们（或者至少他们希望你会去这么做）。尽管你的朋友和家人可能不会和你的同事有同样的期待，但是他们绝大多数人还是可能会拥有同样的希望。然而，不管怎么说，你只有在清楚地想明白了周遭情势环境之后，才可以逐步——或者一蹴而就——地去激励他人。

很显然（但还是值得强调）的是，你不需要把你的激励和鼓舞他人的努力局限在某些"消沉"的人身上。你也许会希望给一个已经在激昂状态的人充电。

不要贪多，以免嚼不烂。 有时候人们需要受过专门训练的职业心理咨询师的帮助——例如，在他们的沮丧压抑已经到了医疗水平的时候，在这些情况下，你的努力应该局限在激励他们去寻求专业帮助方面，否则你就有可能把事情弄得更糟糕。

在工作场所之外进行激励

给予激励的领域

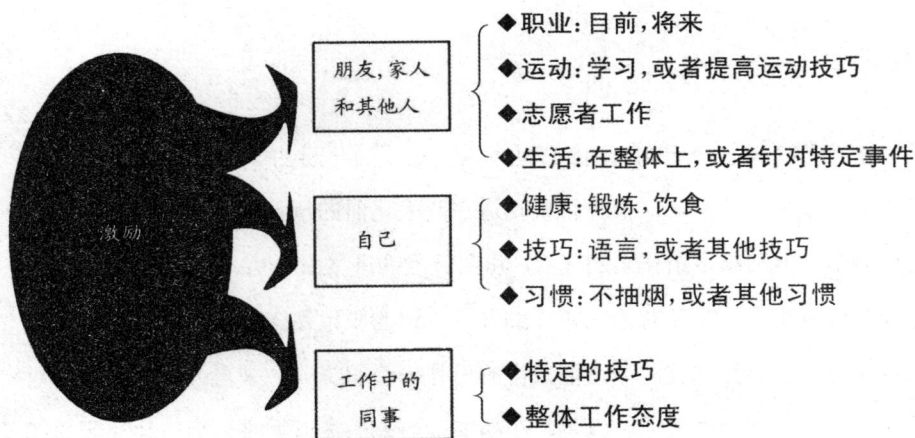

朋友,家人和其他人
- ◆ **职业**:目前,将来
- ◆ **运动**:学习,或者提高运动技巧
- ◆ **志愿者工作**
- ◆ **生活**:在整体上,或者针对特定事件

自己
- ◆ **健康**:锻炼,饮食
- ◆ **技巧**:语言,或者其他技巧
- ◆ **习惯**:不抽烟,或者其他习惯

工作中的同事
- ◆ **特定的技巧**
- ◆ **整体工作态度**

激励

练习

让自己奢侈一把,把你自己新近磨砺过的激励技巧在比你原来可能预想到的更为宽广的领域里进行应用。

第 20 章　精通激励技巧

阿历克斯回顾了一
路走过来的风风雨雨。

圣诞节这天，阿历克斯回到了办公室并工作了一上午。接下来是节日休假
了。不论运气好还是坏，他都将要知道在两天之前的执行委员会会议上董事会
是否采纳了他和项目组作出的建议。和项目组共进午餐之后，他打算打道回府。
他准备致电查克，以便对他以非正式方式给出的职位许诺多点了解。接下来他
就得在这个机会和到目前为止他获得的另外一个职位——来自公司主要竞争对
手的录用之间作一个选择。但是，在喝完了当天的头道咖啡之后，他决定先回
顾一下过去三个月的经历。

亚瑟王之剑项目：这场战斗胜利了。不论董事会作出了何种决定，阿历克
斯知道公司最终还是会实施项目组的建议，而且没准儿会在亚瑟王之剑的唤醒
下开展类似的项目攻关。

褐色五员：他们可能不是一个精英团队，但是他们毫无疑问地证实了他们
自己的能力——不论是从个体角度，还是从团队角度而言都是如此。好几个公司
其他部门的经理已经向阿历克斯打听过他们了。在亚瑟王之剑项目组的成员们
和那些部门的其他员工一起工作以解决那些生产问题的过程中，这些经理们对
他们的工作印象很深刻。项目组的所有成员都得到了公司里其他职位的录用。

阿历克斯自己：在满分十分里他给自己打了七点五分。尽管他成功地改变了整个项目组的业绩表现，但他对于自己是否真的精通了激励技巧（不论是激励自己还是他人）并没有太大的把握。

他给了自己几分钟时间，好好思索了一下对习惯性地激励自己和他人的技巧的掌握包含哪些方面。他又练习了一下自己的形象化技巧，并且在自己的头脑中形成了一幅关于真正精通激励技巧的图画。最终这幅图画看起来像是比和迈克尔的混合。那么，他们是怎么做才能表现得如此出色，以及他们是如何达到这种高超水平的呢？

精通激励技巧最重要的特征就是直觉和本能的结合。比和迈克尔分别都有他们自己的工具、模型和理论框架——他们把其中许多都传授给了阿历克斯。但是有一些其他东西让这两个人成为真正的大师——他们在真正的本能驱使下使用这些工具、模型和理论框架，而且还运用直觉来让自己在当前的环境情势下使用正确的方法和工具。

例如，如果你希望迈克尔逐步地给你讲解 VICTORY 环的话，他是能这么做的。但是当他应用这些技巧的时候——当然是为了激励他人，但也可能是为了激励他自己——这个 VICTORY 环就不再继续是存在于环上的一系列步骤了，看上去更像是这个环缩成了一个点，或者甚至是一个不存在的点，或者是作为所有已经成为他自己的一部分的那些不存在的点中的一个。对他来说，激励已经变成了"自然的艺术"。

但是迈克尔和比是怎样拥有这种层次的固有能力的呢？阿历克斯在接下去的一分钟里展示了他的分析能力。他们的成长道路一定包括同时积累技巧（通过明晰地学习这些工具和理论框架）和经验（通过反复练习和下意识的培养）。因此阿历克斯总结出来的通往大师之路包括下列步骤：

1. 寻觅者。你认识到了激励的习惯（对你自己和其他人）的重要性和作用。你学习一些简单的技巧，并在不那么严苛的环境中应用。

2. "学习型专家"和／或"行动型专家"。对于这个主题你进行了更深入的学习，并且在自己相对较为熟悉的环境下应用这些新方法。然后，随着信心的不断提高，你在更广阔的范围内应用你的技巧。这就是"学习型专家"的成长道路。他们可能更倾向于"思考—行动—思考"。

但是还有另外一条道路。你可以利用你早期已经学会的技巧，在熟悉的范畴内直接应用它们。只有在你需要更多的技能和窍门时，你才会去主动努力获得这些技能和窍门。这就是"行动型专家"的成长道路，他们可能会倾向于"行动—思考—行动"。

当然了，绝大多数人在这两条道路上都会花费一些时间——这些道路并非相互排斥的。

3. 大师。在"学习型专家"或者"行动型专家"的早期阶段，事情开始变得非常复杂。但是随着技巧的越来越娴熟和实践机会的增多，激励通常都会变得越来越容易。对一个大师而言，人们会对你在帮助他人方面显示的慷慨精神大为惊讶并折服。他们会奇怪在你给予如此多的人如此频繁和如此多的激励时，你是如何保持充沛的精力的。你能做到这一点，也许是因为这简直太易如反掌了——你简直就没有觉察到你付出过什么。

有一段关于冥想内省的话是这么说的：

在冥想内省之前，山即是山，水即是水；
在冥想内省之时，山已非山，水亦非水；
在冥想内省之后，山还是山，水仍为水；

阿历克斯抬起头来，是迈克尔来了，他看上去一点也不像是个大师。他看上去垂头丧气，心存歉意。不管怎么说，他毕竟只是一个人。

"你可别告诉我，"阿历克斯呻吟了一声，"董事会否决了我们的建议。"

"哦，不，"迈克尔再次重申，"他们在两分钟之内就干脆利落地通过了你们的提议。"

"那么，你为何看起来如此不开心？"

"我很抱歉，阿历克斯……我本来想早点告诉你的，但是我想你能明白我得为这事儿保守秘密……"

迈克尔把一张打印文稿放到阿历克斯桌子上。这张刚从复印机上拿下来的纸还热乎着呢。尽管迈克尔能洞悉人性，他还是无法解释为什么当阿历克斯看清楚这张新闻发布稿的标题时，脸庞上展现出了仿佛曙光乍现时如梦初醒般的越来越浓的笑容。

> 董事会已经同意接受来自查克·丹尼尔斯公司的秘密合并要求。
>
> **新的管理层团队将在下周公布**

掌握激励你自己和他人的习惯

帮你自己一个忙——让自己充分享受既激励你自己也激励他人的良好习惯吧。我在此处的描述不能表达这样做所能给你带来的裨益之万分之一。

最低限度上你也有责任使自己成为自我激励的大师。那么，"大师"有哪些特点？我们怎样才能成为大师呢？

◆ 大师。大师最为显著的标志就是直觉和本能。

通过直觉，大师就可以明白无误地知晓该在一个给定的环境中倾注多少"激励"。而本能则让他采用了正确的方式：一旦他发现自己缺乏自信心，甚至几乎是在此之前，他就习惯性进行了反应。

发生作用的模式线路会通过实践而逐渐演变为"实体化"，这也许是VICTORY 模型的模式，也许是一些其他种类的习惯性行为。几乎是在他注意到自己的逆激励状态之前他就对自己进行了再激励。不可思议的是，对于其他人他也知道应当如何做到这一点。

◆ 成才之路。下面给出了三种抵达大师境界的可能路径。本书的附录13提供了如何踏上这些道路的小窍门。这些途径通过在许多领域里进行的反复实践来培养经验，并经由学习来培养技能。我们每个人都根据我们自己所创造的——或者是运气所给予的机遇来选择自己的道路。

我们当中很少有人能成为不折不扣、拥有直觉和本能的大师级人物。虽然这可能会令人难以接受，但一个不争的事实是，激励状态是需要每天精心呵护的。这与你每天都得刷牙更为相似，而非"一蹴而就"地学会骑自行车。但这可是你能给予他人最好的礼物。

成为激励大师

大师境界：直觉和本能，以技能和经验为基础，经由学习和实践来获得。

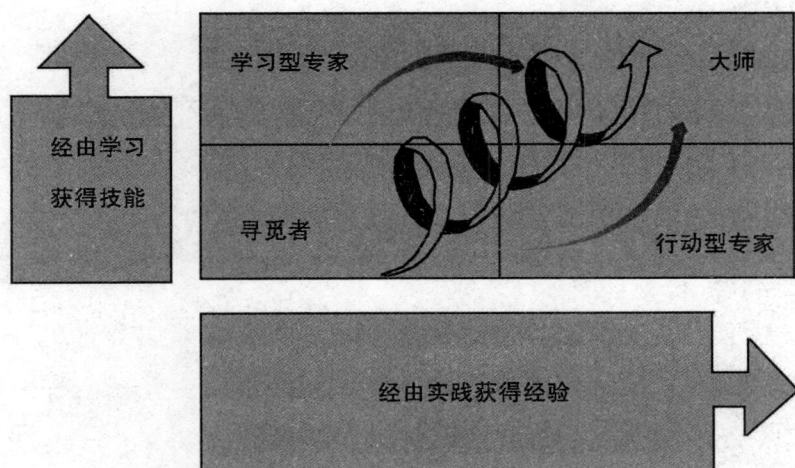

练习

确定至少一个人作为你在接下来的三个月里将向其传授至少你的部分激励技巧的对象。

第三部分 领 导
The Tools of Leadership

Great Management of High
Efficiency People

导　言

领导者就是希望的经营者。

——拿破仑

本部分同样以精简的篇幅介绍了领导一个小组、团队或组织的各种技巧，这些技巧均可以切实掌握并在实践中加以运用。我认为领导才能的高低并非主要是个人魅力之间的较量！

本部分每章都侧重讨论一个不同的领导技巧，首先是对这一技巧的简单描述，再举例说明如何运用——以阿历克斯充满传奇的职场经历为例，分析他如何使一个经营不佳的广告代理公司起死回生。

进一步说，本部分的主题就是：

领导 = 愿景 × 感召 × 动力

撰写本部分内容以前，我曾一直盼望已经有人就这个主题进行著作了。当时，我已辞去麦肯锡管理咨询公司合伙人一职，开始组建企业高阶教练服务机构。但遗憾的是，我一直找不到关于领导才能方面合适的书籍推荐给我的客户。

现在市面上的此类书籍，大多只略述了某些著名将军和政治家们的非凡才能，这些例子固然引人入胜，但作为课本使用却显得远离生活，难以让人信服也不实用（令人高兴的是，纽约前市长朱利安尼所撰的《领导力》一书当属例外）。其他一些书专门作为练习之用，里面有大量的题目清单要读者逐项打钩完成——我想，常常略过这些练习不做的人绝不止我一个吧。

因此我希望本部分的内容使你对这个主题有全新的认识，即本部分关注的是领导才能而非领导者本身，集中探讨可以通过学习获得的领导才能而非纯粹的个人魅力或练习清单。

尽管如此，我还要提醒各位读者，本部分并不讨论领导才能是否可习得。我认为这种才能是可以通过学习而获得的——因为在过去的 25 年中，我已亲眼看见许多人培养了这些才能。

我同意朱利安尼的观点，"领导才能并非从天而降，它是可以传授，学习并发展的"；我也同意足球明星迈克尔·欧文所说的话，"我不清楚踢足球到底是靠天分还是靠后天培养，但有一点是肯定的，我练得越勤，踢得就越好。"

让我们回到公式上来吧：

领导 = 愿景 × 感召 × 动力

团体中的任何一员，只要有出色的眼力，能够激励他人，保持员工工作的动力，就肯定可以被视为团队的领导。我相信这是一个领导所应具备的最重要的三大技能。尽管许多个人品质，如个人魅力，也可以帮助更好地带领团队，但领导才能毕竟不是个人魅力之间的较量。相比之下，可以习得的技能更为重要（如果你平时能得心应手地应用这些技能，你的领袖魅力就会自然大大增加）。

现在我们大多数人都具备一项突出的才能。你可能更善于运用智力上和艺术上的技巧使自己具有独到的眼力，或具备"销售员"特有的那种面对面感召顾客的能力，又或者像"部门经理"一样拥有维持员工动力的才能。但是领导才能的挑战性在于要从简单的起点开始，掌握这三方面全部的技巧。这就是为什么这三个词是相乘的关系——而不是单纯的累加。

本部分的前四章详细阐述了这个重要公式的内容，并介绍了领导的预备工作——比如，你是否准备开始一项新的工程或担任新的职务。第 5 章至第 13 章阐述公式中的三个组成部分。最后九章论述了领导才能广义上所包含的诸多方面，比如委派任务与掌握时机的能力、影响力、建立企业文化以及发展个人领导事业的能力。

本部分按照版式要求，描绘了一个富于戏剧性的故事，并在每章结尾处总结相关的领导技巧。此外还穿插了其他的主题。

我们都必须肩负领导的责任。领导权并非专属行政主管或军队的将军。我们每个人都会不由自主地置身于一个必须在某个特定时间领导某事的境地：我们带领家庭和朋友，领导共事的团队、小型企业或跨国公司。在这个日益充满机遇的世界，在这个需要个人积极进取的时代，领导才能是所有人都应培养的一项终身生活技能，可以帮助我们发挥自己的潜能，摆脱心中因跟着他人亦步亦趋而常有的挫折感。

我希望本部分内容可以帮助施展您的领导才能——令您成为一个领域中的先锋人物，否则您可能只是一个"跟随者""管理者"或"受雇者"。成为一个有影响力、负责任的领导者无疑可以获得更多的自由和满足，当然成功的事业也会随之而来。

第1章 VIM：愿景、感召和动力

在本章中，阿历克斯
的美好计划得到了检验。

蒂克诺尤公司是一家苦苦挣扎的广告公司，它聘用阿历克斯担任执行总裁，就是为了挽救自己，不过阿历克斯上任的第一天并不顺心。

当然，阿历克斯原本应该是更加自信的。刚刚过了而立之年，以名列前茅的成绩毕业于商业学校，在一家工作了八年的消费品公司担任过高级职务，他有理由更加自信。

不过，他却放弃了与前雇主共事所拥有的那份安逸。面对着摆脱大公司桎梏的诱惑，他欣然接受了由自己担任领导的机会。同时，考虑到他的朋友似乎都在创办自己的网络公司，阿历克斯觉得他也应该舍弃这份安逸，去进行商业冒险。阿历克斯被别人管理得太多太多了，现在他想证明自己完全可以成为一名领导者。

可是，由于道格——蒂克诺尤的客户总监——不停地向他泼冷水，阿历克斯开始认识到今后所要面对的巨大挑战。同广告界相比，阿历克斯刚刚离开的那个行业似乎要斯文得多。

"你把这个叫作计划？"道格挥舞着那份令人不快的文件，终于吼了起来，"这只不过是一份封皮精美的 Excel 电子表格！这种东西也许能帮助你挽救一家消费品公司，但在广告业却一点用都没有。广告业的主题是人！"

阿历克斯强压怒火，没有理会道格挑衅性的凝视，也忍住了没有再提那份"复兴"计划——这份计划可是阿历克斯上任一个月来辛辛苦苦整理出的结果。

阿历克斯知道道格也想当执行总裁。为了表示友好，并指望他对道格的信任会促成彼此之间的和解，阿历克斯特地送给道格一份计划的样本——还有一份样本则被送给了创意部主管桑德拉。

"这只不过是一串数字——目标、比率和期限，"道格坚持说道，"没有人会为了一个该死的比率而全力以赴。用数字描述也许有用，但用数字领导却不行！"

"我非常欣赏你的……嗯……直率，"阿历克斯回敬道，"我会向董事会陈述你的意见。不过，让我们先弄清楚一件事，"他断然说道，"我并不介意你满口的牢骚，甚至也不介意你的大吼大叫。不过，下次你最好能再加上一些有用的东西。我们还有六个月的时间来使这家公司起死回生，顶多六个月！但我一个人做不来，你也一样。我们必须齐心协力。所以，让我们达成一个协议，我们可以冲彼此大吼大叫。不过，只有——只有当我们能提出一些建设性提议的时候，我们才可以这么做。"

道格离开后，阿历克斯用手指敲击着他的办公桌，陷入了沉思。那天下午的晚些时候，阿历克斯还要与极具创造力的桑德拉会面，他预料到会面肯定会有麻烦。但他希望道格有更大的容人之量，他主管那些与客户直接打交道的客户负责人。阿历克斯更习惯于"复兴"计划中所固有的目标和管理规定。

再想想其他主管，阿历克斯都不知道对他们应该抱有什么样的期望。特里主管媒介——主要负责购买电视广告时间和杂志中的短小专栏，当他看到这份计划时，他一定会支持吗？弗兰克主管策划——主要做市场分析和消费者调查，对于那些数字和比率，他一定会觉得很自在吗？卢克主管信息传达——保证其他部门按时获得各种广告活动的信息，他又会有什么样的反对意见呢？

然而，当阿历克斯和桑德拉会面时，他却大吃一惊。

阿历克斯问桑德拉对计划有什么意见，她含糊地答道："我想这个计划也许有用。"

"真的吗？"阿历克斯问道，他几乎不敢相信自己这么快就赢得了这家公司颇有影响的一位主管的支持。"那么，在你看来，我们可以实现这些目标？"

"噢，我并不了解这些目标，"桑德拉答道，"这些目标和数字，我们一直都是交给财务人员负责的。毕竟，数字是由小人物负责的。"

"但这可是挽救整个公司的计划呀，"阿历克斯喊道，"你是公司中最重要的人之一……没有你，我们实施不了这个计划……对于这些具体目标能否实现，想必你一定有某些看法！"

"对不起，阿历克斯，我确实没什么信心。那份计划全是数字，但这家公司的真正挽救之道在于一个突破、一项真正富有创造性的计划、一项令公司有所斩获的计划。事实上，我们需要增加经费，而不是减少经费。"

阿历克斯最终放弃了谈话，回到了自己的办公室。他掏出掌上电脑，查起了他的前同事兼顾问迈克尔的电话号码。

也许这一计划确实需要做更多的工作，当阿历克斯准备打电话征求迈克尔的建议时，他这么想道，也许这一计划中数字和管理的成分太多，关于如何领导却涉及不足——这一计划没有足够的想象力，也不够振奋人心。

在他拿起电话前，电话却响了起来。

打电话的是财务主管斯蒂夫："银行刚刚打电话说想和我们碰个面。他们想要我们偿还贷款，这意味着公司得关门。"

领导力的本质

领导力的本质是在一群人中创造出愿景、感召和动力的能力。

领导人们的不是计划和分析，而是愿景、感召和动力的统一体。就真正有效的领导者而言，其所作所为几乎都是围绕着创造愿景、感召和动力——运用不同的技巧来创造统一体的各个要素。

1. 愿景：对组织的未来和实现目标的途径的积极描述。为了创造出共同的愿景，领导者总是渴望获得新颖的想法，这些想法还要符合组织的战略。此外，领导者还应十分精明以至于能够产生好的想法。不过，问题的关键在于，领导者还要有足够的想象力，将这些想法转变成激起兴趣、富有意义、切实可行的描绘和表述。

2. 感召：组织中个体的感召，是促使人们有所作为的力量。领导者运用处理人际关系的技巧，来激励自己的下属，帮助他们认识到可以从实现目标的过程和目标的实现中获得怎样的收益。领导者还帮助自己的部属认识到"道，成了肉身"。

3. 动力：组织的计划方案的动力，是支撑组织到达目的地的力量。通过运用自己的能量和解决问题的技巧，领导者使任务沿着正确的方向前进。

在所有这三个方面，真正的领导者均能获得极大的成功。愿景家不是领导者，如果他不能激发下属的斗志。动力维持者也不是领导者，如果他不能创造出共同的愿景。

所以，无论是对小团队，还是对大公司而言：

领导 = 愿景 × 感召 × 动力

在这个统一体中，正如我们所要看到的，领导者与"管理者"的不同之处就在于，领导者具有创造共同愿景和激发组织斗志的能力。

愿景、感召和动力

有效的领导者能够在他们的团队中创造出大量的愿景、感召和动力。

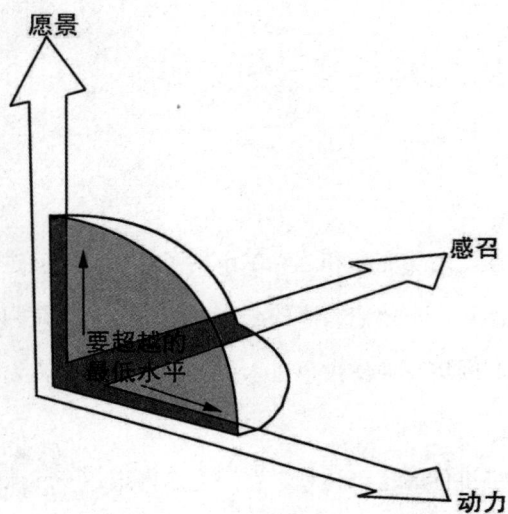

注：有效的领导者通常——虽然不是始终——从创造愿景开始，然后再激发斗志和动力。

练习

运用附录 14 来画出你当前的领导能力测验图，并思考扩展测验图的方法。

第 2 章 领导技巧：形势、
手段与特性

在本章中，阿历克斯
分清了手段和特性。

那天晚些时候，阿历克斯和迈克尔小酌了几杯，席间进行了一番认真的交谈。他们相识了四年，在他们共事的公司，迈克尔一直是阿历克斯的非正式顾问。当迈克尔问起阿历克斯新角色进入得如何时，阿历克斯问他们可否见面谈这个问题。

"那么给我讲讲你的这个计划。"迈克尔问道。

"我有六个月的时间来救活这家公司，"阿历克斯开始说道，"六个月之后，我们就一分钱都没有了，就这么简单。我们必须增加收入，整合公司，大大提高它的效率，削减开支。"阿历克斯伸手到公文包中取他的计划，"有十条关键措施……"

"别拿你的文件了，"迈克尔打断道，"你只要告诉我你现在打算怎么做。"

"那好吧……在过去几年中，这家公司失去的客户一直要比它赢得的新客户多。它还丧失了创意优势。然而，这家公司却很守旧，他们从不削减开支，也从不解雇任何人。结果，他们所有的比率都不符合广告业的标准。我的'复兴'计划的中心在于，使这些比率至少回到一般标准。每个客户负责人的营业额必须增长 10%，每个创意人员的产量平均也必须提高 10%。"

"我算过了，我需要削减 1000 万英镑的开支，提高销售额，这样，创意人员的产量就能提高 10%。我把这个计划称为'10-10'[①]计划，原因也在于此。"

"那么你有什么顾虑呢？"迈克尔问道。

"我所定的目标没有任何问题，"阿历克斯答道，"这些目标绝对是合理的，这点我敢打包票。我的问题在于，公司里的每个人似乎都很不愿意合作。对于阻力，我早有心理准备。不过，在作好这种心理准备的同时，我也期望着他们会有更大的激情。我想，现在令我担心的是，我到底能否激发他们的斗志？"

"这真的是你的顾虑，阿历克斯？"

阿历克斯犹豫了一下。"我想，我并不知道我是否具备领导这家公司所不可或缺的一些条件。"他最终承认道，"在我的职业生涯中，迄今为止，我一直可以依仗精明的计划、严格的期限和一支充满活力的团队来完成我的工作。但这项工作却需要更多的东西——像领袖气质这样的东西。至于我是否具备足够的领袖气质，我真的没有把握。"

"听起来，挑战主要在于领导能力，而不是领袖气质。"

"但这两者无疑是有关系的。"阿历克斯应声说道。

"不错，他们确实有关系，"迈克尔回答道，"不过，人们在谈论领导能力时，往往非常混乱。他们最后会提出一大堆的观点——其中一些观点确实有着紧密的关系，还有一些则没什么关系。"

"你还是给我一个听得懂的解释吧。"阿历克斯说道。

"好吧。假设领导者知道公司或者团队的总体目标是什么，拿你来说，就是挽救公司。而且，你还形成了策略的基本原则——在电话中，你告诉我，你必须使整个公司更富有创造力，而不能使创造力仅仅局限于创意部门。除了确定目标和期限外，你还提到了你能做的其他几件事。

[①] 在英文中，1000 万英镑则表示是 10 个百万英镑 (10 million pounds)，所以此处为"10-10"计划。——译者注

"不过，现在让我们谈谈领导能力——领导能力并不完全是像领袖气质这样的个人特性。

"如果你思考一下领导能力，你就会发现领导能力包括这样几个方面。首先，通过与别人的合作，你得拥有一些由领导者创造出的东西，包括：对公司未来或者团队未来的愿景；那些必须实施改革的人（或者那些可能必须设计出部分改革方案的人）的动力；各种方案所需要的感召。如果你愿意的话，你可以把这三样东西称为'集体目标产品'。

"领导能力的第二个方面包括，领导者本人为了确保创造出这些集体目标产品而采取的行动。比如，提出愿景的草案，通过与其他人检验这一草案来对其作出改进，或者鼓励人们发挥积极性，应付不可避免的对改革的抵制。这些行动是'实现目标的手段'。对于做这些事而言，有一些久经证明的技巧——而且这些技巧是可以学会的。

"领导能力的第三个方面是一名领导者所具有和所运用的个人特性的混合物——比如，具有领袖气质、富有冒险精神和原则性强。理想的特性可以列出一长串，几乎没有哪个领导者具备所有这些特性。但领导能力并不是领袖气质的竞争，"迈克尔继续说道，"这也正是你必须对领导能力的三个方面予以区分的原因所在。只要你想，你就可以设法改变自己的个人特性——设法变得更富有'领袖气质'。不过，如果你注重将我所提到的技巧运用于实践，那么你将更快地成为一名有效的领导者。"

阿历克斯心想他听懂了迈克尔的话："我想，我一直所考虑的只是商业逻辑——对愿景和动力思考得不够。对于如何吸引人们，我考虑得也不够，因为我对自己的领袖气质缺乏自信。但你刚才说，要成为一名领导者，并不需要像纳尔逊·曼德拉（Nelson Mandela）那样的领袖气质？"

"当然，领袖气质是有帮助的，"迈克尔答道，"不过，那并不是最要紧的事，多想想技巧而不是特性。你用不着依赖源自遗传的那份领袖气质。"他们花了几分钟更详细地讨论了那些技巧，最后，迈克尔提出了一个决定性的建议："我并不想打击你，阿历克斯，不过，我还是怀疑，你的计划到底有没有像你想得那么完美。我知道你很精明，但你似乎漏了点什么东西。如果你让下属更多地参与计划的制订——而不是单纯地将自己的想法强加于他们——那么你就有更大的可能挽救公司。试着和你的客户聊一聊。"

　　阿历克斯苦笑地看着迈克尔，接着将杯中的酒一饮而尽。

形势、手段与特性

关于领导能力的讨论常常会混淆三个不同的主题：（1）领导者所创造出的东西；（2）领导者为创造出这些东西而运用的技巧；（3）领导者的个人特性。

不过，要想形成自己的领导技巧，对这三者予以区别是十分重要的。

1. 不论一支团队或者一个组织的战略目标和财政目标是什么，也不论他的团队是大是小，领导者必须创造出愿景、感召和动力（如第 1 章所述）。领导者的所作所为正是为了实现这些目标。这些是他所创造出的东西。

2. 为了创造出愿景、感召和动力，有效的领导者会运用娴熟的技巧。这些技巧也正是本部分的中心所在——这些方面的领导能力是能够学会的。

3. 与这些技巧毫不相干的是，领导者还拥有根深蒂固的个人特性。在这方面，没有什么神奇的公式——潜在的理想特性可以列出一长串；没有领导者能够幸运地拥有所有这些特性；至于哪些特性是必不可少的，仁者见仁，智者见智。更为重要的是，一个成年人能否从根本上改变其根深蒂固的特性？这个问题并没有确定的答案——相反，他更应该将时间用于掌握上文提及的那些经过证明的技巧。

下面诸章旨在帮助你探索和学习领导的技巧。

对领导能力的剖析

在组织内被创造出的东西

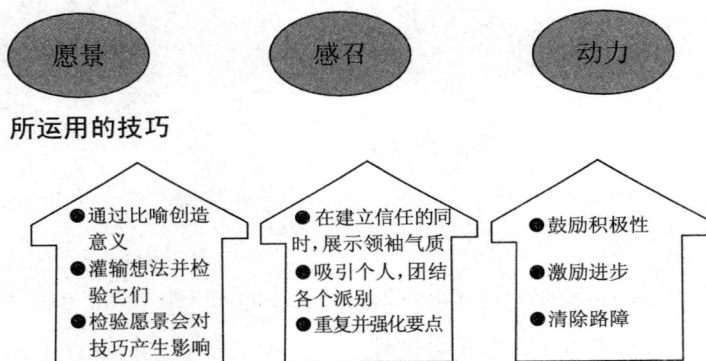

愿景　　　　　感召　　　　　动力

所运用的技巧

● 通过比喻创造
意义
● 灌输想法并检
验它们
● 检验愿景会对
技巧产生影响

● 在建立信任的同
时,展示领袖气质
● 吸引个人,团结
各个派别
● 重复并强化要点

● 鼓励积极性

● 激励进步

● 清除路障

· 形成紧迫感,庆祝
· 实践愿景的内在价值
· 聚集对必要改革的关注

拥有的特性

有紧迫感、有胆量、吸引人、
身心愉悦、原则性强,具有领袖
气质等(见附录15)

注：出色的领导者通常——虽然不是始终——从创造愿景开始,然后再激发斗志和动力。

练习

运用附录14来检查你的领导能力测验图和期望值,如果你还没有这么做的话。

第3章 准备工作：
重点、紧迫和派别

在本章中，阿历克斯观察、听取和学习。

没完没了的会议充斥着阿历克斯走马上任的第一个星期，当星期五快要过去时，他对这些会议予以了认真思考。

道格和客户负责人坚持认为："我们必须找到继续取悦客户的新方法。"

桑德拉和创意人员热情洋溢："我们必须集中制作大广告——我们需要更多的经费，而不是更少。"

弗兰克和策划部的人员合乎逻辑地主张："调查和分析的质量很重要——我们必须当着客户的面得到更多的实情。"

卢克和信息传达人员一直在恳求："公司里的每个人都有自己的一大堆事——安排一个会议是不可能的。把这个问题解决掉，这样我们才能为了改革而齐心合力！"

当然，每个人都警告阿历克斯，在给不同的行动分配时间和费用时，千万不要尝试强制实行考勤制度。此外，对于公司多年来所收集的40幅价值不菲的画，他们也警告阿历克斯不要打任何主意——卖掉这些画会"打击公司职员的信心……资产倒卖将产生恶劣的影响……客户会认为我们将要破产而作鸟兽散"。

这么一来，阿历克斯将这些小派系看得很清楚：每个部门都在寻求自身的利益。

在紧凑的日程安排中，阿历克斯还抽空与客户进行了一些会面。这些会面坚定了他的看法：公司必须为客户提供更多的创意。而且，在提供创意的过程中，公司必须大大减少过去所存在的官僚作风。

"策划人员是问题的根源，"一家客户的营销主管主动说道，"对于我的每个广告计划，首先我得告诉道格或者某个客户负责人，然后再由他告诉策划人员，接着策划人员再为创意部制作一个纲要，然后，创意人员再拿出一些东西，由道格交给我过目。这一过程中的环节也太多了。"

"大多数广告公司也许依然如此行事，"那位营销主管继续说道，"不过，以后肯定不会是这个样子。我应该事先与客户负责人和创意人员同时进行面对面的谈话。"

这种（和类似的）评论使阿历克斯确信，他强调公司应以更加统一的方式进行运作的想法是正确的。

不过，阿历克斯回到办公室后，扫了一眼随后一周爆满的日程安排，他知道自己得集中调动自己的积极性。虽然阿历克斯知道自己无法立刻提出一个完整的、中心极其明确的个人计划，但他决定着手制订这个计划——至少要使随后的一周更好应付。

显然，阿历克斯的作用在于领导公司实现好转——但这并不意味着他要亲自领导每个方案：他没有足够的时间这么做。他迅速地在三个标题下记下了他的想法。

阿历克斯的第一个标题是"文化"。在这个标题下，他列出了一些他此时知道需要亲自关心的问题，包括"团队精神""对客户的重视"和"创新"。阿历克斯一直在制订一个更富有远见和鼓舞人心的改革方案，而公司的这些方面出现的问题正是他在这一方案中所必须处理的。

阿历克斯的第二个标题是"过程"。在这一标题下，他草草地写下了一些"复兴方案"。这一部分正是对"10-10"计划——正是带着这一计划他五天前到这家公司走马上任——中所有措施的简要描述。尽管他的方案很有远见，他还是必须确保开支得到削减。银行不久就会要求看到削减开支的证据。

阿历克斯的第三个标题是"一次性问题"——可能需要他关注的实质性大问题。他咬了咬铅笔。阿历克斯并不想陷入操作的具体细节，但他觉得在这个问题上他肯定有用武之地。突然，他想到了"带头推销"——他将亲自领导推销以赢得一个大客户——运用一种远远好于公司正常方法的方法：他将按照那位营销主管的建议，在与客户会面时亲自拖上道格和桑德拉。这么做也许会令道格和桑德拉不高兴，但却可以迅速确立协作的标准，阿历克斯知道公司需要这种协作。

阿历克斯逐渐认识到，他毕竟不能将自己大部分的时间用于亲自领导他在"10-10复兴"计划中所精心设计的方案，他需要一个副手来领导这项工作。阿历克斯知道自己应该将精力集中在"文化"和"带头推销"上。看了看手表，阿历克斯知道这些问题就是他周末所要处理的事。

最后，阿历克斯再次对公司职员细细思量了一番。令他吃惊的是，公司里似乎没有改革的紧迫感。由于有人散布消息说公司财政状况很危险，大家倒是感觉到了迫在眉睫的不幸，不过，大家并没有因为有这种感觉，而强烈要求在创造计划或者同客户合作上采取新的方法。

阿历克斯知道在这个问题上该怎么做——他将说服一些客户的营销主管和执行总裁与公司所有职员进行面对面的谈话。他确信这种谈话将产生影响——客户们肯定会谈起其他公司如何得益于各部门之间较为紧密的合作，以及他心中正在酝酿的其他几个主题。

"凯莉，"阿历克斯给秘书打了个电话，"你能过来一下吗？我下周的日程需要重新安排一下。"

"我一直在辟谣，"当凯莉最终出现时，她解释道，"创意人员认为你要卖掉那些艺术品。"

"下次你再听到这个谣传时，"阿历克斯说道，"告诉他们不用担心，我会精心保管那些画的。现在让我们调整一下日程。首先，我星期天晚上要和德克·凡·艾伦会面，如果他有空的话。看他到时能不能到这里来。他的电话号码在我的电话簿'大学熟人'那一栏中……"

准备工作：重点、紧迫和派别

领导的任命有多种形式：到一家新单位任职；在当前供职的公司中获得提升，或者从现任的职务——鉴于组织需要改革或者变革。不过在投身于改革之前，有效的领导者首先会进行精心的准备。

这些准备工作的范围显然取决于领导者对组织的熟悉程度和急需解决的企业问题的类型。不过，在发起重大改革之前，有效的领导者总会花上一段时间观察现状、听取意见和了解团队成员的真实想法。领导者这么做的目的在于找出以下三个问题的答案：

1. 重点何在？"组织或者团队的优先考虑是什么？对于那些必要的方案，其简单明了的蓝图应包括哪些内容？弥足珍贵的时间应用于何处？我应该集中精力处理哪个问题：是与市场相关的具体问题，还是让员工重新设计组织的工序，抑或是改变组织的文化？"

2. 如何传达并认同紧迫感？"我如何才能使组织明白，维持现状要比必要的迅速转变更加危险？我必须列举出什么样的事实和证据？我如何控制组织成员的注意力，使他们关注必要的方案？"

3. 考虑哪些派别，打造什么样的组合？"哪些联合可以利用？哪些联合会对着干？谁支持？谁反对？应该由哪些支持者来领导各种必要的方案？对于我对团队成员的选择，组织成员会有怎样的理解？"

在履行使命的整个过程中，有效的领导者会继续处理这些问题。不过，他会在早期——在他郑重地提出重大方案之前——就这些问题提出许多有力的假设。

准备工作

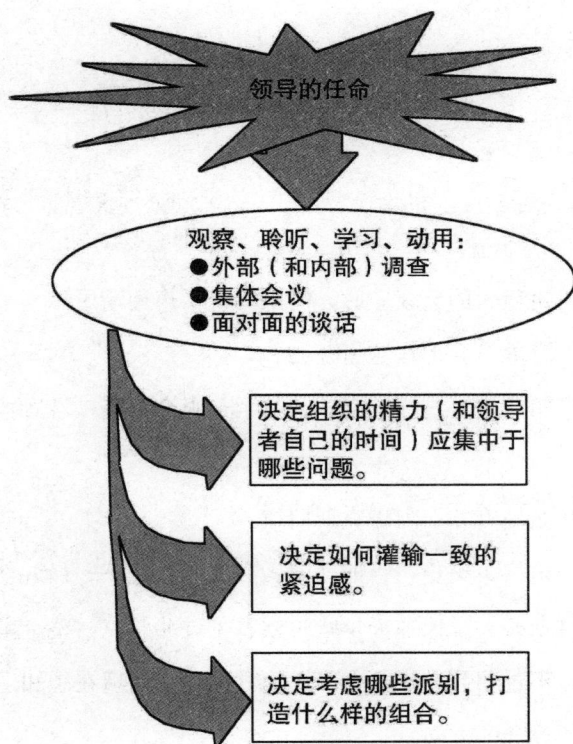

领导的任命

观察、聆听、学习、动用：
● 外部（和内部）调查
● 集体会议
● 面对面的谈话

决定组织的精力（和领导者自己的时间）应集中于哪些问题。

决定如何灌输一致的紧迫感。

决定考虑哪些派别，打造什么样的组合。

练习

你打算改革自己的团队或者组织，检查一下你是否为这些改革作好了充分的准备——特别当你正在决定自己的时间应集中于何处时。

第4章 打造团队：有益惯例和不良惯例

在本章中，阿历克斯遴选员工，培养习惯。

当阿历克斯走进巨大的会议室时，嘈杂的谈话声逐渐平息下来。每个星期五的下午，公司管理委员会都在这里开会。

这是阿历克斯第二次开这样的会，他扫了一眼会议桌，看看他的主管们是不是都来了。

"弗兰克在什么地方？"阿历克斯问道。

其他主管——道格、桑德拉、斯蒂夫、卢克和特里——最近都没有看见这位策划主管，不过斯蒂夫说他那天早些时候看见过弗兰克。整个星期阿历克斯一直在找弗兰克，不过弗兰克一直在回避他。阿历克斯现在想知道弗兰克是不是怀疑他为公司所设计的方向。

"很高兴，人差不多都到齐了，"阿历克斯开始说，同时分发他的议程副本。"大家可以看到，今天这个会有三个主题。第一，这些管理会议应该怎么开？第二，这星期我见了不少外面的人，产生了一些看法，在此向大家作一个汇报。第三，讨论一下我们必须给这家公司带来的改变。有没有什么其他问题，大家应该探讨一下的？"

其他人摇了摇头。

"首先，"阿历克斯说道，"我们必须认识到，作为一个团队，我们的使命是使这家公司稳定下来。同以往相比，这就需要更多的合作。当我们在这些周会上济济一堂时，我们不仅仅是一个团队——我们还必须想办法保持日常工作中的团队精神。"

"作为这种团队精神的基础，就这些会议而言，我们必须遵守一些基本的规定。以下是我的一些建议，不过，仅供大家讨论。首先，我提议把会改在星期一早上开——这样大家的精力就会比星期五下午充沛。其次，大家一定要准时——我们没有时间可以浪费了，如果我们要使这家公司摆脱经济困境的话。最后，我想要大家把我们达成一致的事情记录下来：行动，各个行动的负责人以及大家同意的行动期限。我们只需要一份简表，而不是详细的会议记录。我会记下这次会议的行动表——不过我建议从今以后大家还是轮流来。有没有什么其他想法？"

没有人对阿历克斯的话立刻作出反应，阿历克斯于是停了下来——他希望其他人也参与到讨论中来，而且他知道终将有人打破沉默。

"保密工作应该怎么做？"财务主管斯蒂夫问道，"我们将会讨论一些十分机密的问题……过去，在开会的人中，时常有人泄密。"

大家又花了五分钟对保密工作以及他们所要遵守的团队纪律进行了讨论。当讨论结束时，阿历克斯叫他的秘书去将弗兰克找回来。

接着阿历克斯转到了议程的第二项——汇报他上周所进行的谈话。他给大家通报了他和斯蒂夫与银行人士会面的情况，并告诉大家他们成功地说服了这些银行对公司的债务宽限几周。

阿历克斯还拿出事先准备的几页纸，匆匆介绍了纸上的数据，这些数据显示公司在广告市场的地位日益下降。不过，在他的讲话中，最具分量的还是他从与客户的营销主管们面对面的谈话中所得出的结论。

"现在我深信，"阿历克斯说道，"我们必须彻底改变同现有客户打交道的方式。我希望客户负责人和创意人员之间能够建立非常紧密的合作。我们还必须改革对新客户进行投标的工序。"

阿历克斯等待着其他人发表意见，不过没有人开口说话。道格显得很不安，他意识到阿历克斯在含蓄地批评他过去对客户经营不善。桑德拉看上去很不自在，她知道自己以后不能总是待在创意部的象牙塔内了。弗兰克——他的整个策划部正处于过时的危险之中——却仍未到会。

阿历克斯打破了沉默。"我不知道你们以前是怎么开这些周会的，"他说道，"不过，除非我们能开诚布公，否则我们不会取得任何进展。如果你们不同意我说的话，那么你们必须说出来。如果你们有很好的想法，那么你们同样必须说出来。我们完全可以在相互尊重中说出自己的想法，但我们没有时间再扯皮了。"

道格最终打破了沉默。在某种程度上，他真希望自己两周前没有对阿历克斯最初的计划作出那么消极的反应。显然，正是由于他的激发，阿历克斯才会盘算对公司作出更大的改革。不过，他知道，公司确实需要沿着阿历克斯指出的方向前进。"我懂你的意思，"道格说道，"不过，我认为我们需要讨论一下这么做的具体细节。"

大家继续讨论了这些具体细节——虽然阿历克斯指出，作为一个集体，在随后数周中充实这些细节是他们的集体责任。阿历克斯看得出，道格和桑德拉并不是全心全意地支持自己，不过他认为自己最终能够争取到他们的支持。

在会议结束的时候，阿历克斯扼要地重述了大家所同意的即刻就要采取的行动。道格和桑德拉将齐心协力，寻找客户负责人和创意人员在向潜在的客户进行自我推销时进行合作的方式。斯蒂夫将成立一个小组，制定削减开支的措施。所有人都——带着几分勉强地——承诺展示自己在随后一周的工作成果。

当主管们从会场离去时，阿历克斯觉得将他们打造成一个团队的最初几步已经大功告成。不过，同时他还觉得他们所同意的行动措施依然过于零碎，无法介绍给整个公司。他想设法使这些方案更加紧密相连——他知道自己必须提出一个更加全面的愿景。

阿历克斯的另一块心病是弗兰克。显然，策划部主管由于"个人"原因离开了岗位。"要么他有比较棘手的个人事务要处理，"阿历克斯想道，"要么他就是在消极抵抗……"

建设团队

在改革的早期，有效的领导者会面临一个重要的挑战：决定建立什么样的团队；团队的成员具体包括哪些人——这些人将和他共同分享组织的领导权。他还要决定解散哪些团队或者团体（例如委员会）。

从理论上讲，领导者应对组织的策略和愿景形成清晰的看法，这有助于其作出上述决定。然而，事实上，领导者在愿景完全出炉之前就需要建立一个团队，让最初的领导团队觉得愿景的创造中有自己的一份功劳，这一点确实很重要。领导者因而也不可避免地会面临"先有鸡还是先有蛋"的情形，并尽全力来应付这种情形——领导的某些方面也必然会很"凌乱"。

然而，领导者不应在团队的工作方式和纪律上作出妥协。下一页重点介绍了领导者在团队和工作组中所实施的一些有益的惯例。这些纪律极其重要，因为人们在团队中共事的方式会在更广的范围内对组织的文化产生巨大的影响。对小团队和大公司的领导而言，这些纪律有着同样重大的意义。

最后，有效的领导者还会物色一两个特定的人来充当自己的心腹。虽然他们未必是团队的正式成员，但领导者可以通过他们来检验自己的想法，而且他们能够发表客观的看法。领导者可能需要一些来自组织下层的人来提供"基层职员"的看法。或者，他可能需要一个有着更丰富的领导经验的英明顾问，来给他提供指导。

团队的习惯

有益的惯例	不良惯例
目的性。 团队目标明确，富有意义，且与组织的愿景和策略相连；目标为团队成员和相关的外部人员所理解。	**重点不明。** 团队目标模糊或者过时；或者团队成员对团队目标的看法不统一。
以目标为导向。 团队成员（和作为一个整体的团队）知道谁什么时候必须完成什么。	**走过场。** 团队例行公事地"敷衍塞责"，无法产生实际效果。
合作精神。 团队成员有一种"共同责任"感；且有着相互依存的利益。	**个人主义。** 团队成员作贡献，并没有明确的动机，或者为利己主义所驱动，抑或是出于其他不适当的动机。
纪律严格。 团队有一些明确规定且强制实施的准则，例如，准时、信守承诺、相互尊重而又直言不讳的谈话。	**纪律松懈。** 团队几乎没有准则；团队成员会迟到或者缺席；违规也不会受到处罚。
可渗透性。 在必要时，团队会愉快地接受"临时"成员；与组织的其他成员进行交流。	**与世隔绝。** 团队被视为秘密的"兄弟会"或者小集团；它只会发布命令，除此之外，它不与组织的其他成员进行交流。

练习

要求你正在领导的团队或者团体的成员来评价你的总体表现是否与上面列出的特征不符。

第 5 章　愿景：赋予意义

在本章中，阿历克斯寻求一个令人信服的描述。

随着赛车旗的落下，周日的摩纳哥国际汽车大奖赛降下了帷幕。"好吧，"阿历克斯摸着妻子怀着小孩的大肚子说道，"你赢了。"阿历克斯一直认为最先跑完赛程的肯定是一辆法拉利，而莎拉却断定是一辆威廉姆斯，结果证明莎拉的选择要更为精明。

阿历克斯的心思离开了大奖赛，随后几个小时他一直在思考为公司创造一个富有凝聚力、振奋人心的愿景。他打开公文包，准备取出"复兴"计划，接着却犹豫了片刻，又拉上了公文包。"最好从一张白纸开始。"他想。

开始，他采取了一种合乎逻辑的左脑思维方式——写下他觉得他对公司的愿景所应体现出的要点。然而，不久他又采取了一种右脑思维方式，他开始信笔涂鸦，神游四方——只是一点点。他知道他必须提出一个真正令人信服的比喻。他想令公司的创意人员刮目相看——而不是招来他们的窃笑。

"我们需要什么：团队精神，齐心协力？我们存在的问题：'客户负责人'只想'取悦'客户，'创意人员'只想制作大广告……以赢得同行的赞赏……创意人员从不与客户碰面。每个人都只是在猛打猛撞，彼此间从不进行交流……"

"创意人员与客户负责人之间似乎存有隔阂，这种鸿沟必须弥合。我们本地的广播电台不是一直在警告我们要'当心鸿沟'吗？……这个广播电台也许能派得上用场。"

对于阿历克斯最终必须予以弥合的公司隔阂，他又思索起其他形象化的描述："两头落空……大裂谷……月球的暗面……反向运动的地壳板块……风大浪急的海面上漂移着的大陆块——丘吉尔发明的说法怎么样：'一道横贯欧洲大陆的铁幕已经落下'。"

阿历克斯对东西方关系的比喻予以了更多的思考："'最终引发公开化的持不同政见者'[1]（我不知道，会不会有一些创意人员——也许是一些比较年轻的创意人员——实际上乐意与客户偶尔会个面，而不是永远地困在他们的象牙塔里）。'象牙塔'——丁尼生笔下被困在城堡中的'夏洛特小姐'只能是井底之蛙。"阿历克斯拿起笔，将自己的思绪强行拉回东西方关系的比喻："持不同政见者——公开化——里根和戈尔巴乔夫——只有在面对巨大的挑战才会进行合作——宇宙探索——国际空间站……"

大约有 15 分钟，阿历克斯一直在心无旁骛地思索一个形象化的描述，不过，他觉得自己正在取得进展。商校并没有教阿历克斯如何进行自由联想，但他发现自由联想还是挺有用的。阿历克斯一边喝着咖啡，一边继续思索。

半小时后，阿历克斯回到了客厅，又和莎拉待在了一起。"我们的孩子怎么样？"阿历克斯坐在莎拉身旁问道。

"很好啊，"莎拉答道，"你的另一个孩子——公司现在境况如何？"

"公司现在有认同危机。不过，我想危机会消失的。我可不可以通过你来检验一下我的想法？听听你的看法。"

"你知道公司的主要问题，"阿历克斯继续说道，"它缺乏团队精神——主要是客户负责人和创意人员之间缺乏团队精神，不过，其他部门也存在这种情况。他们之间似乎隔着一道铁幕。但我想将这个问题描绘成混乱的必然结果——与外

---

[1] 苏联政府关于在对社会问题和弊端的讨论中强调公平的一个官方政策。

253

部的黑武士达斯·维德有点关系……是公司可以团结一致，共同面对的问题。"

阿历克斯花了十分钟简要描绘了公司的问题。阿历克斯非常喜欢电影《星球大战》中的形象化描述，借用这些描述，他阐释了公司应如何做出必要的改革。阿历克斯还描绘了他们所面临的挑战、创意"力量"的核心作用，以及任何一个派别都无法单枪匹马取得成功的事例。

"是不是有什么不妥的地方？"阿历克斯问道，他注意到莎拉并不感到信服。对阿历克斯而言，他在行动的世界里要比在思考的世界里更加游刃有余。他知道，莎拉的睿智和销售经历完全可以给他的新描述提供一针见血的批评。

"哦，我知道你想让大家关注公司的这个问题，"莎拉思考片刻说道，"不过，要使这个描述真正地令人信服，还需要做更多的工作。"

"这个描述很吸引人，能够给人以深刻的印象，"她继续说道，"不过，当你这么描述时，如果我坐在听众中间，我不敢保证我会知道该做些什么不同的事。你的描述确实会让人有点觉得必须加强合作——但我认为你必须把更多的细节讲清楚。还有，你确信他们会把客户负责人和创意人员之间的铁幕看成一个问题？

"当公司最大的客户面对面地告诉他们公司有问题时，他们肯定会听信，这一点我深信不疑。不过，我觉得你必须进一步充实自己的愿景，这样才能实现你对愿景的期望……"

星期天晚上，阿历克斯在公司会见了德克。德克是阿历克斯的一个老相识，也是一个潜在的客户，同时，他还是网络销售方面的专家。

当他们结束谈话，收起所深入讨论的文件时，德克指着一幅题为《黎明与黄昏》的不起眼的画问道："那是罗斯科的画吧？"——这幅画就挂在阿历克斯办公室的外面。

"我都忘了你对画非常在行，"阿历克斯答道，"你觉得它值多少钱？"

"保存得并不是太好，"德克边仔细检查边说道，"也许值6万英镑吧？至于更准确的估价，我还得和我的一个朋友谈谈。"

"6万英镑，"阿历克斯重复道，接着他看了一下时间，"嘿，我们得走了。20分钟后莎拉等着我们接她吃晚饭呢。"

愿　景

在对目的地和路线没有愿景的情况下，很少有——即便有的话——方案能被领导。愿景以一种振奋人心的方式描绘了预期的方向，并为应付一些突发事件提供了健全的原则。

如果领导者自己无法设计这种愿景，那么他必须在这方面获取帮助——不过，他必须对设计好的愿景充满热情。

为他人创造意义

毕加索说过，"艺术是帮助我们认识现实的幻觉"。他的观点不仅适用于一幅画或一尊雕塑，而且同样适用于一个公司的愿景。

因为，如果一个愿景要指引一个团队或者一家组织，那么它必须是令人信服的——必须描绘出可信的结果：现实生活中的人们拥有更加美好的明天。听众在某种程度上能够超越愿景，同时，愿景在某种程度上还能给他们的生活增添意义。愿景不仅仅是只懂使用华丽辞藻的经理们在团体愿景练习中所准备的漂亮结束语。

下一页列出了真正令人信服的愿景所具有的一些特点——正是由于具有这些特点，愿景才能够获得认可。

只有通过实践，才能掌握设计愿景的精湛技巧，这些实践包括：仿效并设法超越名家，对前任作出改进以及进行实验。附录17对如何实践予以了进一步的指导。

不过，如果组织的愿景只是单个人的想法，那么它也不太可能有效。正如我们所要看到的，如果愿景是合作设计的结果，那么它通常能更好地为其目的服务。

赋予意义

亨利·福特的愿景

"我要为大众生产一种机动车,这种车的价格非常之低,以至于每个收入良好的人都买得起,他们可以在上帝所赐予的广阔空间中和家人一起享受数小时的乐趣……"

"当我如愿以偿的时候,每个人都能买得起汽车,都将拥有汽车。在我们的大路上,将再也见不到马的踪影。汽车将会司空见惯。我们将给很多很多的人提供工资待遇不错的工作。"

令人信服的愿景的特点

1. **充满激情**——但不仅仅是简短的描述	· 是对组织历史和需要的反应 · 以市场事实、洞察力和远见为基础 · 提供一个更加美好的明天 · 集中于必要的具体变化
2. **具有令人印象深刻的完整性**——但不是百科全书	· 强调优先考虑的问题——包括需要采取的措施 · 涉及重大的目标
3. **充满意义**	· 使人们的(工作)生活具有意义,激发他们的潜力 · 诉诸更高的价值
4. **令人难忘**	· 重新确定或者陈述观点的方式新颖 · 能够在一个简短的结束语中得到总结

练习

现在给你的团队或者组织草拟出一份愿景草案。即使你并不急着需要这份愿景,你也会下意识地改进它,以便有一天你确实需要它。如果这么做困难太大,那么给其他某个团体——你是其中一员——起草一份愿景。

第6章 愿景：灌输与检验

在本章中，阿历克斯进行试探并灌输愿景。

第二天，当阿历克斯结束与公司财务主管斯蒂夫的会面时，他非常懊悔自己在那一周的开始选择了讨论公司的银行余额。斯蒂夫的预测表明，仅仅再过五个月，公司就会出现令人无法接受的透支。由于某种原因，他们刚刚失去了一个月的回旋时间。

不过，当阿历克斯着手开展那一周的两个并列议程时，他却显得十分积极。对于那些已经压得他喘不过气的会议，他的第一项议程是重点实施他最初的"复兴"计划中的节省现金方案。不过，现在他想在所有临时决定的会面中加上第二项议程：检验自己为公司工作方式所必须作出的广泛改革而设计的新愿景。

阿历克斯首先与道格和两个客户负责人进行了会面。他从"复兴"计划所基于的目标开始谈起。他们讨论了对当前客户的责任分配，以及同潜在客户打交道的方式。接着，他们简要探讨了即将对 Surf-Earn.com 进行的投标。对于那些使用他们服务的客户，这家网络公司愿意支付大笔的费用，而不是对他们进行收费。这家公司发展得很快，蒂克诺尤的大多数竞争者也将设法把这家网络公司发展为自己的客户。

"创意人员对这次推销有什么看法？"阿历克斯看着道格问道，"你和桑德拉以及她的下属谈过些什么？"

"我明天会去找到桑德拉的。"道格答道。

"可是 Surf-Earn.com 将在下个周末挑选广告代理商，你们到底有什么办法能及时地拿出一些有创意的想法？"

"那是桑德拉的问题，不是我的问题。"

"道格，让我们弄清楚这一点：这是我们所有人的问题。这是你的问题，是桑德拉的问题，也是我的问题！这幅铁幕太厚了。如果客户负责人和创意人员总是待在各自的象牙塔里，继续彼此推诿攻击，那么这家公司就会破产。"

"我完全同意你的看法，"道格答道，"不过，你得试着让桑德拉也这么想！"

"你又来这一套了。"阿历克斯说道。他突然意识到，道格的客户负责人正在旁观，眼看着一场全面的争吵就要爆发，他们正开始局促不安地设法摆脱这场争吵。

不过，阿历克斯改变了策略，他转而以一种比较温和的语气将那两位客户负责人也引入了讨论之中："也许你们都在想'公司向来是这么做的，整个广告界也是这么做的——创意部门和客户负责部门各司其职'。"

"不过，社会是不断向前发展的，西方的商业客户负责人和东方高深莫测的创意人员之间不能再像这样'事不关己，高高挂起'……"阿历克斯继续解释他为公司日后必需的运作方式而设计的新愿景，他强调了团队精神、合作以及积极性的重要性。他还举例说明了公司需要在向新客户"推销"自己的方式上作出什么样的改变——例如，在和客户见面时，同时安排一个创意人员和一个客户负责人——以此设法使自己的愿景更容易理解。

阿历克斯又说了好一会儿，在他的努力下，那两位客户负责人最终无拘无束地交谈起来，并就如何将愿景付诸实践提出了进一步的看法。

不过，阿历克斯知道他们只不过是在口头上表示支持——他知道现在该公开他的愿景了。

"很高兴你们同意我的看法，"阿历克斯说道，"因为我们将运用这种新方法来向 Surf-Earn.com 推销自己。"客户负责人尽力地掩饰内心对这种新方法的抱怨，他们认定这种新方法将需要他们做多得多的工作。

"顺便说一下，"阿历克斯继续说道，"我想，这次推销应该由我来领导。道格，我干吗不领导这次推销呢？我们应该利用这次推销，树立起同所有客户打交道的模式。"

那天，阿历克斯还与桑德拉和创意人员、弗兰克和策划人员以及卢克和信息传达人员会了面。在这些会面中，他还和新老员工、高级员工和低级员工、决策者和实干者进行了谈话。

在所有这些会面中，阿历克斯试验了星球大战愿景的各个部分——他甚至加入了会面当天萌生的想法。在一些会面中，阿历克斯滔滔不绝，在其他会面中，他大部分时间则在凝神聆听。

到那天结束时，阿历克斯产生了一些能够改进和突出愿景的想法。公司的经理们也注意到阿历克斯真的要改变他们的工作方式。办公室里到处都是窃窃私语声："这事你不觉怪吗？他居然要亲自领导向 Surf-Earn.com 的推销。我猜他一定对这种新方法充满了信心。"

晚上八点钟的时候，阿历克斯慢步踱回他的办公室，途中路过了罗斯科的《黎明与黄昏》。他向右一拐，沿着走廊直奔斯蒂夫的办公室。除了斯蒂夫还在埋头于电脑外，财务部里空无一人。

"我刚刚产生了一个想法，"阿历克斯说道，"你赞不赞成我在今后的五个月中弄到一百万英镑？"

灌输想法，培育想法

在早期，就自己的团队或者组织所必须采取的措施，领导者会提出一些假设。这些措施可能会组成一个愿景原型，也可能仍然是一列松散的行动要点。这些措施可能是由领导者自己制订的，也可能是由领导者在一个工作组的帮助下制订的。

然而，从这时起，领导者就踏上了一段紧张的旅程，这段旅程类似于一个政治家在选举前所经历的旅程。在同组织内上上下下的许多人进行谈话的过程中，他：

- "灌输"自己对一些必须发生的事情的想法；
- 从相关人员身上获得更多的看法；
- 识别潜在的支持者和抵制者；
- 设法将各个行动要点（重新）塑造成一个令人信服的愿景。

在从其他人身上获得更多看法的同时，领导者会抓住一切机会来"推销"其愿景的新原型。为此，他可能会召开一些特别的会议。不过，更为常见的是，他只会在一些讨论其他议题的既定会议结束时，用10～20分钟的时间来进行"推销"。

此外，他几乎不重视级别高低，一有机会，不论是谁，只要他想，他就会与之进行谈话——就像下一页所举例说明的那样。

改进新愿景

有一家有着 40 名股东、200 名员工和 80 名辅助人员的法律公司，其新任领导者决定必须对公司文化作出改变。随着公司的快速发展，各个部门的成员都在抱怨工作过于紧张。他还觉得律师（包括股东）在提高自身在公司外面的知名度方面做得不够。

他打算推出"责任"和"外部视角"的主题，并在公司律师和辅助人员的广泛范围内来检验了这些想法，参见下图的图解。

然而，谈话的结果却令他不得不对自己的改革议程作出修正。因为，他发现各个部门的成员之所以抱怨，部分原因在于，在一个规模扩大了的公司，人们对彼此越来越不熟悉。他还认识到，随着成员的增加，董事会的领导技巧日益下降，外部视角的缺乏即与此有关。

所以，他在"责任（accountability）"和"外部视角（external perspective）"上又增添了"个人化（personalization）"和"领导能力（leadership）"两个主题。有个颇善于推销的员工将这些主题的第一个字母重新编排了一下——他的改革计划于是变成了"LEAP"（飞跃）。

领导者改进愿景的路线

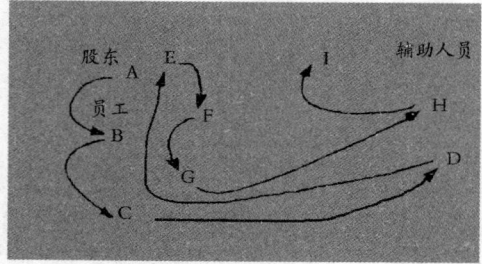

股东 A E I 辅助人员
员工 F
B H
G
C D

练习

列出那些你将向他们推销假设的人，以及你将从他们身上获得看法的人。

第 7 章　愿景：雕琢技巧

在本章中，阿历克斯
检查他的愿景是否合理。

在那个星期，随着时间的流逝，阿历克斯开始认识到他最初的"复兴"计划只不过是一个"家务管理"计划。它也许能阻止财政状况的恶化，但只有从根本上改变工作方式，公司比较长远的未来才有保证。阿历克斯早期曾试图使他最初的计划"更振奋人心一点"，现在他必须专心致志地对公司进行彻底改造。

当然，阿历克斯不可能将最初强调缩减开支的计划弃之不顾，但他知道，他必须将更多的时间用于把自己其他更富远见的想法转化为现实，而这意味着要减少花在其他问题上的时间。于是，阿历克斯决定，家务管理计划应该由斯蒂夫来领导——其原因主要在于，财务管理是斯蒂夫的专长，而且，他的领导潜力似乎并没有得到彻底开发。

阿历克斯从公文包中拿出先前围绕自己的时间分配而打的草稿。他已经处理了"过程"标题下的家务管理计划。下一个标题是"文化"，阿历克斯划掉"文化"两个字，代之以"星球大战愿景"。他随后几个月的时间就将用在这一愿景上。

当然，还有第三个标题——"一次性问题"，在这个标题下，他先前曾草草写下"带头推销"几个字。阿历克斯用"Surf-Earn.com"替换了这些字。这是他下个星期的工作重心。为了获得这笔新生意，阿历克斯将亲自领导推销，这使他有机会在公司员工的心目中确立起自己的可信度。不过，更为重要的是，阿历克斯可以借此机会展示重要的新型工作方式。

当阿历克斯再次思考他为公司所设计的新愿景时，他回想起了他几天前和自己的前顾问迈克尔所进行的一次谈话。迈克尔曾建议他检查一下自己的愿景是否明确提出了公司所必须具备的全部技巧。

基于自己以往的销售经验，阿历克斯记下了公司必须擅长的一些事——他还因最近的谈话而进一步坚定了自己的这些想法：

第一，形成真正的洞察力和远见的技巧。前者指的是对公司客户所处市场的洞察力，后者指的是对客户市场可能如何演变的远见。只有通过形成和运用这些技巧，公司才有望交付有影响的广告计划。迄今为止，阿历克斯在公司中几乎看不到这种技巧的任何迹象。

第二，为客户迅速拿出切实可行且富有创意的想法原型的技巧。为此就要做到：使公司员工彼此真正地进行合作；迅速地评估他们的想法在实践中是否行得通；避免个人迷恋自己的观点而难以自拔。

第三，与客户进行精彩互动的能力——从最初的会面，直至客户广告计划的交付。

当阿历克斯记下这些技巧时，他对自己的愿景草案在多大程度上阐明了这些主题再次予以了检查。例如，他检查了愿景能否通过一些例子——这些例子讲的是与客户的会面如何同时包括创意人员和客户负责人——来阐明"与客户的精彩互动"。

阿历克斯意识到他必须进一步改进自己的愿景，因为，当他推出这一愿景时，他想得到的不仅仅是一笔简单的大买卖。他还想看到一种催化效果。他希望愿景的初次推出就能产生一连串的影响。人们必须能够理解方向，然后根据他们自己的工作范围为自己制订出细节。

创意人员和客户负责人必须拿出他们自己的方案，以使愿景得到充实。信息协调人员和媒介购买人员必须安排新的讨论会，或者确立新的工作流程。在理论上，阿历克斯的愿景原本可以设法对所有这一切均予以详细的指定。但在实践中，他知道这么做是不可能的——而且，毫无疑问他还会因为过于独断而冒着使员工疏远的危险。

然而，阿历克斯不久就得向公司推出他的愿景。所以，他必须迅速地检验愿景。即使愿景还没有完成，他也应该知道他的星球大战主题是否行得通。阿历克斯决定问问凯莉的看法，对他的愿景进行一次决定性的检验。凯莉能够提供公司一名"普通"员工的看法。

"你听我谈起过星球大战计划，"阿历克斯开始说道，"在我向整个公司推出这个计划之前，我真的很想听听你对此类问题的肺腑之言——计划合不合理，够不够详细，会不会被曲解？"

凯莉需要一些鼓励才能直言不讳，但她最终坦率地说出了自己的看法。"我会实话实说的，"她最终说道，"'星球大战'这个名称可能不太妥。客户负责人认为自己是星球——创意人员也这么想。所以，当你谈起'星球大战'时，听起来这两派人之间似乎在进行战争——而不是公司和外部的混乱力量之间在进行战斗。"

"我明白你的意思……"阿历克斯答道，"我显然没有考虑到这一点。好的，凯莉，还有没有什么其他看法？有什么说什么。"

"没有了，我觉得就这么多。"

"好啦，凯莉——我看得出你还有一些想法在瞒着我。"

"哦……嗯……你真的认为这种新方法有用，即使你改掉'星球大战'这个名称？"

"我当然觉得有用。"阿历克斯答道。

"只不过听上去你并没有十足的把握，也许你可以使这个计划中更多地涉及个人——借此表明你对公司和新方式的关心程度。"

阿历克斯很庆幸自己问了凯莉的看法，他决定在其他一些人身上进一步检验自己的愿景。他开始认识到这个愿景可能需要作出根本的改变……

通过技巧检查效果

迄今为止，领导者一直在构思和"软推销"自己的愿景。不过，不久他就要向公司更完整地推出自己富有远见的改革方案。

作为最后的检查，有效的领导者会检验愿景是否足够清楚地描绘了组织需要的技巧（见下一页）。

此外，领导者会检查愿景是否会产生催化效果，在整个组织中引起积极的连锁反应。他会检验自己的愿景是否会促使人们采取行动，激起一连串的支持。领导者会问：

1. 人们会不会知道该做什么？他们会不会：

- 理解全部的提议？

- "自发"地设想自己在实施改革中的作用？

2. 他们会不会急切地参与改革？他们会不会：

- 认识到改革对他们自己的好处——就个人而言？

- 从正确的视角理解个人的代价（特别是暂时的额外的工作量）？

- 认识到工作的其他意义？

3. 他们会不会向其他人"推销"想法——同时做到不歪曲这些想法？他们会不会：

- 认识到必需的变化所隐含的积极目的？

- 认为愿景的要旨简单明确？

愿景、技巧和"7S"

任何组织都有七个非常重要的方面。在这七个方面中，组织的综合技巧为战略和组织的其他方面提供了关键性的连接。

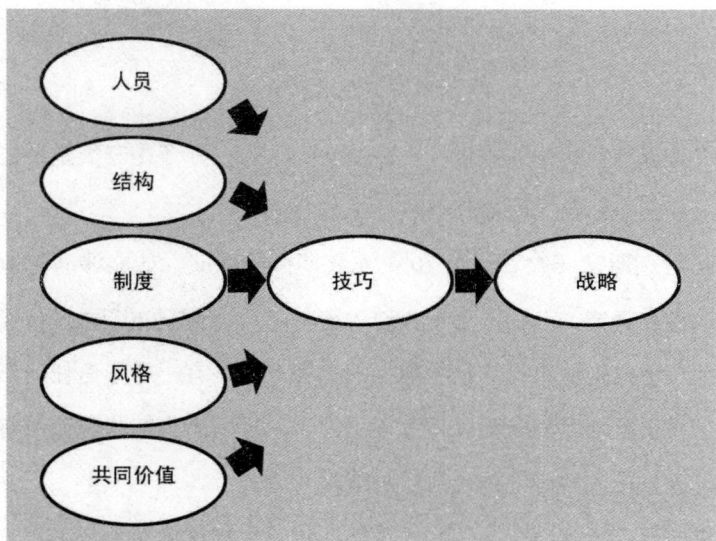

注意：组织的技巧不仅仅是个人技巧的总和，例如，四个著名的音乐家未必能组成一个优秀的四重奏表演组合。

练习

列出对你的组织（或者团队）而言最为重要的集体技巧。确定培养这些技巧的方法——通过不同的人员配备、结构、制度、工作过程、风格和共同价值。

第 8 章　感召：建立信任

在本章中，阿历克斯发现了他的愿景并重新找到了自我。

阿历克斯以前只集中召集过一次公司全体人员，那还是三个星期之前阿历克斯刚刚上任在全体员工面前作自我介绍的时候。

现在阿历克斯又一次看到了 70 张充满期待的脸庞。他能够清楚地辨认出他们脸上的各种表情。有的员工紧张地等待着阿历克斯宣布公司人员冗杂，有的员工则期待着出现一个能够拯救他们的弥赛亚，还有一些不信任阿历克斯的员工正在扬扬得意地看着阿历克斯怎样出错。不过阿历克斯却坚信所有这些表情从根本上讲只是一种心情的反应，那就是希望。

阿历克斯整个周末都在准备和改进他即将提出的这篇关于新工作方式愿景的发言稿。当他开始发言时，灯光被打到了最强。

"我想给你们讲一个故事，"他开始说道，"或者说我想给你们放一个故事。"

阿历克斯用遥控器调暗了灯光，打开了录像机。当黑白画面出现时，员工中发出了一阵惊奇声。很明显这是一部家庭录像带——而且还是旧的。

投影中显示的画面是正在玩耍中的孩子。他们差不多有七岁，玩得很开心。很明显，一个大人正在组织拔河比赛，孩子们已经到了喜欢竞赛的年纪。当员工们从一个特写镜头中看到幼年时的阿历克斯时，他们再次发出了一阵小声的议论。

参加拔河比赛的两个队都拉紧了绳子。一开始阿历克斯所在的那个队似乎就要取得胜利了。但就在那时，阿历克斯的队伍后面有一个队员突然向前倾斜，碰到了前面队友的耳朵，两人因此吵了起来。此时阿历克斯所在的那个队就少了两个拔河的人员，其他队员很快就被对方拉过了线，他们因而输掉了比赛。

接下来的一个录像剪辑更短，只放映了一场足球比赛，其中一个球队因连续快传而获得胜利。虽然 15 岁的阿历克斯没有攻入制胜的一球，他的球队却通过一系列熟练和富有创造力的合作而控制了场上局面。

"团队精神、合作意识和主动性，"阿历克斯继续说道，"正是我们每个人的团队精神、合作意识和勇敢、富有创造力的积极主动性——我们每一个人的——将会成为我们相互联系的成功的基础。为了进一步阐述这一点，下面我将为大家放映一些我们的客户对我们评价的录像剪辑。"

录像的第一个镜头是一个会议室，该公司的几个客户负责人和创意人员，该公司的一些客户以及一些已经决定不再继续使用该公司服务的营销主管一起围坐在一个大会议桌旁边。

阿历克斯留心观察手下员工对客户坦诚批评的反应，心想原声剪辑很能说明问题：

"社会是不断向前发展的，不过广告业却没有跟上这个发展的大趋势……"

"过去的广告公司非常富有创造力，但现在的大多数广告公司仅仅是散发铺天盖地的广告……"

"市场已经促使你们的大多数客户去挖掘团队合作的真正内涵。由于某些原因，同样的事情却没有发生在广告公司之间。这就是为什么现在大多数客户实际上比他们的广告公司更富有创造力的原因……"

"你们说自己富有创新精神，但实际上你们真的不知道自己在做什么——

你的左手不知道右手在做什么——你们富有理性的'客户负责人'和富有感性的'创意人员'在大多数时间是重合的。这种情况并不仅仅存在于你们公司——大多数广告公司都是这样。不过谁能够解决这个问题，谁就很可能赢得至少像我这样的一个客户……"

"从个体看,你们蒂克诺尤公司的员工有着伟大的想法——不过整体来讲,你们之间没有配合。这就像一群荣获奥斯卡奖的电影明星在一起却连一部B级的电影也拍不出来一样。想一下,你们之间的合作是多么消极——如果这是真的话……"

阿历克斯暂停了一下录像,以让员工们都牢牢记住这些话。

"最后那个营销主管在发言时提到了明星,"阿历克斯提醒他的听众,"我想请你们想一下那些明星,因为我们都是潜在的明星。"他继续说道,"但现在我们却深陷在另一类星体的危险的重力场里面——深陷在财政赤字的黑洞中。

"要摆脱我们生命中的困境,要为我们自己的未来谱写可以角逐奥斯卡奖而不是B级电影的剧本,我们就必须采取集体行动,发扬团队精神和调动积极性。只有团结协作,我们的事业才能够全速发展;只有团结协作,我们才能够把这段不愉快的插曲抛在身后,去勇敢地发展新的客户……"

没有停下来解释,阿历克斯便继续放映他的下一个录像剪辑:一段精选的星际探险（Star Trek）的插曲。阿历克斯已经认定基于星球大战的愿景不会有什么作用。

"这是企业号星际飞船的旅行。它永恒的使命就是:探索新的世界,发现新的生命和新的文明,勇敢地涉足人类尚未开采之处！"

开场镜头是企业号星际飞船正在执行一项任务——联系一个具有心灵感应术的网络种族。不过在先前的插曲里,邪恶的卡汉最终追上了他们并把他们困在一个力场里。那个力场无情地把企业号星际飞船变成漏斗状,并使飞船上的人员靠近黑洞,他们将无法从那里逃脱。

所有的能量都不够用了，只有理性的斯伯克能够拯救他们。作为一个火神人，斯伯克具有抗辐射的能力，这使他能有足够的时间进入推进器舱以重新装载能够发动飞船的二倍锂晶体。最终他做到了，企业号星际飞船得以全速逃脱。

不过斯伯克已经吸收了太高的辐射……

插曲继续进行，斯伯克最终被工程师斯哥特和医生木考伊救活。邪恶的卡汉被战胜，企业号星际飞船最终联络上了网络种族，并达成了互惠的结局。

"是的，"随着录像结束，灯光重新亮起来，阿历克斯说道，"生活也真的能够像那样。等会桑德拉和道格将会告诉你们如何做到。不过，首先我将和大家一起分享我对这个插曲的几点想法。"

"一开始，企业号星际飞船注定要毁在邪恶的卡汉手里。不过卡汉，那个追上船员的邪恶的人是谁呢？那个返回来搜寻他们的人是谁呢？"阿历克斯停顿了一下，继续说道，"难道卡汉不是我们自己的阴暗面吗？难道他不是我们公司的阴暗面吗？难道他不是我们自己心中扮演利己主义角色，通过井底之蛙之短见和漏斗状的力场而给我们带来灾难的那一面吗？

"那么，那些潜在的能够发动企业号星际飞船以超光速飞行，逃脱灾难并探索新世界的二倍锂晶体，又是什么呢？难道那些晶体不是创造精神吗？难道它们不是吗？

"那么，斯伯克的自我牺牲又是什么呢？其他成员冒着生命危险使遭受高辐射的斯伯克得以重生，他们的自我牺牲又是什么呢？"阿历克斯又停顿了一下，不过这次比上次更长一些。"也许你们认为这是纯粹的利他主义行为——为了更崇高的事业奉献自己的全部或一部分。我不这么认为，相比之下，我更倾向于认为这是真正能够称之为男子汉的行为。只有通过这样的行为，斯伯克才能成为斯伯克，你才能成为你，我才能成为我……"

阿历克斯继续阐发团队精神、合作意识和积极主动性这个主题。他强调说，团队精神并不是掩盖自己的个性，而是积极展示自己个性的一种方式——也许是唯一的方式。

"如果有人认为我没有对这种新的工作方式全力以赴的话，"阿历克斯说道，"我想让你们明白我已经接受了一个非常特别的邀请。道格已经善意地邀请我（不太算是一个邀请，阿历克斯心想）集中力量拿下 Surf-Earn.com 网站。尽管我们的努力将会是团队性的，尽管一旦成功我们的公司信誉将会提高，但是，当我们在几天以后遇到那个客户时，我将为我正在推行的新工作方式承担全部责任。"

"在接下来的几个月里，"阿历克斯说道，"我们将艰难前行。这将是一次朝着明星……为了明星……并由明星们进行的一次艰难跋涉……它将不会一帆风顺，但我们是会成功的。我希望你们加入。"阿历克斯停下来，注视着公司员工们的眼睛。

"现在，"阿历克斯总结道，"我要把你们交给道格和桑德拉，他们将向你们介绍即将发起的新的星际探险计划，以使我们奋勇前进……"

令员工们惊奇的是，客户总监和创意部主管一起走到了台上……

感　召

领导者拥有一个他认为将会激励别人的愿景。他已经在很多人身上检验了这个愿景，现在他准备在更大的范围内发起它。他在此需要处理领导能力的第二个方面：感召。

信任和领袖气质

为什么人们会不怕麻烦地去听领导者讲话——更不用说追随他了？为什么他们会尊敬领导者，为他做事，而短期内他通常只能给人们带来"鲜血、辛苦、泪水和汗水"？

答案在于：我们追随领导者是因为我们信任他们。如下文表中所展示的，人们关注的重点是他们能否信任演讲者，而很少注意演讲者的演讲内容。

因此，只有当领导者在他的团队中赢得了信任这一激励他们的基础时，他才会取得显著的成效。他应该致力于营造两种形式的信任——对领导意图的信任和对领导能力的信任。

领导意图

坦率——向人们展示真实的一面——可能是领导者营造对其领导意图的信任的最有效方法。如果领导者是一本"合上"的书，如果人们无法读懂他，那么，无论他的想法有多好，人们也不会心甘情愿地追随他。人们不能由一个很少公开表达思想的人去领导，开放、诚实、坦率和热情表达的人更可能成为领导者。

当领导者真正坦诚待人时，人们往往会对他更加坦诚相待，并且尊敬他确能关心大家的切身利益。

领导能力

在设定的前进道路上展示出有根有据的乐观、现实的自信和英雄般的信念有助于增强人们对其领导能力的信任。为了激励他人，领导者必须至少有一点点真正的领袖气质。领导者过去的成功故事和传奇当然也有用——不过要警惕这种公开的自私自利的 PR（公共关系）宣传。

信任的重要性

在相信某人说的话时，信任至少占一半原因。

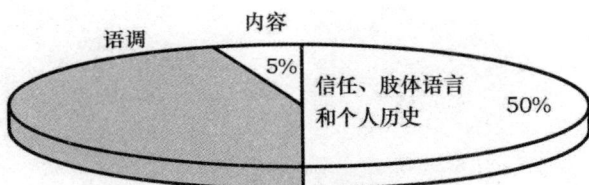

为人们营造或者铺设一个信任你作为领导者的基础。

建立对你领导意图的信任：

★ 坦诚——要敢于说出你所真正相信的事情。

★ 在与个人和组织的互动过程中要大体上宽容——尽量避免说出"不是我不信任他，只是我不知道他来自哪儿"这样挑衅的话。

★ 在作出有争议的决策时，表现出明显的公正——所罗门的智慧？

★ 承认自己的阿喀琉斯之踵或者令人讨厌的性格特点，并尽力改正它们。查阅戴尔·卡耐基《人性的弱点》一书。（摘录见附录18）

★ 表明你在为别人服务（或者在从事一项更加崇高的事业）而不是为自己谋私利。

建立对你领导能力的信任：

★ 流露出适当的自信和乐观。

★ 确保你的成就得到合适的认可。

练习

　　获取别人对你的看法的反馈。从他们的肢体语言判断他们是否信任你所说的话。

第9章 感召：征召与联合

在本章中，阿历克斯志在获取下属的承诺，但遇到了一个难题。

　　虽然在一同走上中心舞台时，道格和桑德拉并没有真正地握手，不过他们至少看上去确实像同一个团队的成员。回想起自己在推动这个双重行为上所付出的努力，阿历克斯只希望道格和桑德拉之间的合作能够持久。

　　在过去的几个星期中，阿历克斯分别在道格和桑德拉身上花了很多时间。他很清楚，自己最紧迫的任务就是让桑德拉手下的创意人员和道格手下的客户负责人员更有效地协同工作。不过这两个主管似乎不愿接受这个想法，不愿意互相合作。阿历克斯知道他必须使他们两个参与自己的计划，因为他们两个都能力出众。他们是"工作能力强，但合作意愿弱"，因此阿历克斯必须说服他们两个参与这一宏大的事业。

　　这绝非易事。阿历克斯已经数次分别与他们两个共进晚餐，进行了数次漫长的谈话，并且仔细地聆听了他们的话。桑德拉似乎对想法、未来、洞察力和新鲜事物更感兴趣。如果你和她讨论实物、现实、事实和效用的话，她就不予理睬。但道格和她恰恰相反，他更喜欢听关于实物、现实、事实和效用的话。一旦你试图和他讨论长远的未来，或者畅谈有用的想法，他就会发火——甚至到了惹怒阿历克斯的程度。

最终，阿历克斯的应对之策是他找到了能够激励道格和桑德拉的共同之处。像任何人一样，他们两个也渴望获得表扬、尊敬和祝贺。不过桑德拉最渴望的赞扬实际上是自我赞扬：她渴望能够站在她所创造的广告后面，感叹她自己惊人的艺术天赋。关键时刻桑德拉也可能会接受别人的尊敬——不过这只可能发生在她感觉他们的艺术技巧至少和她一样出色时。相比之下，道格更容易被数量而非质量所激励。任何惊叹于他庞大的营业额、账目额以及尚未被打破的最长客户服务记录的人都可以激励他。

在对他们俩进行诊断的基础上，阿历克斯努力使桑德拉和道格参与他宏大的事业。他首先帮助他们明白他们对周围人的影响。谨慎地包括他自己在内，阿历克斯建议他们三个都做一个问卷调查，以大体勾画出他们的性格：梅耶斯—布里格斯人格类型测试表。下一步，阿历克斯建议他们三个分享三人性格的结论性描述。这原本就不难做到，因为他们三个都对自己的性格描述很自豪。然后，他们进行了一场更加坦率的谈话，大到三人如何进行互动——小到如何召开会议这样的细节性问题，因为桑德拉厌烦会议日程而道格则倾向于坚持保留会议日程。

不过，在这样做的同时，阿历克斯还做了一件更重要的事：对分享的承诺。至少他们已经有点认识到，他们的分歧在实际上可能是互补的而非不可调和的。

阿历克斯注意到，当道格和桑德拉两人在一唱一和地描述他们的双重行为——解释星际探险计划的实用性时，员工们都在认真地聆听。道格和桑德拉正在贯彻积极合作的主题，展示这个新的工作方式将怎样体现在公司最重要的工作程序中。比如，在招徕客户以开辟新的业务方面，创意人员和客户负责人将会以一个团队来整体合作。这些团队，而非公司的某些传统部门，将会成为公司新的动力库。

阿历克斯环视了一下在座的公司员工，他在寻找弗兰克。作为策划部主管，弗兰克将是在改革中失去最多的人。策划部门曾是介于客户服务部和创意部之间的中介机构，不过这个角色很快就将变得多余了。阿历克斯已经找弗兰克谈过这个事情，试图向他说明他及其手下六名策划人员怎样把他们的技能应用于创意领域或客户领域。阿历克斯知道弗兰克手下的大部分策划人员有能力完成这种转变。

不过很明显，这样一个举措将不会使弗兰克自己感到兴奋，因为这意味着他将不得不成为昔日同僚道格或桑德拉的下属。弗兰克唯一的选择——如果他想继续待在这家公司的话——就是积极配合完成这个转变。阿历克斯已经向弗兰克指出，接受转变是对公司最有利的一条路，同时也是弗兰克本人的最佳选择。对弗兰克来说，这是锻炼他新技能的好机会，这种技能毫无疑问将比策划技能更受到广告业的重视。

然而，阿历克斯很快就得出结论：弗兰克是"低能力，低意愿"的那种人，他既不愿意也没有能力完成这种转变。弗兰克离他被解雇的日子不远了，除非他能够表现出自己支持公司改革的热情。在以后的几个星期中，阿历克斯将仔细观察弗兰克的表现——他并不对弗兰克坐在会议室后面的行为感到惊奇。

半小时后，桑德拉和道格已经把新的星际探险方式如何实际操作的问题简要介绍完了。他们对这个新方式的讲解和支持被员工们认为是真诚的自发的，阿历克斯和员工们一起对此报以热烈的掌声。

不过问题远没有那么简单……

"我不知道，"会后不久，一个媒介购买人员在走廊里对桑德拉手下的某个创意人员小声嘀咕道，"这看起来像一次串通好的行为——你怎么看？"

"我明白你的意思，"这个创意人员答道，"……桑德拉相当任性：一般来说，她不会改变她的原则。也许这件事情的背后藏有一些隐情……"

征召普通员工 联合商业巨头

"请听我说"，领导者目前已经对你提出了这样的请求，当他宣传他的改革愿景时。

不过此时，即当领导者接近真理，真正要实施改革方案时，他必须坚持要求："请支持我。"

不管他是领导一个小团队，还是领导一个必须进行广泛改革的大公司，这个时候领导者必须真正得到组织内部某些关键人物的衷心支持。领导者必须确保其已经征召到了相关人员和代理人。

有时，这一点很容易做到——当起着关键作用的个人既愿意又有能力在改革的实施过程中发挥他们应有的作用时。在这种情况下，领导很倚重这些关键人物，并且会委派给他们更多的任务。（见下页表中1）

不过，在更多的时候，领导者会遇到很大的阻力。在决定如何进行的过程中，有效的领导会首先诊断出问题所在，然后再对症下药。

如果相关人员愿意帮忙，但是他们缺乏这么做的能力的话，领导者会考虑为其提供培训或其他支持。（见下页表中2）

如果相关人员有能力给予领导者重要帮助，但却不愿这么做的话，领导者就遇到了使用下页列出的某种方法来说服他们这一更加困难的任务。（见下页表中3）

如果理应发挥某种关键作用的相关人员既没有意愿又没有能力帮助领导者的话，领导者就会考虑把他们调离这一职位或者干脆解雇——除非他认为值得投入时间对他们进行说服和培训工作。（见下页表中4）

征召人员——诊断和应对之策

如果个体或者群体不服约束，出色的领导者会诊断出症结所在，然后对症下药。

诊断和应对之策

1. 高能力，高意愿 倚重和委任（非常需要时，支持他们解决问题）	3. 高能力，低意愿 说服 （下面将具体论述）
2. 低能力，高意愿 培训或使之能够胜任	4. 低能力，低意愿 撤换 （或者培训和说服，如果时间允许的话）

说服技巧（表中 3）：

★ 评价——推动员工朝正确方向前进——比如，使用诸如"权威人士已经注意到……"之类的措辞。

★ 示范——做好个人表率作用。

★ 引诱——朝着崇高的目标或者互惠互利。

★ 说服——通过合理的推理或者愿景。

★ 谈判——借助技巧、勇气和可交换的"通货"。

★ 命令——如果你有这个权力，如果这个命令是"合理的"。

★ 威胁——（不建议使用）

第 10 章 感召：重申与强化

在本章中，阿历克斯
生动地展示了他的主题。

阿历克斯一直在等待着重拳出击的时刻。在倡导新的工作方式后的几天里，阿历克斯已经预料到他的想法正被误解或忽略。尽管人们叫嚣着公司的效率必须提高，阿历克斯知道员工日常工作的压力很快就会冲淡甚至冲毁他先前提出的愿景。

最终，阿历克斯在公司内部网这个问题上打出了第一记重拳。创意人员和客户负责人共同想出了在进行新的广告宣传的早期使用内部网的方案。阿历克斯曾经认为这是新的合作方式的完美例子，并且为这个想法来自公司低层而感到欣慰。

不过，信息协调员就没有这么高兴了，他们认为这是对其内部事务的一种威胁。他们嘀咕说从在内部网这个问题上可以看出这只是建立一个更大体制——信息协调工作自动化体制的一小步。他们不想看到这种情况发生，阿历克斯也听说了这些传言。

阿历克斯责怪自己没有花足够的时间亲自向信息部主管卢克讲解他的愿景。不过他知道现在他不得不主动介入，这是进一步重申和强化其愿景中的"合作"内容的大好机会。

阿历克斯很想召开一个卢克、桑德拉和道格参加的会议，在这个会上他将让卢克非常难受。不过，阿历克斯没有这么做，他重新考虑了一下——在接下来的几天里，只要一开会，他就会说他认为应用公司内部网是一个很好的想法，认为这正是公司所需的一个非常好的例子。这种说法很快就传播开来。

阿历克斯还注意到了一个意想不到的效果。他明显能够感觉到创意人员和客户负责人在和信息协调员进行艰苦交涉的过程中联合了起来！阿历克斯清楚他承受不起信息部员工疏远的代价。不过，他高兴地看到，最终弥合创意部和客户服务部巨大分歧的大桥已经初现端倪。

不过，阿历克斯想找到更多的方法来强化其星际探险改革计划。与弗兰克的一次会谈提供了这样一次机会。阿历克斯再一次试着考察弗兰克是否会积极地为公司的改革作出贡献——或者说是否是一个主动（或被动）的反对者。在这次会议过去的 15 分钟里，弗兰克一直承诺支持改革——但在内心深处，阿历克斯怀疑弗兰克仅仅是口惠而实不至，是在为他自己争取时间。

"你能不能帮我一个忙？"阿历克斯在他们会谈无法达成一致而将近结束时说道，"你能不能花上半小时时间考虑一下我们能够采取哪些进一步措施重申和强化这个方案？"

"我不太明白你的意思……"弗兰克答道，"你是不是说就像每月时事通讯上的文章那样？"

"是的"，阿历克斯回答道，"肯定有很多我们还没有想到的措施——诸如使用内部网进行协调工作之类的措施。"

"你是指诸如改革培训和招募工作之类的事情吗？"

"是的，"阿历克斯肯定地回答道，"不过尽量使我们要做的事情越多越好。可以包括员工们关注的任何事情——大到接待处的规划，小到通信录的设计。"

"我试一下吧。"

"谢谢，"阿历克斯答道，"这件事情很重要，我会亲自处理。不过，对于员工们关注哪些事情，你的经验更丰富。"

正当弗兰克起身要走的时候，凯莉走进了阿历克斯的办公室。"参加Surf-Earn.com 招标的事你都准备好了吗？"她问道。

"是的，我全准备好了，你能不能给道格和桑德拉打电话，看一下他们准备好了没有？"

"你确信桑德拉会和你一同前往吗？"

阿历克斯不解，带着询问的眼神看着凯莉。

"我的意思是，我认为创意人员一般来说不会参加那些招标活动，"凯莉解释道，"我认为这只是客户负责人的事。"

"我确信桑德拉会和我一同前往。"阿历克斯肯定地说道。

凯莉离开办公室以后，阿历克斯用手抱着头。在他共事过的秘书里面，凯莉是最精明的一个，不过连她也还没有完全领会……

重申与强化

由于日常工作的弱化作用作祟，我们经常忽略或者淡忘别人告诉我们的话。我们甚至忘记了最伟大的领袖所说的话：我们曾经记得马丁·路德·金精彩演讲的全部内容，而现在，我们中的大多数人仅仅还记得他有"一个梦想"。

因此，领导必须不断地重申与强化其愿景中的精华部分。当然，这么做的挑战在于，如何使这些信息每一次都富有新意和激动人心。

每个团队或者组织都面临着各自的特殊挑战，出色的领导者——为了让他的听众分享他的思想而积极努力的领导者——尤其。

致力于通过非正式交流和走廊聊天来获取员工支持，而不仅仅是抓住正式会议和备忘录上的一点地方。

借助所有可能的形式，而不仅仅是特别会议；认真准备回答听众的疑问，并认识到这些以新颖和个性化的方式来表达自己想法的机会的价值。

挖掘使这些想法保持新颖和激动人心的方法。（下页提供了一个事例）

也许更为重要的是，采取能够突显公司将要实行的新习惯、新风格和新价值观的行动。诸如对招募和培训程序做一些选择性的调整之类的事例——见附录 19。

最大的不幸就是这些愿景宣传不够。尤其是在发动改革和初见成效之间的这两个阶段期间，领导者很容易这么想："我会在取得一些真正的成绩之后再谈论它。"不过，除非领导者努力让人们牢记这个愿景，否则他很可能会面临这样的危险——先前的所有努力都付之东流。

重新措辞

使想法保持新颖的事例

当简·卡尔森于 20 世纪 80 年代掌管斯堪的纳维亚航空公司时，他发现必须大力提高乘客服务质量。

虽然"乘客服务"一直是简·卡尔森大力倡导的主题，但这个措辞由于被滥用而很快失去了效果，当卡尔森发明并宣传"关键时刻"这一措辞时，他重新赋予"乘客服务"这一主题以强烈生动的内涵——对那些反对改革的人员来说更是如此。

公司员工逐渐意识到，在每个航班上，某个服务人员为乘客服务的时候就是一个"关键时刻"——这是一个独一无二的、生动的和神圣的时刻，这时员工应该全力为乘客服务，这也是一个为公司增光或者抹黑的时刻。

练习

总结你最重要方案的宣传策略。参照附录 19 选择进一步强化你方案的方法。

第 11 章　动力：鼓励发挥主动性

在本章中，阿历克斯造了一个"蜂巢"。

"我想这次会议只需要一小时，"阿历克斯在召开第五次管理工作周会时说道，"我们首先从一些重要的消息开始，然后快速审核一下财务，最后检查一下星际探险计划的进展情况，大家觉得怎么样？"

主管们都点头表示同意。

"那好，我确实有一些消息要告诉大家，"阿历克斯继续说道，"但我想这不是一个好消息。我今天早上听说一个叫麦哥奎斯特的网络公司已经向我们的潜在客户 Surf-Earn.com 进行了投标。麦哥奎斯特网络公司位于西雅图，据称得到了比尔·盖茨的支持，因此这次投标几乎肯定会成功。而麦哥奎斯特网络公司的全球代理机构是克罗斯 & 卢比肯公司，它们的这种关系已经维持很多年了。我们都明白那意味着什么——我想我们不会赢得上周的投标。"

考虑到他们为那次投标已付出的努力，会议室里弥漫着浓烈的沮丧气氛。阿历克斯试图打破这种突如其来的悲伤："既然这样，道格，我们还有哪些别的线索？"

道格讲述了一下他们正在努力争取的标的，但并没有什么惊奇之处。于是阿历克斯接着请斯蒂夫通报了财务状况。"这应该会让大家高兴点。"他想。

"总的来说，我们实现了与预测相符的收支平衡，"斯蒂夫说道，"除了一个例外项目之外。"斯蒂夫给他们留了一点时间看财务数据，然后接着说道，"这个例外项目使我们获得了 25 万英镑的赢利。这笔钱将会给我们几个星期的额外喘息时间，不过不出四个月，我们仍然会出现赤字。"

"那么这个例外项目是从哪儿来的呢？"道格问道。

斯蒂夫瞄了阿历克斯一眼。"这是我们过去所买断的某个电视广告的回扣，"他说道，"不过我们不能指望再次获得这样的回扣。"

阿历克斯迅速把话题转移到了最后一个会议日程上来。"在以后所有的管理工作会议上，"他说道，"我希望大家总结一下计划实施的动力和进展情况。斯蒂夫会给我们讲述削减开支的进展情况，而我则给大家讲述星际探险计划的实施方案。大家说好了，在进行这些总结之前要做好充分的准备。我们不能啰里啰唆地浪费同事的时间。"

斯蒂夫用了五分钟时间汇报了在最后期限日益临近情况下削减开支的进展状况，然后把发言权交给了阿历克斯。

"大家觉得我们在激发员工的主动性以充实和实施星际探险计划方面做得够不够？在以后的会议上，我们也会检查并确保把任何早期突破吸收到我们的正常工作中来，同时克服出现的任何障碍。"

"还是让我们谈一下主动性的问题，"阿历克斯在转向桑德拉和道格的同时继续说道，"你们想出的那个关于内部网的主意就是一个很好的例证——我们应该鼓励更多那样的事情——见效大、几乎不花成本而且容易落实。不过，你们部门内部还有什么主意吗——我们将如何激发出更大的主动性？"

接下来，每个主管都主动说出了各自部门内的新点子，阿历克斯迅速作出了哪些点子应该落实的决策。"这就是主动性的集中表现，"阿历克斯总结道，"不过我们需要更多那样的思考——公司的每个人都要思考，包括接待人员、绘图人员和初级业务主管。而且我不想集体总结所有这些点子。我希望员工起而做之，最多获取其所在部门主管的同意即可。不过我不希望看到这又演变为官僚行为。"

"那样的话，我们需要明确一些责任。"桑德拉说道。

所有人都凝视着这位创意主管——她是他们最没想到提出这种要求的人。

"以行业专项技能为例，"桑德拉继续说道，"我们银行业的客户和目标客户与制造业或电信业的客户有着不同的需求。有些需求的差异很小，但其他的需求差异则非常之大。

"我们都同意公司必须增强对客户行业的洞察力。但我们在电信方面的专业技术却是分散在整个公司的，举个例子来说，专家们从不互相讨论——熟悉电信知识的业务主管没有与熟悉电信知识的创意主管进行切磋的论坛。"

其他人都点头表示同意，同时也都惊讶于桑德拉竟然有了改变，讨论起客户来了。

"这就好比，我们是酿蜜的蜜蜂，不过我们却没有蜂巢！"桑德拉继续说道。

"你是不是说我们应该有行业团队呢？"道格明确说道，他在寻找一些实际的东西，"由公司各部分挑选的人员组成的团队？"

所有人都知道这个主意能够直接带来好处。"为什么以前我们没有这么做呢？"他们都在想。

不过，弗兰克再也坐不住了。"我认为我们需要谨慎行事，"他说，"公司员工会感到迷惑。我们正在打破公司旧的结构，代之以这些团队。没有人会清楚谁负责什么。"

弗兰克的同事们都沉默地看着他。他们并没有为这个想法所迷惑——他们能够准确认识到这些团队是如何锁定并追击某个具体行业领域的目标的，他们也能够认识到这个方法比现行的方法更好。

阿历克斯决定帮助弗兰克摆脱被同事沉默凝视的窘境。"我们现在就把它写出来，"他说道，"这只用五分钟就够了。我们需要单列一张纸，上面记录下哪个行业团队有哪些人。在这张纸的下面将列出我们所期望的三到四个组合结果。今天下午就把它传到内部网上去……桑德拉——这真是一个好主意。"

桑德拉不情愿地接受了她仍然认为创造性不如她的阿历克斯的赞扬。

动　力

即使在领导者已经凭借一个崇高的、值得称赞的愿景而激励了他的组织时，他仍然会注意到一个明显的现象——什么都没有改变！

用斯坦福大学杰弗利·普佛教授的话说："为何人人要求改变……却没有人进行任何改变呢？"

问题当然不在于组织没有动力——相反，问题很可能出在组织太有动力了……只不过是反方向的动力而已。领导者可能已经赢得了下属的信任，使他们接受了自己的思想，并且许诺尽其所能地支持他——不过此时他还需要赢得他们的实际支持。这是领导能力的第三个方面。

鼓励人们发挥主动性

为了赋予团队或者组织朝正确方向前进的动力，领导者首先应该鼓励人们发挥适当的主动性。

尽管直接使用"胡萝卜和大棒"手段使别人行动是诱人的，但优秀的领导者应该首先检查一下有没有什么职责关系必须重新分配。大公司的领导者可能需要重组汇报关系，或者设立新的机构。相比之下，小公司的领导可能仅仅需要调整一下特定个体的责任和义务。

不管采取哪种方法，领导者都改变了"蜂巢"般的职责关系，而这种职责关系决定了组织的结构。完成了这一步之后，领导者还有另外四种手段可以运用——如下页所示。

"发挥主动性的欲望"既塑造了组织文化，同时也为组织文化所塑造。鉴于它的重要性，一旦出色的领导者已经采取了其他创造动力的措施，他就会频繁地回过头来解决这个问题。

鼓励发挥主动性

1. 改变组织内部"蜂巢"般的群体职责关系（或者团队内部"蜂巢"般的个体职责关系）

确保相关目标、资源和职责关系协同定位，帮助群体理解他们之间如何协调，检查并确保每个群体都被有效领导并有一个明确的任务，需要时解散其他机构，另设新机构。

2. 灌输简单的行为准则

至少要形成召开会议的惯例，以对一系列获得一致同意的举措、职责关系和期限作出决策。如果必要的话，在你所参加的会议上率先作一个表率。

3. 相互渗透

组建功能相互交叉的团队，这些团队由受人尊敬的相对独立的个体组成。这些团队往往会形成由他们自己主动性导向的文化——因而能够成为打击作风懒散部门的桥头堡。

4. 奖励冒险

例如，表明冒险是合理的。一家大公司的经理进行了一次经过深入分析但最终却带来了灾难性后果的冒险后，反而得到提升。对公司来说，这次提升是有风险的，不过这种举措所传达出的信息却具有双倍功效。

5. 使用胡萝卜和大棒

奖励通过发挥企业家般的主动性而取得的巨大进展。警告（或惩罚）这种主动性的缺失。考虑使用私人祝贺、公开赞扬、提升、加薪等手段。

练习

在你所领导的团队或者组织里，鉴别哪些个体（或群体）行动积极，哪些个体（或群体）作风懒散，然后采取适当措施。

第 12 章　动力：激励进展

在本章中，阿历克斯
依靠了先前的几次成功。

"凯莉，你能告诉我这个该死的装置怎么用吗？"阿历克斯问道，"我想给公司全体员工发布一个声讯信息。"

凯莉按了一些键，帮阿历克斯调好后，阿历克斯就开始宣读他兴奋地匆忙写就的关键要点。

"我是阿历克斯，有一个消息要告诉大家。大家知道，三个星期之前，我们对 Surf-Earn.com 进行了投标。这是一家重要的目标客户，而且投标后不久我们就听说 Surf-Earn.com 即将被另一家公司所吞并，而那个公司只使用克罗斯 & 卢比肯公司作为它的广告代理公司，因此我们当时感到很失望。不过，我刚刚和 Surf-Earn.com 的执行总裁进行了会谈，我想把这个消息尽快地传达给大家——我很高兴地告诉大家我们已经拿下了这项业务。

"这次胜利是在面临诸多激烈竞争的情况下取得的——不仅有来自克罗斯 & 卢比肯公司的竞争，还有来自其他很多非常想为这个高姿态公司服务的代理商们的竞争。我们的胜利充分证明我们的团队合作——尤其是桑德拉和道格协同努力的新工作方式是非常有效的。这个客户特别提到我们新颖的工作方式是他们选择我们的原因。我想让大家都尽快知道这个消息。祝贺大家！"

阿历克斯按了一下＃键，这个消息同时发到了 70 位公司员工那里。

几小时后，主管们召开了他们例行的星际探险计划进展情况总结周会。"今天我想让大家集中讨论'激励进展'这个话题。"阿历克斯开始说道。

"我不想显得很无知，"特里打断了阿历克斯的话，"不过你反复使用的'Galvanise'这个词的确切意思是什么？"

"Galvanise，"桑德拉应答道，"就是激发、刺激或者使人兴奋的意思——就像电击一样。"桑德拉操起她作为广告词撰写人的老本行来了。

"是的，就是这个意思，"阿历克斯肯定地说道，"我们领导层的职责就是使整个公司被激发起来、刺激起来和兴奋起来。如果可能的话，我倾向于不使用电击这种说法，不过我们的职责确实就是定步子的人——而未必要做和事佬！"阿历克斯的这一双关语①，在这些措辞标准很高的人里面甚至也没有引起笑声。"因此，为了加快进展，"阿历克斯继续说道，"我想让大家做三件事情：第一，巩固我们迄今所取得的成绩；第二，创造更多的'先期成功'；第三，找到我们需要进一步推出的任何方案。"

"迄今为止，我们所取得的最大成就是拿下了 Surf-Earn.com，"道格说道，"我猜你说的'巩固已取得的进展'是指把这个成功模式应用到我们的日常工作实践中去？……那么，首先，我们应该确保我们对所投标的项目始终作出了高质量的调查。"

"不过我们确实做到了！"弗兰克坚持为自己的策划团队辩解。

"如果我们眼界狭小、防御守成的话，我们将一事无成，"阿历克斯打断道，"我们要改进公司的方方面面——包括我作为执行总裁的工作。道格，你

---

① Pacemaker 意为定速度者，Peacemaker"和事佬"。双关语正是指这两个音形相近的词。

继续解释你刚才所说的话。"

道格讲了一些想法，其他的主管也都讲了自己的看法。有些想法听起来很一般，不过却很合理——比如，为团队草拟标准核对单，供他们对目标标的进行调查时使用。其他的想法听起来更吸引人，不过对于它们是否切实可行还需要进一步仔细调查——比如，设立一个随时待命的快速反应团队以时刻准备向潜在客户进行投标。

但在 20 分钟内，他们已经提出了几个新想法，并决定规定其为"标准行为"。这些主意都是从对 Surf-Earn.com 的示范性投标中产生的。

"那么，"阿历克斯命令道，"下面进行第二项议程：我们还能够创造哪些'先期成功'？在现有客户服务质量方面，我们还有什么可以提高的地方？或者说在其他方面有没有可以改进的地方？我们在寻找易于操作的想法，寻找显示星际探险计划确实奏效，从而鼓励全体员工的想法。"

"那肯定是关于增加收入，减少开支的事情，"斯蒂夫坚持道，"不要忘了我们的资金流动情况。"

阿历克斯再次提出了出售那些艺术收藏品的话题，但遭到了一致的反对。已经没有什么其他开支可以削减了——阿历克斯最初的"家务管理"方案已经包含了所有方面。不过阿历克斯决定他们应该提出一些想法，他提了一些小建议，获得了大家的同意。

最后，他们开始讨论确定额外的中期方案。这些方案与星际探险计划相关，不过却把这些主题延伸到公司内部更广的范围上。阿历克斯希望这样会使公司的注意力集中到这个任务上来。

新成立的行业团队似乎有了一个富有成效的起点。他们讨论着扩展这个计划，决定制订一个战略方案以更准确地确定集中于哪个行业部门。这个举措肯定会提高行业洞察力，增强合作。而且他们特别热心于成立一个专攻网络公司的小组。

虽然讨论了这个战略方案，不过他们决定过些时候再实施它。他们觉得公司已经进行的改革需要很长一段时间才能消化。即使他们现在的计划进展也不会一帆风顺……

激励进展

领导者和他的合作者已经推出了一个激动人心的愿景，并且采取了初步措施以激发动力。不过动力仍然不足，哪个地方出问题了呢？领导者又如何应对呢？

在这个时候，组织发展的动力直接与领导者和他直接领导的团队的"动力"成正比。这时，能干的领导者不会只是静坐反思，相反，他会把大部分时间用于和其他人进行面对面的交流。为了激励别人加倍努力，在初期进展的基础上继续前进，他们——

致力于追求"先期成功"和快速的成功。

比如，他们可以宣布成功地确立了（即使还没有完成）一个示范方案，这个方案将会奠定后来在全公司范围内进行宣传的基础。要能宣布取得这样的成功，显然需要领导者——或者最高管理层——业已对方案进展状况做好总结（仅仅宣布总结日期也经常会刺激相关经理们的神经，从而促使他们采取行动）。

巩固进展，并使它像棘轮（注：一种能实现密切咬合的齿轮状机械装置）**一样融入新的方法中去。**

领导者应该发展组织的新信息体制、程序或者结构（可能仅仅是暂时的体制、程序或者结构），以迅速引导团队或者组织养成它正开始形成的良好习惯。

推出能够强化主要任务的方案。

比如，为了提高销售队伍的效率，领导者可能会推出额外方案，集中处理销售人员的报酬问题，或者培训新销售人员以提高他们的生产力和持续力。通过推行几个合适的相关方案，领导者不仅为他的整体计划赢得了更多的"起步时间"，而且吸引了经理们很大部分的注意力。

发现毛病或者老毛病，并改正这些毛病。

在集体会议上或者一对一的谈话中，应用适当的手段或者对抗来处理没有进展的问题。为了传达重要的信息，领导者的措辞应该谨慎。比如，对于那些虽然努力工作，但却朝着建议的方向缓慢前进的团队，领导者可以使用"我们只对结果而不是过程感兴趣"之类的措辞。

一个典型的演进表

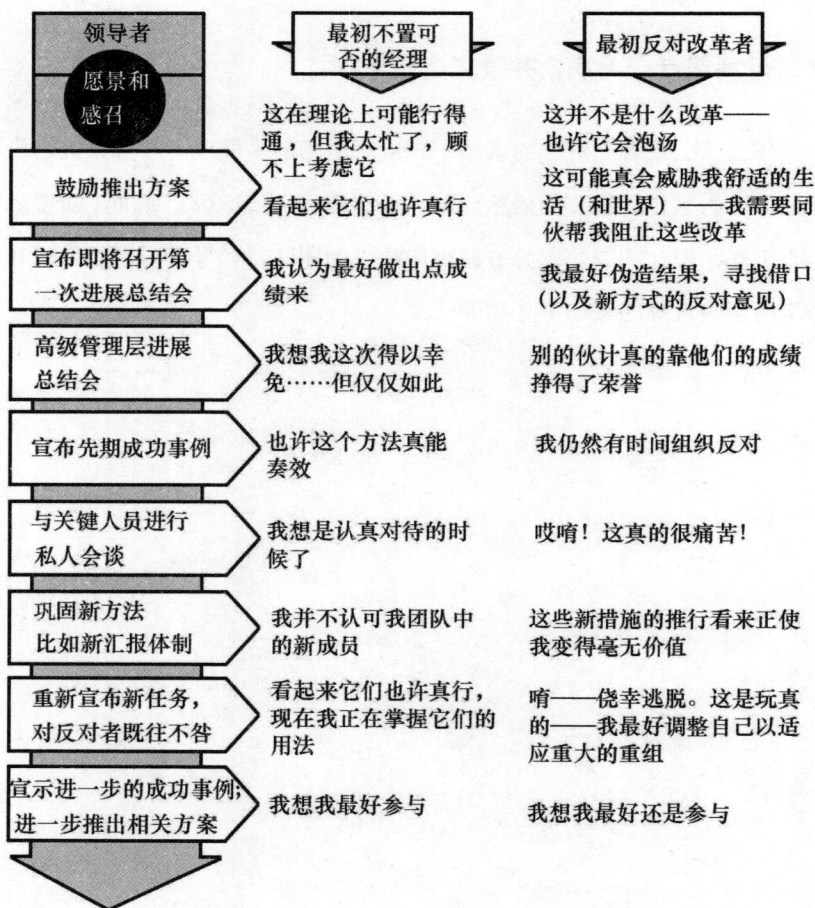

领导者 愿景和感召	最初不置可否的经理	最初反对改革者
	这在理论上可能行得通，但我太忙了，顾不上考虑它	这并不是什么改革——也许它会泡汤
鼓励推出方案	看起来它们也许真行	这可能真会威胁我舒适的生活（和世界）——我需要同伙帮我阻止这些改革
宣布即将召开第一次进展总结会	我认为最好做出点成绩来	我最好伪造结果，寻找借口（以及新方式的反对意见）
高级管理层进展总结会	我想我这次得以幸免……但仅仅如此	别的伙计真的靠他们的成绩挣得了荣誉
宣布先期成功事例	也许这个方法真能奏效	我仍然有时间组织反对
与关键人员进行私人会谈	我想是认真对待的时候了	哎唷！这真的很痛苦！
巩固新方法 比如新汇报体制	我并不认可我团队中的新成员	这些新措施的推行看来正使我变得毫无价值
重新宣布新任务，对反对者既往不咎	看起来它们也许真行，现在我正在掌握它们的用法	唔——侥幸逃脱。这是玩真的——我最好调整自己以适应重大的重组
宣示进一步的成功事例；进一步推出相关方案	我想我最好参与	我想我最好还是参与

练习

对于你正在领导的任务，勾勒出你用来激励进展的方案。

第 13 章　动力：清除障碍

在本章中，阿历克斯
清除了一些路障。

在接下来的六个星期里，成立一个专门对付网络业的小组的主意逐渐得到了公司上下的一致同意。

根据主管们的建议，阿历克斯组建了一个相关的团队。道格主动推荐莱恩——他手下的一个项目主管——领导这个团队。桑德拉也表示同意，这个团队似乎已经准备好开始运转。

不过，十天之后，当阿历克斯用咖啡机磨咖啡的时候，他无意中听到了一段让他分神的对话。另一个业务主管在拐角处问道："莱恩，我听说你在负责管理这个网络团队——这个团队运转得怎么样啊？"

"我还没时间去考虑这个团队——我正忙着一项对 IBM 的投标工作。"

"哇——IBM，"莱恩的同事应声道，"我过去还不知道我们会为他们服务呢！"

"道格告诉我这是当务之急，"莱恩答道，"我必须放下其他任何事情——我在这项工作上一天要用上 15 小时。"

"我猜你由于这个工作肯定会获得很多奖赏。"

"完全正确，"莱恩肯定地说道，"如果我们今年真的分红的话，我会获得很多的加时奖，甚至准备那个投标的时间也算加时，更不用说我们一旦中标了。"阿历克斯听莱恩继续愉快地说着，不过却没有听到莱恩再次提及网络团队的事情！

几分钟后，阿历克斯走进道格的办公室，关上了门。

"我们遇到了一个问题，"阿历克斯开始说道，"是关于莱恩和网络团队的问题。我听说他正在把大部分时间用在对IBM的投标上，有这事吗？" "没有这回事啊，"道格答道，"我让他把一半时间用在对IBM的投标上面，另一半时间用在领导网络团队上面。"

"我敢打赌实际工作中不是这么回事，而且，道格，当下次我们总结这个项目进展时，我可不想把时间浪费在没有成果的会议上。你至少应该检查一下，看看他是否已经使那个团队运转起来了。"

那天晚些时候，道格来到了阿历克斯的办公室。他充满歉意地承认迄今为止莱恩确实没有做出什么成绩来。当阿历克斯让他说一下细节的时候，他承认莱恩甚至还没有召集团队开过一次会。

但道格却为莱恩辩护起来，他指出业务主管的激励机制只奖励直接花在客户业务上的时间。

"那么告诉莱恩这个项目将可以拿到全额奖励，"阿历克斯说道，"将来我们还会有更多这样的项目，因此我们最好修改这个激励机制。同时告诉他我个人已经批准了这个奖励。"

"好的。"道格说道，他为自己能够如此轻易地逃脱而感到欣慰。

"不过仅仅这样还不够，你认为呢？"阿历克斯问道。

"什么意思？"道格一脸无辜地答道。

"是这样，即使修改了激励机制，莱恩仍然会认为争取赢得一个潜在客户的工作更重要。"

"我也这么认为……"

阿历克斯考虑着如何让莱恩从道格那里获得更多的自由时间。"道格不仅能够而且愿意给莱恩更多的自由时间，"阿历克斯想道，"道格属于高能力、高意愿的那类人——因此他不需要我去说服。正确的方法是'倚重和委任——但在必要时通过解决问题给予支持'。"

"我们都认为莱恩是从事这项工作的最佳人选，"阿历克斯开始说道，"不过如果你不能说服他匀出时间的话，那么我们将不得不重新物色该团队的领导。这将是很糟糕的消息——我不想让公司看着我们在第一个跨部门组成的团队上原地踏步。这不会提高我们高级管理层的声望，是不是？"

道格想了一会儿。一方面，阿历克斯是对的，但另一方面，道格又确实需要莱恩帮他准备对 IBM 的投标工作。道格似乎陷入了困境。

"你刚刚聘用的那个新人怎么样？"阿历克斯问道。

"你是说拉契尔？"

"是的，"阿历克斯说道，"她在微软干过——她肯定深谙因特网的知识。为什么不让她代替莱恩呢？"

"可是拉契尔在广告业方面的背景知识还不够丰富……"

"我曾经面试过她，"阿历克斯反驳道，"我认为她相当博学。为什么不让莱恩把三分之一的时间用于网络项目工作，并让拉契尔做他的副手呢？"

道格不情愿地同意了——尽管他已经打算让拉契尔做另一个业务。"我期待着下个星期对这个项目的总结……"阿历克斯淘气地笑着说道，"它最好进展良好！"

不过，当道格离开他的办公室时，他并没有笑。对于清除前进途中的路障而言，改革分红和奖励机制很容易。这仅仅需要把方向不对的程序重归正轨就行了。

相对而言解雇员工就头疼得多了。然而，阿历克斯觉得他别无选择。在阿历克斯加盟该公司的三个月里，他一直在认真观察弗兰克的表现。现在已经很清楚，弗兰克已经成为阿历克斯必须直接面对的障碍。弗兰克为他手下的六名策划人员树立了一个坏榜样，他对改革的消极抵制搅得员工们很不安，同时也拖住了自己。阿历克斯拿起电话，和蒂克诺尤公司的雇佣律师通了电话。

清除障碍

在创造动力的过程中，几种典型的妨害组织发展的障碍为：（1）错置的程序；（2）某些经理和员工无助的举措。能干的领导者会留意出现的障碍，并亲自（或间接）采取行动迅速清除它们。

错置的程序是指适合旧方法却不适应新方法的体制、过程和工作方式。理论上讲，程序错误是能够预料和事先预防的（如下页所示）。

无助的举措包括逃避、消极抵制以及有时直接的政治迫害。这些障碍更难完全预见，因而更难事先预防。

在处理这些问题的过程中，关键是找出抵制者逃避改革的原因，判断领导者和抵制者各自所拥有的力量和信息。只有这样，领导者才能运用适当的策略击败反对者。

尽管抵制源于敌意和不怀好意，但它也可能源于其他方面——这些方面相对容易解决。这些方面包括：（1）不同意（或不理解）任何要求改革的外部市场因素；（2）看不到在声誉、工作量等方面的改革给个体带来的收益与成本。

重温第9章"征召与联合"和附录20，学习处理这些问题的技巧。

可预见的错误程序

近期／短期：

每周或者每月对主管、经理和员工们所作的执行报告没有围绕（乃至揭示）新近通过的"绩效关键因素"。

至关重要的、新型的信息和物质的流通路径没有完全吻合。

新型的暂用实施速度监管系统不够先进或使用不当。

中／长期：

对个体或者部门的业绩评估系统仍然专注于使用过时的标准。

新的决策平台（尤其是功能交叉的平台）没有建立，由不适当的人员组成，没能接受或者完成所要求的工作，或者在成立初期就产生了功能紊乱的毛病。

聘用和提升决策传达出与新价值标准或方法相冲突的信息。

很明显，预见到这些问题并事先预防它们出现有很多好处。最重要的程序问题应该早在充实愿景时就得到解决。

例如，要调整销售队伍，领导者或者他的管理团队可以先生动地想象出"理想的销售人员"或"理想的销售经理"的新形象——并且确保让相关的落实团队牢记这个形象。这将成为保持 HR（人力资源）程序与公司其他改革相一致的标准。

第 14 章　催促与庆贺

在本章中，阿历克斯
对公司员工的紧迫感进行
了总结。

阿历克斯在这家公司的任职时间刚刚超过三个月，他认为已经到了总结他本人工作成绩的时候了。

公司的现金流动情况达到了预想的最好水平。在斯蒂夫的帮助下，阿历克斯最初的开支削减措施已经开始使公司财务逼近收支平衡的底线。

不过即使按当前的情况，两个月后公司仍然会入不敷出。削减开支已无太大回旋余地，唯一的希望在于赢得更多的业务。

这就是星际探险计划必须显出实效的地方。几个月以前成立的行业团队看起来前途远大。阿历克斯尤其对那个网络团队寄予厚望，在网络界，公司由于成功投标 Surf-Earn.com 而名声大振。

但是阿历克斯仍然想知道他是否应该做更多的事情。阿历克斯从他的公文包里抽出了一张纸——上面写有他几个月前与迈克尔交谈时记下的一些摘要，开始总结起自己迄今为止的工作成绩。

当阿历克斯集中思考自己领导能力的两个具体方面时，他向后浏览着桌上的日历，看自己是否已经充分地激发了公司员工的紧迫感，是否对迄今为止所取得的成功——无论多么微小——予以了足够的宣传。

阿历克斯在"激发紧迫感"，更广泛地说在"催人奋进"方面给自己打了高分。他觉得自己已经采取了很多措施，不仅给了员工一个不得不迅速使公司业绩好转的印象，而且催促、引诱、鼓励和支持着他们的努力。

阿历克斯采取的第一步措施是，在走马上任公司首席执行官伊始，就立即向各级主管们展示了他扭转公司经营状况的计划。

早在上任后的第二周，阿历克斯就让公司业务主管和创意人员与客户进行了面对面的交流，这些客户以前就曾坦率地列出无可辩驳的事实证明该公司为什么必须改革。

上任后的第三周，阿历克斯就投入了所有必需的时间来推出他为公司所设计的更宏大的愿景。另外，他还确保公司全体人员都观看了关于客户对他们评价的录像带。

阿历克斯身先士卒，在赢得对 Surf-Earn.com 投标的过程中付出了不懈努力。

在网络项目方面，阿历克斯小心谨慎，不让这个明显的"额外"方案泡汤——尽管他必须诱使道格为莱恩匀出更多的自由时间。

阿历克斯解雇弗兰克的举措得到了公司员工的普遍支持，同时，这一举措也给他们留下了一个必须抓紧时间落实星际探险计划的印象。

不过，阿历克斯深信他在褒奖力度方面做得还不够。

阿历克斯当然知道他在走钢丝。褒奖太少有使公司员工士气低落的危险——工作越来越多而欢乐却越来越少。但是他觉得褒奖太多又有造成一种安全感的错觉从而减少工作动力的危险。

不过，此时阿历克斯在想他以前在庆贺成功方面是不是也太吝啬了。在获知他们赢得了对 Surf-Earn.com 的投标这个消息后，他们确实狂欢了一场，但是阿历克斯并没有举行进一步的欢庆活动。他决定改变这种不平衡现象，尽管只有赢得一个大客户才值得彻底狂欢。

同时，阿历克斯还打算挖掘小一些的成功事例来加以庆贺。桑德拉和道格进行有效合作已经肯定获得了某种形式的认可。卢克最终采取合作态度，扩展公司内部网并使其具有更多信息协调功能是又一个例子。在专心思考几分钟之后，阿历克斯又想出了六件值得祝贺的事情。

阿历克斯的思绪又重新回到了"紧迫感"这个问题上，他唯一的遗憾是他没有大刀阔斧地处理掉那些艺术收藏品。为了传达一个有力的信号，他原本应该那么做。但是，由于对这种处理方法的一致反对，阿历克斯认为他过去的措施是对的。

支撑 VIM

领导者所做的工作，有些集中在创建愿景上，有些集中在感召上，有些集中在动力上。其他的工作则是为了同时实现上述三个目的。这些工作措施包括：1）在进行适当庆贺的同时制造并保持一种紧迫感；2）身先士卒，展示愿景中暗含或明示的价值观；3）自始至终集中组织的注意力。

催促与庆贺

领导者的方案始终存在着实施不力的危险——如果相关人员没有考虑给予足够投入的话。当这个新方案需要加班加点，或者需要对关键的经费作重新调配时，甚至承诺改革的员工也经常奉行"肯定做……但是晚些时候再做"的信条。

认识到这一点，能干的领导者就会创造一种对新方案的紧迫感，并寻找新方法以保持这种紧迫感。这需要：

领导层进行坦率的初期讨论，经过激烈的争论，最终作出明确的决策。这一步应该得出行动的先后次序、最后期限和职责关系。虽然这听起来简单易懂，但是很多领导层确实会犯预料之中的错误：未能收集到相关事实；不相信包含逸事逸闻的重要证据；或者不愿相信他们的直觉和设想（等有了更多事实后再说吧）。

领导者随后的个人行动。如下页所示，能干的领导者借助于组织内非正式"小道消息"——拒绝完全依赖"大众传播"的正式程序，推动方案的实施。

自始至终，有效的领导者还鼓励进行庆贺。

保持紧迫感

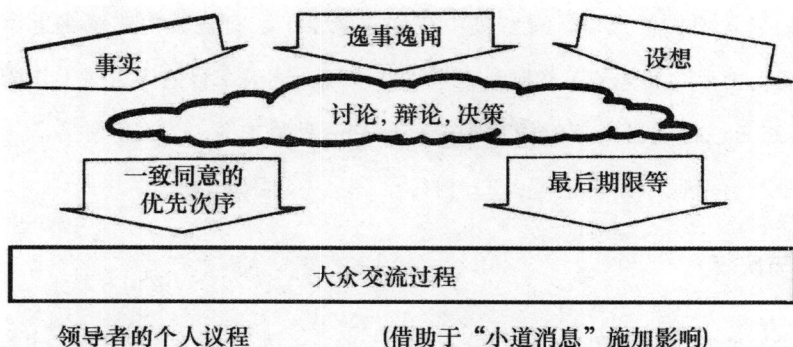

与一线工人、项目团队成员（常以级别高低为顺序）以及高级经理和资源协调员们进行私人交谈。

"这肯定很重要——他特地来看望我。"

发出明确的信号，从"出售公司喷气式飞机"到"为了集中讨论而改变董事会椅子摆放"。

"他肯定说到做到，因为……"

召开预先安排好的总结会及其与关键人员的临时会议采取后续措施，"那次总结会上他的行为方式表明这肯定仍是当务之急"。

练习

回顾（或确立）对你所领导的方案保持紧迫感的日程。

第15章　践行价值标准

在本章中，阿历克斯
成为"走廊闲谈"的主题。

"我还是摸不准阿历克斯这家伙。"桑德拉在第一次和道格共进午餐时说道。

"你什么意思？"道格问道。

"他一点个性都没有。"桑德拉答道。

"你是指他没有飘逸的头发、银色的光圈和金色的光环吗？"

"我只是觉得他太实际了，"桑德拉答道，"一点都不神秘、可爱。"

"我明白你的意思，"道格说道，"但他确实很有魅力。而且，他聪明、敢作敢为、待人公正。"

"我不这么认为，"桑德拉反驳道，"他总是打造新文化——创造力和合作。但是他自己真的很有创造力吗？"

"他确实是团队里的一员——一个合作者。而且，就算你认为他没有创造力，他还是想出了一些好点子——比如让那些客户与你手下的创意人员和我手下的业务主管们进行直接交流。"

"你把那称为有创意的点子？"桑德拉逼问道。

道格正准备戏谑桑德拉收藏的艺术品很有创意，以此来还击她的逼问。但他重新想了一下，决定不这么做——他开始喜欢和桑德拉交谈了，而且已经在考虑是否应该找个时间约她出来共进晚餐了。

莱恩和他的下属拉契尔正在公司小卖部共进三明治午餐。

"那么，你如何评价我们伟大的领导者？"拉契尔问道。

"他真是个讨厌的家伙。"莱恩回想着他未能参加的五次爱德兰宴会嘀咕道。他醒着的每一刻都花在准备对 IBM 进行投标和负责网络项目这两件事上了。

"我认为我们公司正需要这样的人，"拉契尔断言道，她从来不以迎合她的顶头上司站稳脚跟。

"你怎么能这么想呢？"莱恩逼问道。

"当我参加面试应聘这个工作时，他真的让我很难受，"拉契尔答道，"这是我曾经经历的最全面的面试。"

"那么你印象最深的是什么呢？"

"他们在我简历的基本情况上面只花了五分钟，"拉契尔回答道，"不过他用大部分时间来考察我的创造力和团队合作意识——不仅仅是泛泛而谈——他还要我举出具体事例。他甚至向我提出了'下水道洞口为什么是圆的'这样的问题。嗯，当他滔滔不绝地讲关于创造力和团队合作的新愿景时，我确信他真的会说到做到。而且据我进入公司以来的观察，我认为他是对的。"

莱恩喝了一大口可乐，扫了拉契尔一眼，心里想面试这名新员工时自己又给他留下了什么印象呢。

卢克和特里正在给公司内部网的一些新网页做最后的润色。

"你认为我们能够按时把它做好并投入使用吗？"特里问道，"我媒介部的伙计们恰好都在忙别的事情——我们不能指望他们投入太多的时间，如果我们必须更新这些网页的话。"

"我们必须赶在最后期限之前把它做完。"卢克答道。

"为什么？"特里问道，"你害怕晚了阿历克斯惩罚你吗？"他喜欢拿一本正经的卢克开玩笑。

"我们的新 CEO 总是致力于抓紧时间，"卢克一边敲击键盘，一边回答道，"所以我认为我们不能晚。"

公司夏季宴会即将举行，凯莉正在与组委会的另外一名成员——桑德拉的秘书讨论相关的安排工作。

"我想今年的晚会没打算花很多钱。"创意部主管的秘书说道。

"是的，"凯莉说，"我们最多有 1000 英镑的预算，那意味着一个人还不到 20 英镑。"

"阿历克斯对这件事有什么好主意吗？"

"我想他在期待我们想出好主意。"凯莉指出。

"对此，我一点都不觉得奇怪。"

"你为什么这么说？"凯莉惊奇地问道。

"你知道桑德拉说过的话吗？她认为对公司来讲，阿历克斯没有足够的创造力。"桑德拉的秘书透露道。

"我认为他播放那个星际探险的录像带就是一个好主意，"凯莉说道，"他给我们播放客户对公司评价的录像带不也是一个好主意吗？"

"桑德拉估计那不是阿历克斯的主意。她说那些主意是阿历克斯请某个通信专家构思的。"

凯莉惊讶地看着她："好吧，你可以告诉桑德拉，那些主意确实是阿历克斯构思的。我看到了他为了挖掘令人兴奋和高兴的事情而做的所有笔记。如果桑德拉确实认为阿历克斯从某个专家那里听取了意见的话，那么，她就等于承认阿历克斯的主意终究是富有创意的。"

践行价值标准

做一个良好的表率是出色的领导者巩固其创造愿景、感召和动力这一程序的第二个方法。

通过自己的直接观察及在组织内部迅速传播的小道消息的影响下，人们逐渐形成了他们自己对领导者的印象。尤其在团队（或组织）发生重大变革的时候，人们会对领导者作出评价 —— 而且会很快地对其作出评价。

追随者们考察领导者的总体领导特点，包括勇气、处变不惊以及其他在附录 15 中所提到的特征。

不过，人们总是会目不转睛地密切注意他人的行为方式并关注其前后不一致的地方。因此一个组织也会判断领导者是否遵守了他自己在组织内部所倡导的特定价值观和主题。

领导者身边的团队和人员将会注意领导者如何行事；他们会告诉公司里的其他人；同时将会出现一个关于他们领导者的描述。从一开始，关于领导者的传奇就在朝或好或坏的方向孕育和发展。

不过，人们不仅仅评价他们的领导者——最终还会有很多人模仿他。领导者"践行价值标准"的方式会对公司文化产生巨大的影响。

下一页提供了能干的领导者是如何通过组织考验——以及准领导者为什么没能通过考验的例子。

践行价值标准的例子

考验领导者为组织指定的潜在新"主题"	通过考验的领导者表现	未能通过考验的领导者表现
重视顾客	亲自与顾客交流以评价服务平。	委派营销部门做顾客调查并完全依赖他们的调查报告。
开放坦率	聆听并根据下属人员的个人反馈实施行动	发起反馈活动,自己却不参加。
创造力	用新颖和富有魅力的方式进行陈述。	否决标新立异的新奇主意——比如关于公司内部网的主意。
多样化	从相关的少数群体中遴选合作人员担任高级职务。	容忍其他人对公司少数群体的不当行为。
彻底的团队作业	超额完成需要自己卷起袖子亲自干的工作。	由于未预见到的重大危机而未能完成工作。
私人接触	"太奇怪了!——他好像认识公司所有人!"凭借他认识公司所有人的非凡能力使其他人感到惊奇。	"他到哪儿去了?我这儿全是他的电子邮件!"仅仅发送电子邮件而让大多数人都见不到他。
合作	"我听说他真的在和他过去讨厌的那人亲密合作——我想知道发生了什么事?"与其他人——甚至从前的"对手"一起工作。	"我不能相信他居然那样嘲讽那个主管。"对别人进行幽默却饱含挖苦的评价。

练习

检查一下你是否在明确践行自己所主张的价值标准。向你的助手——或别的某个人——询问一下小道消息是怎么说你的。

第16章　集中注意力

在本章中，阿历克斯检查了他的广播设备。

阿历克斯点击鼠标，进入了公司内部网，他浏览着主页。这是公司所有人一进入这个系统就会看见的第一页，因此阿历克斯一直在小心地控制着那上面的东西。

虽然网络团队已经成为他最新使用的工具，在蒂克诺尤工作的16个星期里，阿历克斯还使用了其他各种方法以集中相关听众对其改革方案的注意力。

一开始，阿历克斯通过面对面地听取客户评价和阐释自己对公司的愿景抓住了他身边的领导团队。

阿历克斯的下一个目标听众是那些将受到星际探险计划很大影响的人。他采取了几个引人注目的措施以集中他们的思想，在这几个措施中，解雇弗兰克——策划部主管——是最有效的。

但是在过去的几个星期里，阿历克斯试图集中公司全体人员的注意力，让所有人牢记星际探险计划的重要性。这也是阿历克斯对内部网主页的内容如此重视的原因——它现在已经成为公司最重要的业绩指标的倍增器。鉴于削减开支的措施实施良好，阿历克斯工作的当务之急就成了尽快增加收入，因此现在这个主页上全部是公司最近作出的业绩。公司盈余（和亏损）的数量和大小是衡量业绩好坏的最重要指标。这些阿历克斯经常说的绩效关键指标（KPIS）现在就在这个系统上，所有人都能看到。

但是团队协作和互相合作也是至关紧要的，所以主页上也有相关的每日引言。今天的引言是：团队合作至关重要——它为你带来你可以责备的人！这种幽默阿历克斯是能接受的。

阿历克斯浏览着主页，结果看上去确实令人隐约感到振奋。"对了，"他想道，"既然一切都如期进行。现在我们只需要抓住一个真正的大客户——并且还要寄希望于没有主管跳槽转而成为对手……"

在对内部网表示满意的同时，阿历克斯突然想到那个旨在挖掘网络客户的团队。最近他很少听到这个团队的消息。他做了一个笔记，准备与莱恩和道格讨论这个项目，因为这个团队是保持组织对合作的注意力并赢得新客户的又一个具有很大潜力的途径。

这时凯莉走进了办公室，阿历克斯抬头看了一下。

"我不知道该不该说，"凯莉说道，"但是我刚才和道格的秘书聊了一会儿。她去他的办公室拿材料的时候看到了一些东西。"

阿历克斯扬了一下眉毛，感到很惊讶。

"道格不在他的办公室，"凯莉继续说道，"但是他的日程在那里。有……有……一个临时敲定的会议——是与麦哥奎斯特网络公司的会议。我真不知道该不该告诉你——也许你已经知道了？"

"麦哥奎斯特网络公司？"阿历克斯应声道，"不知道——他还没有告诉我任何与他们会见的事情。但是你为什么告诉我这个呢？"

"好吧……呃……好吧，"凯莉重新开始说道，"我在克罗斯＆卢比肯公司有熟人。"

"麦哥奎斯特网络公司现在的广告代理商？"

"是的，"凯莉继续说道，"我们在大学时一起学的新闻学。总之，她说他们的老板正准备在一两天之内约见道格。"

"我明白了，"阿历克斯回应道，"谢谢你，凯莉。你做得很对。"

阿历克斯脑子飞快转起来。道格正在准备两个秘密会晤？一个是与麦哥奎斯特网络公司，它拥有我们的新客户 Surf-Earn.com。另一个是与克罗斯＆卢比肯公司，它是麦哥奎斯特网络公司的广告代理商！阿历克斯停了一下。

这其中的暗含之意让阿历克斯瞠目结舌："道格肯定在准备抛弃我们，加盟克罗斯＆卢比肯公司。而且他很可能准备把我们与 Surf-Earn.com 的业务也带走！"

阿历克斯起身去找道格。尽管道格的秘书说他在这幢楼的某个地方，阿历克斯却没有在办公室找到他。最终阿历克斯通过广播找到了他。

"我们需要谈谈。"当道格赶到时似乎很激动，阿历克斯开始说道。

"是的，我们确实需要谈谈。"道格表示同意。

阿历克斯犹豫起来，想他是否应该主动出击。

"是关于麦哥奎斯特网络公司的事，"道格突然兴奋地说道，"我正要过来告诉你，但是来的路上我在桑德拉的办公室逗留了一会儿。"

"继续说下去。"阿历克斯机警地说道。

"我刚刚和麦哥奎斯特网络公司的营销主管通了电话——他下个月要去伦敦。他对我们初期投标 Surf-Earn.com 的工作印象很深。不过麦哥奎斯特网络公司正在筹划搞一个全球宣传——他想约我们磋商一下。我试着给你打电话——但是你和凯莉都占线。我已经临时敲定了一次会晤——我说等我和你与桑德拉核实后将再打电话给他们。"

阿历克斯在惊奇中深吸一口长气，感到如释重负，同时脸上也露出了奇怪的表情。"也许这根本就不是一个决策，"阿历克斯想道，"但是道格与克罗斯＆卢比肯公司的会晤又是怎么回事呢？"

"你没事吧？"道格问道。

"哦……没事，我刚才只是在想关于克罗斯＆卢比肯公司的事，"阿历克斯试探性地问道，"我刚才在想过去麦哥奎斯特网络公司与克罗斯＆卢比肯公司之间的合作关系牢不牢固？"

"不要担心这些，"道格说，"我将和我认识的克罗斯＆卢比肯公司的一个员工进行一次秘密会晤。在我们与麦哥奎斯特网络公司会晤之前，我将搞到克罗斯＆卢比肯公司的内部消息。"

集中注意力

能干的领导者善于抓住人们对其建议和方案的注意力，他"总是站在阳台上"。

他拥有神秘的技巧，在组织改革的连续阶段里，他清楚谁必须提供帮助。在实施这些方案的初期，能干的领导者寻找能够帮助他确定方向的个人和团队。然后他集中精力寻找那些能够把方案落到实处的人。最后，他致力于吸引组织大部分——或者全体人员的注意力。

四个吸引别人注意力的有效手段为：

1. 以一种紧迫感传达一个表述清晰的愿景（如前面章节列出的那样）。

2. 采取那些表明组织即将实施的运转方式的高调举措。如从"出售公司喷气式飞机"（以凸显财务谨慎）一直到"擢升持异议者"（以强调组织对创造力和革命性思考的需要）。

3. 积极运用"小道消息"。信息传播很少在组织内部中规中矩地进行。因此，能干的领导者会谨慎地在这种小道消息中加入适当的信息。

4. 借助"绩效关键指标"这一手段。最终，经理和操作人员们将会密切注意组织的最新进展。能干的领导者会确保"被密切关注的数字"紧扣他试图给组织带来的变化。例如，如果任务是让组织销售利润更大的产品，那么，他就可能要求经营报告突出强调销售人员的财政贡献而不仅仅是营业额。

下页概括了领导者如何根据他的总体改革方案来调整对具体受众的传达和交流手段。

具有渗透性的传达和交流手段

在改革方案的三个主要阶段，出色的领导者运用具体的传达和交流手段，逐步集中各种受众的注意力。

总体方案：

1. 确定发展方向，动员和争取积极的支持。

2. 把活力转变为集中的动力。

3. 保持新的工作方式，并把它作为进一步发展的跳板。

目标听众：

1. 改革旗手——领导层

2. 资源控制人员——意见收集人员——大部分受影响的人员

3. 大多数人员——公司全体员工

传达目标信息的手段：

愿景

紧迫感

具有象征意义的行动

对"小道消息"的运用

关键绩效

练习

评估你所领导的方案是否在吸引相应受众的注意力——是否能够保持他们的注意力。

第 17 章　领导还是管理

在接下来的几天里，阿历克斯整天待在办公室里。在全力准备与麦哥奎斯特网络公司会晤的日子里，阿历克斯靠咖啡和肾上腺素来支撑自己。麦哥奎斯特网络公司同样能够成为公司的救命稻草。

不过阿历克斯确实抽出了时间和莱恩谈应由莱恩领导的网络团队的事情。莱恩的办公室里充斥着先前广告宣传的废弃材料，阿历克斯吃力地绕过它们，在莱恩对面坐了下来。

"你有几分钟空闲吗？"阿历克斯问道，"我们必须谈谈网络团队的事。"

"有时间——我知道那个团队有多重要，"莱恩试图为自己辩解道，"坦白说，我很难获得别人的帮助。我们都在忙其他事情……它肯定是我所管理过的最难弄的团队……"

"这是你所管理过的最难弄的团队，还是你所领导过的最困难的团队？"阿历克斯追问道，"我的意思是……你如何看待自己的角色？"

莱恩试着寻找一个四平八稳的答案，但是最后还是集中在工作要务——他的工作方案上："我认为我的工作就是，确保我们都明了各自应该贡献的东西——能够获得所有人一致同意的最终成品和最后期限。"莱恩在办公桌上寻找起相关材料，最终自豪地找到了他那份高明的工作方案。

阿历克斯在先前的总结会上曾经看过这份工作方案，但是现在他看待它的角度发生了一点变化。他认为这份工作方案在某种程度上类似于四个月前他初到公司时所提出的方案。"你的方案看起来非常专业，"阿历克斯说道，"但是它还没有产生什么影响。你在领导这个团队方面需要我提供什么帮助，是技术上的市场调查？或者你作为领导的角色？还是其他方面？"

"谢谢你的帮忙，"莱恩答道，"不过我想我能管理好。"

"我相信你能管理好，"阿历克斯答道，"但是我是拿你当公司未来的领导——而不仅仅是经理——来对待的——而且我想给你提两点建议。"莱恩并不打算拒绝阿历克斯的建议。他挺了挺腰板，非常高兴 CEO 这么看重他。

"据我观察，"阿历克斯开始说道，"你作为经理的强项正在转移你作为领导所需要的一些东西。"

"我已经注意到——在其他项目上——你擅长保持足够的动力，"阿历克斯继续说道，"那是经理和领导都需要的东西。但是我认为你应该在鼓励你的团队成员方面多下点功夫——而且你应该帮助他们谋划他们自己的成功愿景，而不仅仅是一个工作方案。这就是经理和领导的区别。我将给你一些这方面的材料看看。"

"我不太明白你的意思。"莱恩承认道。

"好吧——你和手下的四名团队成员见过几次面了？"阿历克斯问道。

"我们已经召开了两次团队会议，两次与管理委员会一起召开的总结会。"

"那你多长时间与团队成员单独会见一次——以讨论想法或者检查问题？"阿历克斯继续问道。

"我想我实际上还没有单独会见过他们中的任何一个，"莱恩答道，"我们通常只是相互发发电子邮件。"

"为什么不尝试着与你团队伙伴的关系更'私人'一些呢？"阿历克斯建议道，"'通过电子邮件进行管理'也许有效，不过'通过电子邮件进行领导'肯定行不通。"

"但是那不会花费更多时间吗？"莱恩问道，"电子邮件的效率要高得多。"

"短期来说也许是这样，"阿历克斯承认道，"但是领导重视效用而不是效率。还有——如果你的团队成员认为你只是在催促快速落实工作方案和发送一些电子邮件的话，那么，他们很难有动力在这个项目上花费很多时间和劳动。"

"我明白你所说的了。"莱恩点头答道，但是没有被察觉。

"我可能在这一点上说得太多了，"阿历克斯坚持说道，"以这次谈话为例，我认为由于我亲自与你谈话而不是仅仅给你发一封电子邮件，你的行为将会发生变化。"

现在莱恩彻底明白了。

"所以试着变得更亲近一些，"阿历克斯继续说道，"请记住，仓库存货能够被管理，但是人应该被领导。最后一点，问一下自己'在这个项目上我面临的最大风险是什么'？我不是说你应该瞄准不必要的风险，但是如果你觉得这个项目一点风险都没有，那么它很可能不会真正使你的团队成员感到兴奋，而且你很可能也不会想出极其新颖的点子。毕竟，我们在试着'探索新领域，奋勇向前进'，这个网络方案更是如此。"

在结束与莱恩关于领导和管理的简短谈话之后，阿历克斯瞥了一下手表，快速返回了办公室，他意识到现在他本应在城市的另一端参加一个会议。这是他所发起的几个会议之一——这些会议的参加人员包括那些对他准备即将与麦哥奎斯特网络公司进行的会晤有所帮助的人。

但在浏览了一下日历之后，阿历克斯意识到他忽略了一个与上述会议相冲突的和银行家们的会面。他过去以为那个会议第二天才举行。在他拿起电话打算解决问题的时候，凯莉出现在了他的办公室。

"我刚刚接到宣传周刊的电话，"她说道，"他们将要撰写一个关于我们公司的报告。记者说这将不是正面的——但是他问你是否想发表评论。你在他们加紧准备印刷之前有半个小时的时间。"

阿历克斯已经 12 个月没抽烟了，但是现在他觉得继续仅依靠肾上腺素和咖啡已经坚持不下去了……

领导与管理

领导与管理有着根本不同，简言之：

出色的领导者致力于寻找必需的改革的情景。他"总是做正确的事"，并且运用个人影响力来行事。他在"创造愿景"方面更强一些，在"激发斗志"这方面常常也很出色。

有效率的管理者会带来变化。他"总是把事情做正确"，而且更多地借助职位的影响。"保持动力"是他的强项。从理论上讲（但并不经常）他也能够"激发斗志"。

所有组织都不仅需要领导者，而且需要管理者。没有强有力的管理者，组织就有陷入混乱的危险。

但是缺少出色的领导者，组织就会变得懒散，就无法向前发展。不幸的是，除了最好的组织之外，所有组织领导者的天赋都要比他们所需要的缺乏（也比他们认为其所拥有的缺乏）。更经常的是，主管人员由于拥有特有的头衔或者职位而被认为是领导者。如果这些人在他们应该发挥领导作用的时候发挥管理作用，那么最好的结果也只能是一般。

因此，在大多数组织中，真正的领导者所面临的一项重要任务就是培养其他的领导者。只有这样组织才有望生存下去——更不用说发展了。虽然培训课程有助于培养领导者，但是最好的组织领导者深谙这种领导天赋的增长只能通过相关经历来获取。

这种经历是一个富有革命性的经历——在这种经历中准领导者被临时调任处理他既有"管理权限"又有义务去领导的事情；或者说这是一个"示范性"

经历——在这种经历中准领导者能够向相关老师学习。

正如我们将在下一章所看到的那样，出色的领导者也会注意避免在不知不觉中退到"管理"的层次上。

与管理者相对照的领导者

如下所示，领导者与管理者的区别在于他们推出"愿景"的方法。另外，他们在激发斗志和保持动力的做法上也有所不同，如附录 21 所示。

管理者	领导者
正确地做事	做正确的事
关注现在、短期发展和底线	关注将来、长期发展和前景
寻求秩序	喜欢变革
避免冒险	喜欢冒险
更多地诉诸理智而非情感	既诉诸理智，又诉诸情感
相对低的领导能力是必需的，当组织单位： 是一个小部门时 已经处于最佳运行状态时 没有面临巨大的外部威胁时	更强的领导能力是必需的，当组织单位： 是一个大公司时 面临良好的发展机会时 面临巨大的外部威胁时

练习

通过指导一个管理者变成领导者，提高自己的领导能力。

第18章　角色与委任

在本章中，阿历克斯的行为开始怪异起来。

"闻起来你好像抽烟了。"几天后阿历克斯从办公室回到家时，莎拉说道。阿历克斯刚好赶上他们邀请迈克尔参加的晚餐。

"大概抽了一支，也许是两支吧。"阿历克斯小心地承认道。他顺着门厅朝客厅瞟了一眼，发现迈克尔已经来了。

虽然迈克尔是阿历克斯的好朋友，而且对他的事业一直予以极大的支持，但阿历克斯还是更倾向于不和他在一起度过晚上的时光。还有太多的工作没有完成——阿历克斯已经把一些工作带到家里来了。

不过饭桌已经摆好，食物也马上就好。阿历克斯只好等着吃过晚饭再工作，直到深夜。

"给我讲讲公司现在的情况吧，"迈克尔说道，"我已经有一个月没有收到你的来信了。当然，我确实在宣传周刊上读到了关于你的报道，我认为那篇文章写得相当好——在当时的情况下。"

"要不是我和那个记者通了一小时的电话，那将会是一篇令人讨厌的文章。"阿历克斯答道。

他们之间的谈话继续进行着，谈话的主题包括他们曾一起共事的那家公司，他们的朋友，不过主要还是阿历克斯现在的这家公司。

莎拉和迈克尔都讲了一些笑话，但是阿历克斯却笑不出来。他看起来有些心不在焉，只是当公司的一名业务主管打电话过来时，他才清醒过来。

当阿历克斯返回饭桌时，他发现莎拉和迈克尔正在谈论他。

"你已经说了很多关于公司的事，"迈克尔说道，"但是你自己的角色怎么样啊？你似乎比我以前见到你时更忙了。"

"运转一家公司是一件很复杂的事情。"阿历克斯打断道。

对于阿历克斯的无礼，莎拉和迈克尔相互瞥了一下。

"你没事吧？"迈克尔问道，"我们可不想让你落得罗勃那样的下场。"罗勃是这家公司的前任首席主管。在阿历克斯上任之前，罗勃因患上了致命的冠心病而离开了人世。

"不要为我担心——我不会有事的，"阿历克斯答道，"我只不过是压力太大了。我已经使整个改革方案都运转起来了。所有这些削减开支的方案必须落实——我必须确保我们不能错过任何机会。必须重新安排职位——我们照原样暂时维持了一段时间，但是现在我们真的需要进行新的改革。"

"还有，我们必须取悦那些银行。此外，还必须解决与一些必须解雇的员工的法律问题。只有一个好消息：我们获得了向麦哥奎斯特网络公司投标的机会。如果我赢得那次投标的话，我想情况暂时会有所好转……"

阿历克斯正在滔滔不绝地讲，迈克尔举起了手。"怎么了？"阿历克斯喝道。

"当你说'如果我赢得那次投标'时，你究竟指什么意思？"迈克尔问道，他并没有被吓倒。

阿历克斯死死盯着迈克尔，就像他的朋友疯了一样。

"你究竟为什么必须领导进行那次投标呢？"迈克尔问道。

"你看，迈克尔——我是首席主管，麦哥奎斯特网络公司则是公司历史上最大的潜在客户。我还需要再说什么吗？"

"是的，"迈克尔肯定地答道，"告诉我你为什么如此深地介入那次投标的所有准备工作呢——我指与非公司人员进行的那些会面。你为什么不让业务主管们去做那些事呢？我想你肯定有一些好的业务主管——因为你本应该运转整个广告公司！"

"这关乎我的声誉。"阿历克斯答道。

"但你亲自赢得了对 Surf-Earn.com 的投标，"莎拉说道，"几个月前，你曾告诉我你已经通过那次投标鼓舞了员工。你为什么就不能把这次投标的大部分工作都委派下去呢？我知道在与麦哥奎斯特网络公司会面时你必须出席——但是你用不着所有工作都一个人做。"

尽管过去几星期阿历克斯的生活方式近乎疯狂，但他仍然能够进行理性的思考。"也许我确实介入得太多了，"他承认道，"但是我必须这么做。没有一个业务主管能够把这些准备工作做得和我一样好。"

此时，电话又响了起来，莎拉走进门厅去接电话。"是罗勃……"她盯着阿历克斯说道。

"罗勃？"阿历克斯重复道，他倒吸了一口凉气，"不可能，罗勃已经死了！"

"不是那个罗勃，"莎拉转向迈克尔，继续说道，"是不是有一个叫罗勃·摩尔诺的人——你叫了出租车？他走错路了。出租车几分钟后就到。"

因为担心另一个罗勃可能会从坟墓里出来缠着他，阿历克斯终于开始思考起自己的角色了。

"如果你是一位已经取得了一些成功的领导者，"迈克尔说道，"你所可能犯的最大错误就在于把你的时间投入到对组织非常重要的事情上。"这种说法使阿历克斯和莎拉都感到很惊奇。

"你必须问自己两个问题，而不仅仅是一个问题：什么对你的组织是重要的？此外，在哪方面只有我才能够发挥增值作用？很多领导者只问第一个问题，那是一个很大的错误。"

迈克尔起身取回他的外套："如果你工作太多，这或者是因为你本能地不愿把工作委派给别人，或者是因为你还没有充分考虑过这些工作。

　　"你应该领导，做一名主席的时机很多，做一名教练、执行者和代表者的时机也很多。但是只有在没有你问题无法解决的情况下，你才应该介入这些事情的解决过程中。"

六个需要扮演的角色

出色的领导者能够扮演各种各样的角色。这就像他有很多名片，每张名片对应一个角色——每张名片他都能够在合适的时候递出。这些角色是：

1. 领导者——发起新任务，为别人创造愿景、激发斗志和维持动力。

2. 主席——敲定讨论议程；鼓励彻底辩论；可能时获得对结论的广泛同意；必要时投出决定性的一票。

3. 代表者——作为组织对顾客和股东的对外代表。

4. 教练——发现别人没有充分发挥潜能的时机，帮助他们提高技巧或增强意愿。

5. 执行者／管理者——总结成绩；规定修改措施，或者亲自落实这些措施。

6. 参与者——时不时地（当能够发挥独一无二作用时）为别人领导的项目作贡献，例如，服务客户或顾客。

出色的领导者很明显地把大部分时间放在第一个角色上。而且，当他扮演不大习惯的角色时，他会让自己和别人泾渭分明——以免人们对他的意图、个人日程或别人的职责产生困惑。

但是，出色的领导者知道自己有可能卷入组织面临的每个具体问题当中。因此他也大量地委派工作——下一页建议了一种委派方法。

决定如何介入

出色的领导者避免使自己卷入所有事情。他只关注那些对组织重要，而且他能够增加特殊价值（见表中右上角）的事情。

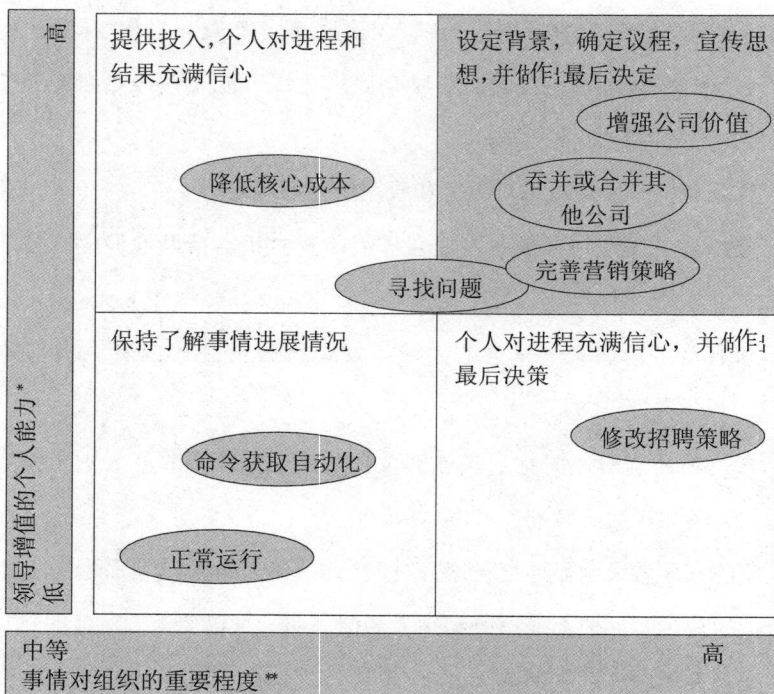

	高	提供投入，个人对进程和结果充满信心	设定背景，确定议程，宣传思想，并做出最后决定
		降低核心成本	增强公司价值 / 吞并或合并其他公司 / 寻找问题 / 完善营销策略
领导增值的个人能力*		保持了解事情进展情况	个人对进程充满信心，并做出最后决策
	低	命令获取自动化 / 正常运行	修改招聘策略
		中等	高
		事情对组织的重要程度**	

★判断标准：独一无二的视角，作为名义上的领导者的象征作用；个人技能；对优秀表现目标的外在推动，其他经理的相对能力。

★★判断标准：对公司外部名声的影响，对公司文化的影响，对制度性技能的影响，对底线的影响。

○说明性的例子（为 CEO 准备）

第 19 章　重排顺序和选择时机

在与迈克尔那次晚餐谈话后的几天里，阿历克斯决定通过更有效地把工作委派给主管以获得更多的自由时间。

他与道格进行了交谈，正式把向麦哥奎斯特网络公司投标的准备工作"转交"给道格及其手下的业务主管。这不仅增加了阿历克斯的自由时间，而且加强了他和道格的关系。道格以前显然认为阿历克斯不相信他能做好这项工作，此时他看到阿历克斯已经找他谈话，也就放心了。

第二天早晨，阿历克斯主持召开了管理工作周会。像往常一样，他们一开始先总结了那个关于削减开支的"家务管理"计划的进展情况，此时那些方案差不多已经完成。不过他们所节省的开支却比计划的少，来自超额投资的那个退休计划的回扣也要比预想的少。"未付账的生产成本"的储蓄同样如此——创意人员已经开始打算控制这些成本了。

虽然阿历克斯愿景的星际探险计划产生了积极效果，但是主管们知道，除非他们的资金状况有很大的改善，否则几个星期之后公司将无法继续生存。

"这另外的一笔30万英镑的款项是什么？"在他们开始总结公司财务时，卢克问道。

"这不会是我们买断的电视广告的回扣，"特里说道，"我已经让我媒介部的伙计仔细审查了我们的财务数字。"

"这是一笔税金款项，"斯蒂夫一边说，一边瞥了阿历克斯一眼。"我尽力弥补了它。因为我们有一些在百慕大所做的鸡尾酒广告。"

"看看，"卢克说道，"在过去两个月里我们获得了近一百万英镑的额外款项。我并不是抱怨这些资本投入……但是这些意想不到的项目数额如此巨大，凭什么说我们坚持不下去呢？"

"这次真的是最后一笔那样的款项了，"阿历克斯打断道，"我们不能依赖其中的任何一笔。我们只能寄希望于下周与麦哥奎斯特网络公司的会谈能够进展顺利。下面继续讨论。"

"我想让大家讨论一下网络项目的事，"桑德拉说，"道格已经给我看了这个团队的最新工作情况——它看起来相当有说服力。我想是时候把它介绍给潜在客户了。"

"我同意，"阿历克斯说道，"我一直认为我们能够在这个领域成为全英国一流的公司。我们所需要的就是找到推广我们市场调查结果的正确方法。我们应该在 FT 杂志上登一篇捧场文章，此外，我们还应该与目标客户打交道，和他们讨论我们的市场调查结果……"阿历克斯继续讲述他如何充分利用网络团队所做的市场调查结果的愿景。

但是，阿历克斯突然停住了。这主要是由于两个原因。第一，他意识到他又一次在具体策划上介入太多。他知道他的角色是主持会议——而不是开始解决问题。

第二，阿历克斯注意到他在从愿景开始讲起。这是对必需发生的事情的粗略描述——这和他五个月前开始制订星际探险计划的方式几乎一样。

阿历克斯突然意识到"先建立愿景，然后激发斗志和保持动力"已经成了一个习惯。通常情况下，这个习惯是合适的。但此时他意识到，有些时候领导者在建立愿景方面不提出自己的任何建议可能更好。只要相关团队的成员也牢记同样的目标，由团队自己提出愿景常常更好，那样的话，他们很可能会更有创造性。而且一旦他们完成工作，他们就会对最后的愿景和计划更加深信不疑。换句话说，在有利情况下，领导者可以先从激发斗志做起——然后在一段时间后贡献自己的一点愿景，如果必要的话。

阿历克斯意识到，甚至在某些时候，领导者必须从保持动力开始——在建立愿景和激发斗志开始之前的一些看得见的行动。阿历克斯回想起了当初他建议关于投标的新合作方法时主管们的冷嘲热讽，最后，他还是从"就这么做"开始的。他领导了对 Surf-Earn.com 的投标，以此作为这个新方法能够在实践中发挥作用的例证。只有在那次投标成功以后，才能够塑造愿景和激发斗志，最终走向更广泛的团队合作的基础才得以建立。

"对不起，"阿历克斯说道，他重新把注意力集中到会议上，"桑德拉——你为何不告诉我们你打算怎样改进网络调查呢？桑德拉讲完以后，我建议大家讨论一下有关下周与麦哥奎斯特网络公司进行会晤的最后问题。"

重排顺序和选择时机

重新安排顺序

当发起一个计划时，出色的领导者知道他不能总是按顺序使用愿景—感召—动力这一技巧。

例如，他可能意识到他的改革愿景可能被认为来自某个人或者某个群体，而不是他自己。在上述任何一种情况下，他可能首先必须激励相关个体协同工作——甚至在发表他对组织的愿景之前他就应该这么做。

因此，出色的领导者应时刻注意，是否有对本书前些章节列出的行为方式进行重新排序的必要，或者是否有同时采取它们中的一些措施的必要。

重新选择时机

出色的领导者谨慎地调配他的精力——因为他知道公司对他的潜在需要可能是无穷的。

一些项目在早期需要领导者大量投入，不过之后只需要较少的投入——因此在早期介入之后，领导者会有意识地退到幕后。当大家一致同意改革的需要和赞成改革方向时，当有影响的支持者的骨干队伍出现而有影响的反对者消失时，当以行动为导向的公司文化出现，员工们习惯了赶在最后期限之前完成任务时，领导者尤其需要这样做。

当这些条件不具备时，领导者应该辨别何时给予自己的投入，以获得最大效果。

例如，如果他发现员工们需要时间消化他的想法，那么他的早期行动步骤可能仅仅是播撒愿景的种子。当那些种子发芽时，领导者又会转而把他的时间用在别处。

投入努力

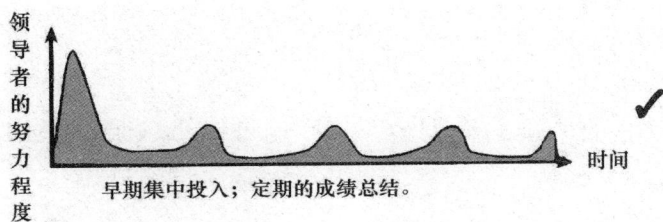

早期集中投入；定期的成绩总结。

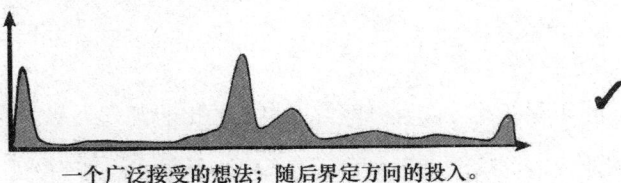

一个广泛接受的想法；随后界定方向的投入。

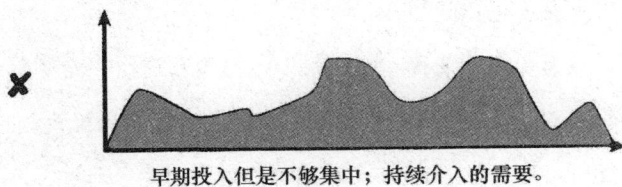

早期投入但是不够集中；持续介入的需要。

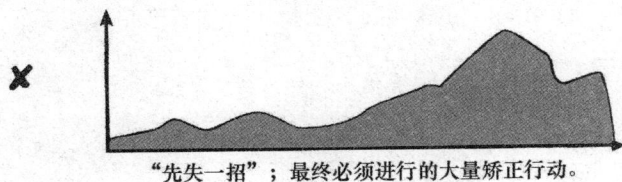

"先失一招"；最终必须进行的大量矫正行动。

练习

大致勾画一下你打算如何对你最重要的三到四个项目投入精力。看你是否能够运用不同的"时机"来增加自己投入的效率。

第 20 章　权力与影响力

在本章中，阿历克斯发现"权力"并不是难听的字眼。

几个月来，阿历克斯第一次有时间阅读自己的电子邮件，凯莉也不再把它们都打印出来供他晚上继续在家工作。他浏览着这一系列信息，最后点击鼠标，阅读了一封来自迈克尔的邮件。

"谢谢你上个星期请我吃晚饭，"迈克尔写道，"希望你现在有时间浏览它。如果你现在真有这个时间，这意味着你很可能已经为访问 http://www.leadership-skills.org.uk power 站点作好了准备。"

阿历克斯点击这个链接，结果发现了下面的文章。

摘　要

权力：为领导者准备的经验和技巧

即使对那些想负责任地行使权力的人来说，权力这个想法也含糊地带有令人讨厌的含义。在民主国家里，很少有人喜欢被别人称作马基亚维利①。"权力"是一个容易让我们感到不安的词。

---

① 意大利文艺复兴时期的政治思想家，《君主论》的作者，主张国家中央集权。

但是只有在领导者行使权力，或它的近义词"影响力"时，他的领导才能有效。因为领导者靠说服——或者甚至引导人们并不能永远获得成功。

这篇文章简要审视了现代组织中权力的本质，并就领导者能够获得和使用权力的方法提出了一些建议。

权力的本质

我们将先从权力的定义说起。或者说，我们将从几个定义说起——因为"权力"是一个难以捉摸的词，专家们在它的定义问题上很少有一致看法。

根据杰弗瑞·菲佛（Jeffrey Pfeffer）的定义，权力是"影响行为、改变事物发展进程、克服反抗、让人们做没有权力他们就不愿做的事情的潜在能力"（引自《借助权力去管理》Managing with Power）。

根据加德纳（Gardner）的定义，权力是"确保出现希望的结果并避免发生那些不想看到的结果的能力"（引自《论领导能力》On Leadership）。

根据考特（Kotter）的定义："成功的管理人员使用他们在其关系中形成的权力手段，与说服方法一起影响他们所依赖的人，以使这些人以可能使管理者完成工作的方式行事。"（引自约翰·P.考特《论领导者真正做什么》What Leaders Really Do）

然而，尽管他们强调的重点有所不同，有一点是大多数专家一致同意的：现在很少有任何一个人（包括首席执行官）拥有接近于绝对权力那样的东西。

现代的领导者受到了其先辈们所不知的诸多限制：工人的权益、反竞争法案、高效的资本市场和（可能是最根本的）劳动力流动性的不断增强。

因此，现代的领导者实际上无时不在高度依赖别人。罗伯特·布朗宁言简意赅地道出了这一点："追求权力和失去自由是奇怪的欲望。"此外，尽管是谈论人类这个整体，教皇亚历山大也赞同这种观点："人类虽然是世界万物万能的主，但是也受到了万物的折磨。"

尽管公司主管人员之间有时确实针锋相对（每个人都错误地认为其拥有

绝对权力），但是逐渐把别人挤掉的领导者最终也会被别人弃之门外。

因此，认识到权力就是影响力，并且承认影响力包括与领导者互惠的关系非常重要。所以，在获取和使用权力的过程中，出色的领导者清楚：

1. 他想使什么事发生。

2. 哪些人能使那些事情发生。

3. 他有什么"资本"与这些人交换。

通常来说，这些"资本"是报酬、名誉、工作环境和权力本身。有时这些"通货"是上述所列"资本"的变种，比如，特许体验某些经历或者获得接受教育的机会。

但真正重要的是使人明白领导者能够给予这些东西。结果，出色的领导者会处理下面将讨论的权力的三个方面：获取权力、负责任地使用权力和经营形象。这三方面在某种程度上是相关的。例如，通过行使权力，领导者同时树立了他真正强有力的形象。

获取权力

领导者必须（或仅仅想要）影响的最重要的结果显然取决于领导者所在组织的性质。比如，在银行里，关键的结果通常涉及集资或投资的方式。在法律事务所里，那些结果常常是服务客户以及人们被调配和选举以形成合作关系的方式。

然而，无论什么样的组织，出色的领导者都会注意使用下列技巧以增加其权力：

1. 获取关键资源并亲自参与对这些资源进行投资的决策。比如，一个在银行里面渴望获取权力的人可能会确保自己成为最有影响的投资委员会的一员。律师可能会试图"拥有"最大的客户，或者主持选举新合作人的委员会。

2. 获取同意以扩展自己的正式权威。银行家将获取广泛的借贷权力，而律师将获取重要的签字权。

3. 与其他有影响的人或群体结成联盟——不仅在组织或团队内部，也在其外部。银行家会与能够为银行提供巨额资金或良好投资机会的人建立牢固的个人关系，律师会主持专业论坛。

4. 承认"信息就是力量"并建立多重信息网。出色的领导者通过报告、非正式接触，有时通过与别人交换信息来获取他所需要的信息。

5. 加深别人依赖自己或欠自己人情的程度。这种依赖常常由采取以上步骤的可感能力创造。有时领导者也通过相对不明显的方式创造这种依赖——比如通过指导或劝告别人。此外，这种依赖还时不时地通过领导者独一无二的技术专长获得。

6. 完善自己在雄辩、敏感性、说服力和技术能力方面的个人技巧。

但是，每个组织都有它独特的获取和行使权力的文化标准。出色的领导者对"合法"行为的界限很敏感。从理论上讲，只有在试图对组织的工作方式进行剧烈和有利的改革时，他才会突破这些界限。

行使权力

熟练的权力经营者能准确地把握"他们能够走多远"——然后在必要时走到那个极端。

只有在实践中人们才能准确预测出或达到他们行使权力的潜在限度。没有经验的领导者常常对行使权力的限度抱有不切实际的想法，他们也可能由于缺乏勇气——或者相反，"太过冒险"而"收回他们的重拳"。

出于对自己的了解，出色的领导者在行使权力和影响力达成目标时会采取三种措施：

1. 运用所有的人际关系技巧。为增强强迫性，出色的领导者能够采取评价、示范、指导、诱引、说服、谈判或命令等手段。领导者能够恰当使用的这种手段越多，其可以被感知的权力也就越大。

2. 采取策略性措施。尽管可能采取的策略多种多样，但有一些策略出色的领导者运用的频率最高，包括：

采取具有象征性的措施——给予支持计划改革者看得见的权力，或使反对者保持中立，或掌握战略主题的批准权。

设立临时性的混编团队或工作群体——以便逐步做反对者的工作。

有选择性地透露一些信息——或用以影响决策，或作为组建联盟的"通货"。

适当地对方案进行有利的时间安排。当领导者仍然占据上风时，要提前发挥作用的决策和行动时机；当领导者没有准备好时，要推迟方案的实施；当领导者想采取清晰的行动时，要设定最后期限；当领导者想逃避行动时，要避免强加最后期限。

3. 实行结构改革。在这个标题下，领导者可能会改变汇报词、修改权限级别（如开支限额）、组建新的管理机构（以在采取措施的同时集中组织的注意力）或改革汇报体制（那样人们就会关注领导者认为非常重要的事情）。

有经验的领导者常常综合运用这些技巧。关键时刻这种综合运用确实很有效。

比如，考特讲述了一个管理者的故事。这个管理者背负运转某公司一个日益衰败的部门的使命，而他仅仅在到达之前两小时才通知该部门。在带领6名助手到达之后，他立即召开了包括40名全体高级经理的会议，在这次会议上，他对形势做了一个简要的评估，承诺将扭转形势并说明他预想的事情演进的方向。

随后这个新老板解雇了会议室里的4名高级经理，并限他们在两小时之内离开这幢楼，他宣称，他将绝不手软地破坏试图阻止他拯救该部门的任何人的职业生涯，然后他宣布从第二天早上七点开始，他的助手将为他安排与这些经理的单独会面，接着就结束了这个60分钟的会议。结果员工们都对他的工作予以了配合。

经营形象

领导者主要通过行使权力来表明他的权力。不过他也"经营自己的声誉"（确保公司神话包含关于他个人威力的适当描述）；此外，他还确保他在技术上的工作成果（比如销售业绩或财务水平）得到认可。

不过，领导者也听从吉卜林的建议，既"看起来不太聪明，讲话也避免太过明智"，而且他还听取罗斯福的建议，语气温和地讲话（同时却带着一根大棒）。

领导者确实会运用这些技巧获取和行使权力，这些技巧在适当情况下也确实发挥了作用。但是如果未能予以熟练运用的话，它们也会适得其反，酿成灾难。

因为从长期来看，这些技巧的人为应用很少能够与无可辩驳的事实或者不可抗拒的思想的力量相比拟。

阿历克斯点击鼠标，关闭了网页。他决定储备他自己的资源和权力手段。

但是这个工作必须再过几天才能进行，此时的当务之急是定于下周一与麦哥奎斯特网络公司的维克·迈高文以及他的同事所进行的会晤。

第 21 章 文化推动力

在本章中，阿历克斯、道格和桑德拉投入了战斗。

星期一，阿历克斯、道格和桑德拉三人下了出租车，走进了麦哥奎斯特网络公司的办公室。他们都非常紧张，不过脸上却挂着职业性的自信笑容。

维克·迈高文是麦哥奎斯特网络公司的全球营销主管，决定与哪家广告公司合作就是由他说了算。在几次通话中，凯莉已经幸运地与维克的秘书建立起良好的关系。她发现麦哥奎斯特网络公司正在考虑其他的三家公司，但是还没有一家中标。这让阿历克斯很沮丧，他宁愿在这轮投标中排在最后。因为排在最后就更容易处理别的竞标公司可能还没有发现的问题，也就可能让更多的潜在客户记住他们。

蒂克诺尤的三位要员在接待处登记后，他们都扫视了一下周围的环境，想寻找一些关于麦哥奎斯特网络公司文化的线索。甚至在见到维克·迈高文的秘书、跟着她上电梯、进入玻璃会议室时，他们都一直在环顾四周。但是，他们并没有马上发现可供会晤用的任何公司文化线索。

几分钟后，维克带着三名同事来了。他们首先进行了自我介绍，然后确认了他们的谈话主题，最后把发言权交给了阿历克斯。阿历克斯先发表了一些评论，不过会议的重头戏将交给道格和桑德拉。

那就是他们打出的第一张王牌。因为所有公司都遵循这样一个历史悠久的传统：业务主管进行市场调查，在此基础上，公司形成一些初步的广告创意——创意部主管则把这些创意和想法介绍给客户。整个广告界都是这么做的。

不过阿历克斯建议他们打破这个传统。先由桑德拉讲解他们的市场调查情况，然后再由道格讲述他们的初步创意。阿历克斯打赌说这种互相合作的方式将会给维克留下很深的印象。

当桑德拉开始讲解时，阿历克斯仔细观察维克的反应。阿历克斯看到维克向前探了一下身，从桑德拉先前给他的名片中检查了一下桑德拉的头衔，然后又满脸疑惑地坐回去，继而在转向阿历克斯时露出了理解的笑容。

"迄今为止一切顺利。"阿历克斯心想。

几小时后，道格和桑德拉都结束了陈词，阿历克斯又补充了一些总结性的话。不过这次投标最重要的部分——答问阶段——此时才刚刚开始。阿历克斯知道这是他们露老底最多的地方，他祈祷着他们已经充分预料到了对方所提的问题。

"恕我直言，"维克开始说道，"其他三家公司应该也会向我们展示同样的市场调查数据，关于与客户以及公司内部进行团队合作的同样陈词，相似的富有创意的想法。你们的工作方式有什么特别之处呢？"

阿历克斯和他的同事当然精心准备了这个问题。不过，他们知道维克将更注意这些蒂克诺尤的人员是否真正相信自己所说的，而不是注意他们的具体措辞。

维克凝视着阿历克斯，等着他作出回答。

维克感到非常惊奇的是，这个问题是由蒂克诺尤的创意部主管回答的。维克知道一般来说创意人员一点也不关心其公司更大范围的管理工作，他还知道大多数广告公司甚至不会冒险让客户见到创意主管！

桑德拉开始讲述蒂克诺尤的团队合作方法，不过她和维克都清楚他们的初次交锋只不过是客气客气而已。

维克将会盘问桑德拉，了解她所展示的关于公司究竟如何工作的方方面面。当维克摆出一副专业问讯者的架势时，阿历克斯手指交叉，祈祷能带来好运。

随后不久，在回办公室的出租车上，阿历克斯向道格和桑德拉祝贺他们成功地扮演了双重角色。"那肯定进行了相当充分的准备。"阿历克斯补充道。

"谢谢，"道格答道，"不过我真的很欣赏你最后的总结，阿历克斯，我想维克在改行做营销之前从事过广告工作——正好和我们自己的职业转变相反，这一点不难发现。

"我很欣赏你说的话：'你们从偷猎者变成狩猎者，我们从狩猎者变成偷猎者，因此这要么使我们不可调和，要么使我们高度互补。'这句话真经典。"

"是的，"桑德拉说道，"不过如果我们赢得这次投标，这是因为我们能够真正展示我们在过去六个月里所创造出的团队合作、创造力和专业知识这个文化。你们知道吗？我确信其他公司的说服力不会比我们强。"

"我们很快就会知道了。"阿历克斯说道。

塑造文化

何谓组织"文化"？对此最好的描述也许是"我们做事情的方式"。文化反映在团队或公司成员认为合乎标准的一组行为中，包括人们彼此交流以及与外界交流的方式。当然，这些行为最终是由组织中个体的精神示范和信条所驱动的，如下页所示。

积极的文化对组织具有重大价值。它使人们能够借助组织自己的表达方法而进行迅速的交流，它也使人们能够"正确行事"（而不用必须参考详细的说明），另外，它还降低了人们的"重复劳动"。

很明显，一种文化不可能一蹴而就。不过出色的领导者每天都会试着给组织的文化添砖加瓦。

领导者在这么做时主要借助三种方法：

1. 直接讲明组织的习惯、礼节和仪式。他创立并废除一些习惯——以使之与组织的愿景、战略、所需技巧和信仰体制相一致。

2. 运用附录19中提到的强化改革方案信息的方法，间接地从事这些行为。

3. 正如前面《践行价值标准》所讲的一样，亲自就所需行为作一个明显示范。

总的来说，这些方案需要领导者做很多的工作——不过如果他的组织要长期发展的话，这些方案又是必不可少的。

文化的几个方面

看得见的文化外表是建立在精神示范和最终的信条基础之上的。

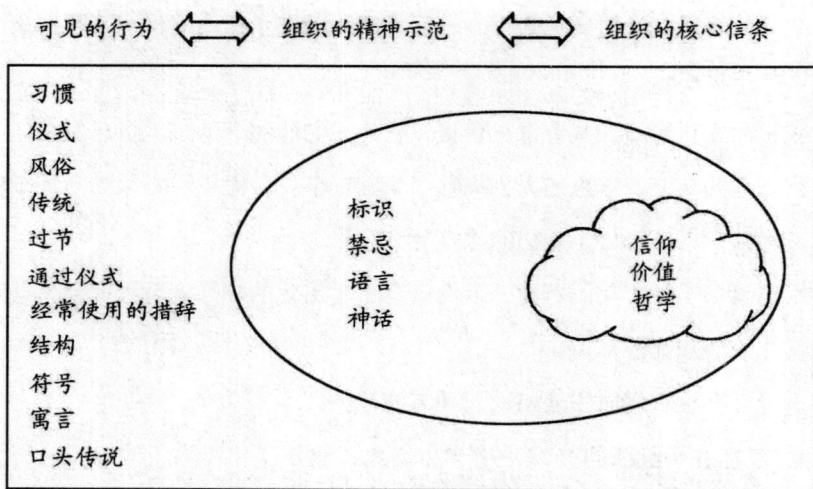

可见的行为 ⟷ 组织的精神示范 ⟷ 组织的核心信条

习惯
仪式
风俗
传统
过节
通过仪式
经常使用的措辞
结构
符号
寓言
口头传说

标识
禁忌
语言
神话

信仰
价值
哲学

使用"通过仪式"的事例

有一家国际消费品生产公司，它在世界各地都有办事处。很明显，经理们需要协调他们的营销和生产策略，不过经理们都来自不同地区，相互了解很少。

这样过了几年，公司逐步组建了自己的品牌管理学校——在这个学校里，每个课程都有来自不同地区的员工参加。于是它变成了一个"通过仪式"，因为参加学校培训成了被提升（或聘用）为经理的一个先决条件。

这所学校还成功地创造了必需的"组织黏合剂"，因为学习这些课程的时间（加上充足的"社交活动时间"）足以让学员们相互"联结"在一起——并信奉组织的"信条"。

回顾你所领导（或你所在的）的团队或组织的行为。发现一个需要打破的坏习惯——或一个需要培养的好习惯，同时计划如何改变它。

第 22 章　自我领导的 VIM

在本章中，阿历克
斯的未来被决定了。

几天后，阿历克斯很早就去上班了，其实他没必要去那么早的。麦哥奎斯特网络公司将宣布选择哪家广告公司代理它的全球宣传工作，但是它不太可能在纽约时间早上 9 点之前发布信息，而这意味着至少要等到伦敦时间下午两点钟。

阿历克斯早上的大部分时间都和斯蒂夫在一块——检查他扭亏为盈的计划中削减开支部分是否产生了效果。是的，货车队已经卖给银行，又转而回租。是的，他们已经完成了转向相对便宜的供应商的计划，大到飞机票，小到复印纸都是如此。是的，他们已经从超额投资的退休养老金缴款获得了最终回报。

"我们现在刚刚能维持下去，"当阿历克斯起身要走时，斯蒂夫说，"我所能说的是，真幸运你搞到了额外的资金投入，它们总计达到 100 万英镑。要是没有这笔钱，我们就不可能生存下来。难道现在你还让我蒙在鼓里吗？这笔钱是哪儿来的？"

就在这时，凯莉喘着气到了，这正好救了阿历克斯，他用不着回答斯蒂夫的问题了。"是麦哥奎斯特网络公司，"凯莉喘着气说道，"……电话找您。

快点！"

15分钟后，阿历克斯打电话让道格和桑德拉到他办公室来。

"我想让你们第一个知道，"阿历克斯低垂着眼睛严峻地说道，"既有好消息，也有坏消息。"

道格和桑德拉交换了一下眼神，"先告诉我们好消息。"两人催促道。

阿历克斯再也掩饰不住了，他的表情变得神采飞扬起来"我们成功了——我们赢得了麦哥奎斯特网络公司全球宣传的投标。我想让你们知道你们两个人对此功不可没！"

他们都开怀大笑，相互握手和拍打背部以表祝贺。负责麦哥奎斯特网络公司的全球宣传工作将是公司历史上规模最大、历时最久的业务之一。它并不能确保公司的长期命运——不过，毫无疑问公司的近期有个保证。

桑德拉首先开口道："我们可能已经与以前有很大不同了，阿历克斯。不过，你才是这里应该获得祝贺的人。那个新星际探险计划？……我想告诉你我现在真正相信它了。而且我认为你已经证明了我们能够重新改造自己。"

"还有一件事情，"桑德拉继续说道，"你知道那些挂在走廊里的艺术收藏品吧？我认为我们已经不再需要它了。如果你想把它卖掉的话，我没意见。"

道格疑惑地看着桑德拉。这些油画大多是桑德拉亲自挑选的——现在她似乎一点也不在乎它们了。不过道格还是把注意力转移到了阿历克斯那里，"我不想煞风景，"他说道，"只是你刚才提到的坏消息是什么？"

"也许没有比这再坏的消息了，"阿历克斯答道，"是关于艺术收藏品的事……呃……你们知道它们曾经值100万英镑吗？"

"曾经？"桑德拉怀疑地问道。她扫了道格一眼，然后走上前去，轻轻拨开阿历克斯办公室的软百叶窗叶。她最喜欢的罗斯科的画正透过玻璃凝视着她。

"是的，"阿历克斯故作冷淡地肯定道，"我过去必须卖掉这些原作——

以使我们不至于负债。我知道你们不会介意暂时容忍一下这些复制品的。不过也许我们能够把那些油画再买回来，我确信我的朋友德克能够找到它们。也许我们每赢得一项大业务就能买回一件——就像过去一样？"

"在讨论这个问题之前，"桑德拉说，"道格和我也有消息要告诉你！"她张开手指走近阿历克斯。一枚硕大的订婚戒指在阿历克斯面前闪闪发光。

"也许我过去提出的那个合作愿景已经走得太远了。"阿历克斯想道。

那天晚上阿历克斯和莎拉都在家。

"阿历克斯，你弄得我很紧张，"她说道，"你为什么不做一些有用的事情，却在这里走来走去呢？"

"我在想我与蒂克诺尤所签的合同……"阿历克斯答道，"你知道这个合同只有六个月，但是我确信银行和股东们都想让我留下来。只是我还不能确定那对我，或者对我们来说是不是最好的选择。"

"唉，走来走去也没有用啊，"她说道，"这就像你总是不停地讲那个VIM公式一样……"她停下来想了几秒钟，"嗯，阿历克斯——我有一个想法，你为什么不把那个公式用在你自己身上呢？"

"用在自己身上？"

"是的，"她继续说道，"试着写下你对自己的愿景；你如何让自己保持斗志；你将如何保持对你动力维持情况的了解。"

"我想这个VIM公式是能够用在个人身上的。"阿历克斯说道。带着这种想法，他思考了一会儿，逐渐意识到了他的未来所系。

自我领导的 VIM

多数调查显示领导者对他们自己的事业也会进行战略性的思考。

为了在整个职业生涯中都做一个出色的领导者——而不是仅仅在一个项目上或在一个公司职位的任期内做一个出色的领导者——他也把某种形式的愿景—感召—动力公式应用于他自己。

虽然有些领导者默不作声地处理这些问题，但大多数的领导者都在不加掩饰地做这些事情——至少对他们自己来说是这样。

这些领导者对他们最终的职业抱负以及实现这个抱负所需的步骤与目标有一个清晰的愿景。

他们知道如何使他们自己及其支持者保持斗志，定期对自己进行相关的激励，甚至离开显然很诱人的职位继续前行，如果他们觉得自己在停滞不前的话。

他们时刻跟踪自己的动力维持情况，以自己设定的最后期限为标准衡量自己取得的成就（而且还可能以一种不正常的心态拿同辈人的成就为标准进行比较）。

下一页提出了一些你应该能够回答的问题，如果你想跟踪自己的事业发展情况的话。

你未来的成功可能会以你没有想过和没有计划过的方式到来。不过，据说运气总是偏向那些有准备的人。

领导者个人的 VIM

愿　景

创造意义

你能言简意赅地讲述你的职业目标吗？它们为你的生活增添意义或者使你的生活变得有意义了吗？

宣传和检验

你有没有与信任的朋友讨论过你的愿景？你有没有采纳他们的观点？

雕刻技巧

你的愿景对于你确认需要培养的技巧起到了什么样的帮助作用？

感　召

领导气质与信任

什么样的训练或练习会有助于你显示出更好的领导气质？别人曾经信任过你，并支持你在事业上出人头地吗？你足够信任别人和自己的本能吗？

征召与联合

你的愿景有没有把你的激情和利益结合在了一起？你是不是仅仅被别人的抱负所推动？

重申与强化

你的"自言自语"有没有推动（或阻碍）你的事业？

动　力

鼓励主动性的发挥

你在自己的事业中有没有发挥足够的主动性，有没有进行足够的冒险？

激励进展

你有没有把自己的"历史成就"作为取得进一步成功的跳板？

清除障碍

你有没有清除障碍——比如，你有情绪不稳定的毛病？

VIM 的配套措施

催促与祝贺

你对目标是不是有足够的进取心（或过于雄心勃勃）？你有没有承认和奖励自己的成功？

践行价值标准

你有没有定期总结自己的领导哲学并践行自己所提出的价值标准？

集中注意力

是不是所有能帮助你的人都知道你的目标？你有合适的顾问吗？

Great Management of High
Efficiency People

附　录
Appendix

附　录
Appendix

附录1 分享评估（自我评估）表

回答下列问题，并邀请你的同事根据他们对你的印象完成同样的表格。每题1分。

在过去的一星期里，我曾经有过多少次下列行为：

1. 无条件地对周围的人提出赞扬

2. 提供了一些有建设性的反馈

3. 了解了同事们的激励水平

4. 对周围的同事进行了激励

5. 主动征求反馈意见

6. 有意识地把一件工作交给下属去完成

7. 组织过一次高效的团队会议

8. 向自己的上司提出过反馈意见

9. 检查了整个团队的工作士气

10. 对一位刚刚加入团队的年轻人进行过"辅导"

分　值

1—3　如果你不是一位消极的遁世者的话，你需要研究一下这本书，并仔细应用其中的知识。

4—6　建议你把本书当中的一些技巧应用到自己的工作当中去，这样可以帮助你有效地提高自己的工作效率。

7—8　你几乎是一位分享大师了。

9—10　把这本书送给那些更需要它的人吧。

想想看，你需要在哪些领域进行改进

1.＿＿＿＿＿＿＿＿＿＿＿＿＿＿＿＿＿＿＿＿＿＿＿＿＿＿＿＿＿＿

2.＿＿＿＿＿＿＿＿＿＿＿＿＿＿＿＿＿＿＿＿＿＿＿＿＿＿＿＿＿＿

附录 2　反馈方案

我可以向哪三个人提供有用的反馈

1	2	3

我还需要收集一些其他信息

我会在什么时候提出反馈意见

附录 3　在使用 GROW 模式时
一些有用的问题样本

目标

★ 你想讨论什么问题？

★ 你想达到什么目的？

★ 你想从这次讨论的过程当中得到些什么？

★ 你觉得怎样的讨论才是"物有所值"的？

★ 如果你能够通过这次讨论实现任何一个愿望的话，你的愿望是什么？

★ 在讨论结束的时候，你希望自己有哪些不同？

★ 如果现在有一些问题让你感到不满意的话，你希望通过这次讨论解决哪些问题？或者说，如果现在有一些你所希望的事情还没有发生的话，你希望通过这次讨论让哪些事情得以发生？

★ 你希望通过这次讨论 / 交流得到什么样的结果？

★ 你的愿望符合实际吗？

★ 在有限的时间里，你能够实现自己的愿望吗？

★ 这样做对你真的有意义吗？

现实

★ 你当前遇到了什么情况？

★ 你怎么知道自己的判断是正确的？

★ 这种情况是什么时候发生的？

★ 这种情况多长时间发生一次？答案越精确越好。

★ 它产生了怎样的影响？

★ 你如何验证，或者说你是否会验证自己的判断？

★ 其他相关因素是什么？

★ 这种情况是否还影响到了其他人？

★ 这些人怎么看待当前的问题？

★ 到目前为止，你都已经尝试了哪些解决办法？

选择

★ 你将如何改变当前的情况？

★ 你还有什么其他选择？

★ 告诉我你都有哪些可能的选择方案。暂时不要去考虑它们是否可行。

★ 你以前曾经看到别人遇到过类似的情况，或者说你自己曾经遇到过这种情况吗？

★ 你可以向哪些人寻求帮助？

★ 你想听听我的建议吗？

★ 你最喜欢什么样的解决方案？

★ 这些选择方案都各有什么利与弊？

★ 什么样的选择方案似乎是最有趣的？

★ 将所有选择方案按照可行性及趣味性排出顺序。

★ 你准备采取哪种方案？

总结

★ 你接下来将采取什么步骤？

★ 你准备在什么时候采取这些步骤？

★ 可能遇到什么困难？

★你需要在自己的日记本里记下这些步骤吗?

★你需要得到什么支持?

★你准备在什么时候，通过什么方式申请得到这些支持?

附录4 关于如何应用能力／意愿 矩阵的更多细节

指示（当你下属的能力和意愿都很低的时候）

★ 首先培养对方的工作热情

——明确地向对方交代任务

——提供激励

——确立目标

★ 然后提高对方的工作能力

——对任务进行分解

——在工作过程中不断提供分享和指导

★ 保持对方的工作热情

——经常提出反馈意见

——在工作过程中进行称赞，帮助其不断改进

★ 但一定要在工作过程中进行严密的控制和监督

引导（当你的下属能力水平比较低，而工作热情比较高的时候）

★ 在刚开始的时候，要投入时间进行

——分享和指导

——回答对方的问题，并进行解释

★ 让对方可以毫无顾忌地犯错误

★ 随着对方不断取得进步，开始逐步放松对他的控制

激励（当下属能力水平比较高，而工作热情比较低的时候）

★ 找出对方为什么缺乏工作热情的原因——比如说，任务、管理、风格、个人因素等方面

★ 提出激励

★ 监督，并及时提供反馈

授权（当下属的工作能力强，热情比较高的时候）

★ 给对方提供足够的自由空间

——确立目标，而不是方法

——赞扬，而不是忽视

★ 鼓励对方担负更多的责任

——让对方参与决策过程

——更多征求对方的意见和建议

★ 进行适当的冒险

——给对方更多更有挑战性的工作

——不要过多地插手对方的工作

附录 5　激励练习——
哪些因素最能／不能激发你的工作热情

让你的团队成员每个人填写一份下面的表格，然后大家一起讨论结果。

因素	重要性	当前的满意度
1. 你的经理是否真正关心你的个人成长		
2. 你的经理是否有一定的个人权威		
3. 你跟经理的个人关系如何		
4. 你的经理是否足够果断		
5. 你的经理表现如何		
6. 你是否能够参与规划自己的工作		
7. 你的经理是否意识到你为公司所做的贡献		
8. 你的经理是否对你足够信任		
9. 获得提升		
10. 客房关系		
11. 薪水		
12. 与同事们的协作关系		
13. 赞扬		
14. 阶段性成功		

15. 工作满意度		
16. 工作条件		
17. 工作比较琐碎		
18. 工作压力		
19. 竞争环境		
20. 职业发展要求		
21. 分享以及富有建设性的反馈		
22. 工作保障		
23. 工作成果		
24. 进行复杂的分析		
25. 组织结构和工作流程		
26. 个人职位		
27. 工作自由度		
28. 社会功能		
29. 岗位分享		
30. 团队协作		
31. 目标的明确程度		
32. 参加高层会议		
33. 早晨开始工作		
34. 晚上很晚下班		
35. 其他（请具体说明）		

1 为最高分，4 为最低分

附录6　团队表现评估表格

要求每位团队成员填写完下列表格，然后一起讨论。

目标	指数	当前的评级	改进建议
有意义的目标	1. 所有的成员都感到自己的工作很有意义，而且很清楚自己所从事的工作的价值		
表现目标	2. 你的团队正在以一种非常有效的方式向着预定的目标前进 3. 所有的团队成员都在为整个项目做出自己的贡献，每个人都很清楚自己的角色 4. 所有的团队成员都能够及时而有效地向自己周围的人提出反馈意见 5. 整个团队在以一种扁平化的方式进行运作（也就是说，团队成员感到自己的工作得到了足够的重视）		
工作方式	6. 整个团队协作得非常顺畅	相互补充的技能	
	7. 所有的团队成员都感到整个团队的工作将会受到重视 8. 团队成员之间能够彼此照顾，相互支持。每个团队成员都感到自己应该对整个团队的表现负责 9. 团队将为个人进步提供机会，并帮助个人最终实现他们的目标		
	10. 整个团队一直保持着很高的士气 11. 所有的团队成员在整个项目过程中始终保持高度的工作热情		

1 为最高分，4 为最低分

附录 7　如何有效使用本书中的激励技巧

你不可能仅仅通过阅读某一本书就能达到更有技巧地激励别人的目的，通常大量管理得井井有条的实践才是成功的关键所在。

所以，或许你不妨采用下列方法：

1. 完成一个快速自我评估（请参见下页的附录 8）。此举将有助于你的实践更富有针对性，特别是如果你请某个了解你的人根据你留给他们的印象对你作出评估的话，帮助会更大。

2. 挑选一个主题在本周进行实践——这个主题也许是"构建愿景"，也许是"解读反馈"。当其他主题变得更相关、对你更有价值的时候再实践那些主题。

3. 请对自己在成为他人激励者的进程中的进展给出评价。如果你在和他人一起工作方面表露出显著的成功，那么反馈会自发产生，无须你要求。但是更为常见的情况是，即使你取得的战果相当明显，但你还是需要请别人告知你做得究竟如何，这是因为绝大多数人都会想当然地认为那些激励者自己是不需要鼓励的！

附录 8　你对自己和他人的激励程度如何？[①]

	自己			他人				行为	
	O	S	R	O	S	R	P		C
愿景									
构建富有吸引力的愿景——吸引多种感官——囊括未来如何以及如何行动（对自己和他人）									3
把愿景翻译成单页的行动计划（或者在他人制订计划时给予协助）									3
信心									
寻求来自他人的令人激奋不已的反馈；光明正大地犒劳你自己或者他人									5
了解那些能够增强你自己信心或者他人伤心的特定因素									5
毅然行动									
杜绝拖沓迟延（或者帮助他人这么做）									6
在某项令人恐惧的行动即将来临的时候，汇聚来自他人——或者自己内心力量源泉——的支持（或者帮助其他人获得支持）									6
结果和障碍									
确立具体的目标，这些目标和愿景以一种简明但是灵活的方式相联系，并且包括对于可控行动步骤的进度调试（或者帮助其他人这么做）									7
为自己和他人创造"无意插柳柳成荫"									7
应对反馈									
寻求反馈，接受表扬的荣誉，并且建设性利用具明显负面性反馈（或者帮助其他人这么做）									8
调控你的"自我对话"，并在必要的时候改写这种对话（或者帮助其他人这么做）									8

[①]　请根据你是如何激励自己和他人的具体情况在上表中打钩（O 表示经常，S 表示有时候，R 表示极少）。填完后，根据上表情况决定自己应该在哪些方面集中努力（P 表示需要优先努力，C 表示特定的相关章节）。

附录 9　构建愿景

尽管朋友们能施以援手，但唯一能为你描绘出一幅令人信服的愿景的那个人只能是你自己。

★请回忆一下促使你阅读本书的理由。你想要在自己生命中的哪个领域更富有激励能力？

★现在，在你的日程安排里腾出半个小时来安排一次与自我的对话，并完成附录 10 的要求。

★在这半个小时与自我进行的对话中，为自己描绘出一幅愿景，如有必要，可以借助下面的建议。

★请就已经取得的成就而祝贺你自己；如果你认为上面的自我对话不无助益，请进一步安排后续的自我对话。请回顾一下朋友们对你所给出的评价和看法。你在描绘愿景时是否足够敢想敢做？

请在上述方面掌握足够熟练的技巧以便帮助其他人构建愿景，也可以请他人帮助你构建自己的愿景。

关于构建愿景的建议

★请确保自己处于宁静平和的时间和地点。闭上双眼，想象一下你梦寐以求的成功是什么样子的。

★请动员起你全部的感官——包括视觉、嗅觉、触觉、味觉、听觉和第六感来充实你的画卷。别忘了使用隐喻。

★不妨做更多的白日梦。你想给自己的传记起什么样的名字？

★当你作好了充足的准备后，请在下面的空白处捕捉并记录这些转瞬即逝的点点滴滴——你可以使用图画、色彩、词语以及其他最能帮助你有效捕捉愿景的手段来把这些灵感落实在纸面上，不论这些方式的形式如何。

　　★一旦在实现愿景的路途上，关于那些也许能帮助你的行为、事情以及人物，你产生了任何想法，那么请摘要记载之。

附录10 检查自我对话和信念

"自我对话"和我们所拥有的更广泛意义上关于生活应该是什么样子的信念通常都会影响我们的激励水平——这种影响可能是正面的,也可能是负面的。

下面的建议也许能派上用场。不过,这仅仅只是一些例证而已——没有哪种列举可以穷尽一切可能。所以,请尝试着学会培养起属于自己的、为自己度身定制的建议,以便在自己或者他人注意到你正处于负面状态时加以运用。

问题	建议
自我对话——不健康的习惯	
概括总结,非理性和错位	积极地调控你对自己的评价（如果你能做到这点的话！）说服一位朋友来帮助你完成这点
非理性的信念	
我要么必须做 A,要么必须做 B	除了考虑一下选择 C 之外,弄明白你怎样既做 A 又做 B——通常有这种可能性
人们应该毕恭毕敬地对待我,如果他们不是这么做的话,那么我必然是多多少少被人瞧扁了 / 我得还以颜色,等等	请记住在人们日常行为中很少会有放之四海而皆准的真理;所以,为了更有效地解决你的问题,请这么想"我希望人们充满敬意地对待我,所以……"
自我对话——惧怕成功	
我不配成功,因为我确信自己没这个福分	千里之行,始于足下——毫无疑问。你一定会在某些事情上取得成功,这是你应该得的
如果我成功了,那么人们就不再会给我任何同情了	试想一下,如果你无心自助,那么人们也将不会继续对你掬同情之泪
人们将会目光炯炯地注视着我,我将被迫显得"鹤立鸡群"	请回顾一下人们是否已经在密切注视着你,而且在想为什么你没有处于更激奋不已的状态
如果我处于更激奋不已的状态,那么我就会被拖进一个旋涡中,被迫维持越来越卓著的声名——而这太累人了	好好考虑一下,为了应对你目前这种去激励的状态,你是否确确实实要消耗掉更多的精力?

附录 11 梅耶斯—布里格斯人格类型
测试表（MBTI)

MBTI 通过分析对于一些"平衡代价"问题的回答而揭示人们面对生活所倾向于选择的道路，它包含四个方面：

1. 活跃的（精力导向）

外倾（E）	内倾（I）
外部的	内部的
向外推	向内拽
爆发出去	包容、包涵
广度	深度
人、事	主意、想法
交往	集中
行动	沉思
行动—思考—行动	思考—行动—思考

2. 注意的（感知）

感觉（S）	直觉（N）
五种感官	第六种感官

事实真相	可能情况
实际的	理论化的
目前的	将来的
事实	洞察
既存技巧	新的技巧
效用	创新
按部就班	跳跃发展

3. 决定的（代价）

思考（T）	感受（F）
头脑	心灵
逻辑体系	价值体系
客观	主观
公平、正义	仁慈、宽恕
批评	褒扬
原则	协调、融洽
推理	移情
坚定而公正	同情、怜悯

4. 生活的（外部世界指南）

判断（J）	认知（P）
计划井然	自动自发
约束	放任
控制	适应

固定的　　　　　　　　尝试的

管理生活　　　　　　　顺其自然

确立目标　　　　　　　获取数据

坚定果断的　　　　　　开放的

井井有条的　　　　　　灵活的

附录 12 NLP 概念精选

概念	定义
捕捉暗号	利用身体（比如呼吸、姿势、手势、眼睛动作）来触发某种状态（参见下面），或者以之来获知其他人的状态。
固定	牢固树立刺激和反应之间的联系（比如，"特定语调"和"能够让人开心"，"特定服饰"和"让你信心十足"）。
"好像"结构，未来步调	为了解决问题、确保成功而想象某些事情已经发生（例如，在演讲排练的时候想象有观众在场，并预期他们的反响）。
全神贯注/元神出窍	全心全意地沉浸在某种思索或者情绪中/从一定距离之外观察自己，用在诸如培养新的固定行为习惯或者"了解自己是怎样学习"这样的场合中。
第一位置（以及第二位置和第三位置）	在体验或者模仿（见下面）某种行为的时候，自己全心全意地从各个维度上去接触体味；第二位置：从"受众"角度去体验某样事物；第三位置：仿佛从一定距离之外进行观察。
和谐，不和谐	内在感受和外部表达相互协调，不协调（例如，在声称"这挺容易"的同时微笑/皱眉了）。
模仿	分析某人是如何实现某个目标的，以便其他人能够理解或者模仿该过程。这是加速学习的基础所在。
协调位相	通过镜像模仿或者与别人配合无间以与其协调一致，并在一段时期内保持这种状态。你既可以协调行为的位相，也可以协调信念和思想的位相。
状态（内涵丰富的与非内涵丰富的）	经历体验一套完整的持续情绪（例如，内涵丰富的"自信"状态，或者是非内涵丰富的消沉状态）。

附录 13　掌握激励技巧的小窍门

培养技巧	阁下的计划是？
★判断激励的哪种或者哪两种技巧让你动心。 ★在你实践这些技巧的时候观察和沉思——改造这些技巧以便符合你的个人风格。 ★致力于使得应用这些技巧成为你或者其他人的第二本能，举例来说，如果你感觉自己处于激励状态，那么你的 VICTORY 环就应该自动地起作用。	

培养技巧	阁下的计划是？
★开始的时候，在某种你感觉舒适的环境下实践你的技巧。可能你更愿意以致力于提高自己的激励技巧而不是改善他人的激励技巧为开端。 ★拿那些看起来更为棘手的情况开刀——不论它们和你有关，还是和别人有关 ★调整你投入作用的激励的数量——"要么全力以赴，要么点滴全无"的极端情况并不必要。	

附录 14 领导能力测验图与期望值

每个问题的满分为 10，给你当前的情况和期望的情况打分。并根据上述分值在下一页上画出你当前的领导能力测验图和期望值。

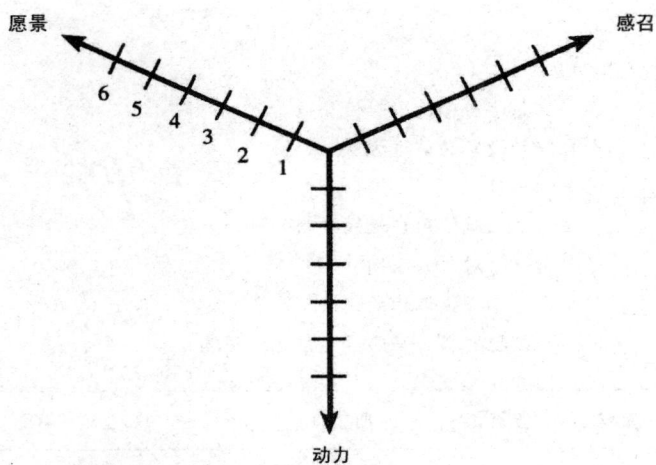

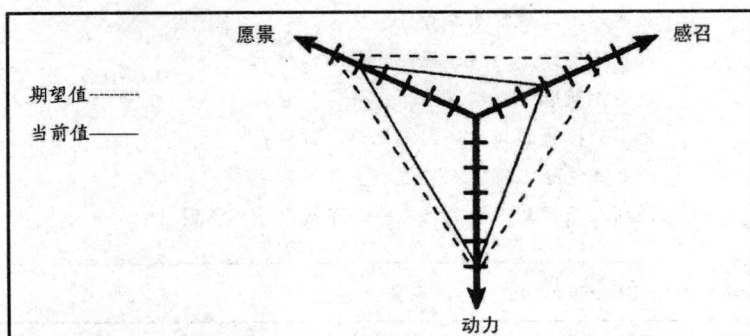

愿景

当前值／期望值

____ ____ 时常产生新颖的想法，且以事实为基础

____ ____ "令人难以忘怀地"陈述想法，为其他人创造意义

____ ____ 敢于陈述改革的愿景"草案"

____ ____ 在愿景中吸收其他人的想法

____ ____ 确定你的想法对公司的技巧所产生的影响

____ ____ 征求其他人的意见以检验愿景的可行性

总分→除以 15 →当前值 ____ ；期望值 ____

感召

当前值／期望值

____ ____ 在表达想法时传达出激情和信心

____ ____ 亲自践行设定的前进方法

____ ____ 暗含的价值

____ ____ 在征召别人时使用广泛的技巧

____ ____ 必要时联合对立的派别

____ ____ 利用多种场合强调你的想法

____ ____ 包容和拥抱别人——而不是排斥和疏远

总分→除以 10 →当前值 ____ ；期望值 ____

动力

当前值／期望值

____ ____ 必要时重新规定基本责任和义务

____ ____ 检查落实方案的"途径"，并予以推动

____ ____ 致力于获取"先期成功"，并宣传它们

____ ____ 把得到检验的新方法固定化为工作方式

____ ____ 检查并清除阻碍别人前进的主要障碍

____ ____ 让别人深信真正的危机感——不过也予以祝贺

总分→除以 10 →当前值 ____ ；期望值 ____

附录15 有效领导者的典型特性

从领导者身上往往会发现下列这些特性，显然，任何领导者都不可能具备所有这些特性！

有紧迫感：	有胆量：	吸引人：	身心愉悦：
雄心勃勃	积极活跃	迷人	开朗
斩钉截铁	富有冒险精神	感同身受	热情洋溢
尽心尽职	勇敢	善于聆听	快乐
喜欢竞争	自信	谦逊	充满希望
认真负责	胆大	热情	幽默
果断	身体健康	举止文雅	乐观
严于律己	主动进攻	易受感动	积极
居高临下	马不停蹄	喜爱交际	
充满活力	冒险	关心他人	
中心明确	敏感		
以目标为导向			
勤勉			
积极主动			
孜孜不倦			
多产			
顽强			

英明：	有条不紊：	原则性强：	具有领袖气质：
警惕	适应性强	始终如一	可信
理性	灵活	坚定不移	能言善辩
富有创造力	处变不惊	可靠	振奋人心
好奇	深思熟虑	坦率	给人以动力
富有远见	有节制	公正	神秘
聪明	有耐心	坚决	超凡脱俗
机智	注重实效	忠贞不渝	引人注目
富有理解力	负责	公开	
富有洞察力	通情达理	尊重他人	
稳重	值得信任		

附录 16　需要集中关注的领域

出色的领导者能够充分地有的放矢，他们清楚自己的领导能量应该集中用于哪个领域。虽然这听起来很简单，但正是由于缺乏这种集中意识，有抱负的领导者才没有意识到他们的全部潜力。

事例

设想你是一家较大的法律公司新当选的领导者。你如何在这个新职位上使用时间呢？

有些时候，你将不是在领导。你将对外代表该公司，或者为你的某个客户处理持续的诉讼案件。但是你是在领导吗？

作为一个杰出的战略家，你十分向往并会积极参与公司是否应该增设新领域的决策。不过这将会成为一个错误，最终你将管理这个方案，而不是领导这家公司。鉴于他们的贡献能力、他们能够为公司所带来的声誉，以及一旦他们参与就可以避免一些障碍，你的时间可能应该更好地用于诱使其他同事去监管这个方案。

领导者在哪个领域创建愿景、感召和动力部分地取决于他所领导的公司的规模。

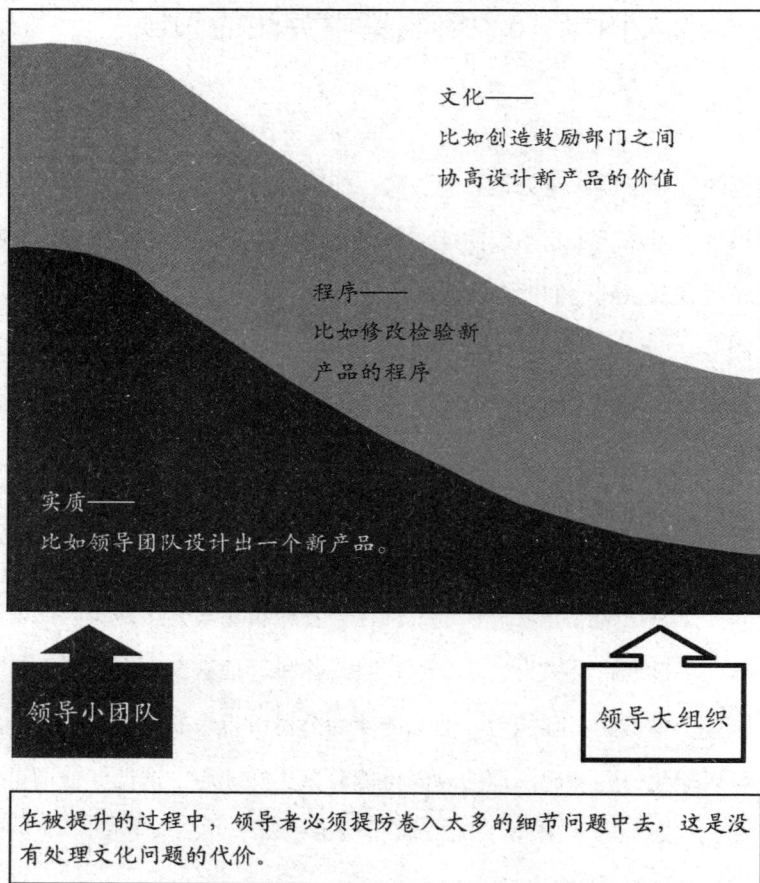

文化——
比如创造鼓励部门之间
协高设计新产品的价值

程序——
比如修改检验新
产品的程序

实质——
比如领导团队设计出一个新产品。

领导小团队

领导大组织

在被提升的过程中，领导者必须提防卷入太多的细节问题中去，这是没有处理文化问题的代价。

附录 17　谋划愿景的进一步建议

标准	点评	建议
故事描述要充满激情 ·是对组织历史和需要的反应 ·以市场实际情况，洞察力和远见为基础 ·呈现出一个更加美好的明天	不该这么做："我们要创造出比其他任何财富 500 强企业更多的经济价值——跟我来吧。" 而应该这么做：像所有好故事一样，应该包括过去和将来作为参照。"我们曾经如何如何，可是就在那时发生了什么什么，结果导致如何如何。但是我预见到了什么什么，所以我们要如何如何，而且我们知道我们一定能够成功——尽管我们能够预见什么什么会拖后腿。"	·回顾总结对组织的分析材料，广泛地检验 ·获取数据；咨询专家
具有令人印象深刻的完整性 ·集中于必要的具体改革 ·强调优先考虑的问题——包括需要采取的措施 ·与可以衡量的目标相联系	不该这么做："我们要让这个星球上的所有人都触手可及我们的产品" 而应该这么做：像所有动听的故事一样，确保情节令人信服，次要情节与主要情节很好地连贯起来，并且这次冒险经历的高潮应该是总结性的。不过听众对动作和人物的微小细节并不感兴趣——挑战仅仅在于描绘关键的精彩部分	·广泛涉猎以激发你的勇气和创造力 ·通过询问挑选的听众进行检查并阐释含义 ·漫不经心地审视这个愿景：看主要观点是否还显而易见。确保你已经处理了整个旅程，而不仅仅是目的地。 ·问问"我们如何知道我们到达了目的地？"
充满意义 ·使人们的（工作）生活具有意义，激发他们的潜力 ·诉诸更高的价值	EM. 福斯特在《小说面面观》中写道："国王死了，接着王后也死了"不是一个故事。而"国王死了，接着王后也伤心致死"才是一个故事。在你描绘愿景时，要注意动用情感的力量；你在描绘人物，而不仅仅是财产。	·检查这个愿景能否为你所用；检查它有没有对人物，而不仅仅是财产作出描绘。 ·使用——或考虑使用——笑容、明喻和暗喻。 ·请求、借鉴、引用或集体讨论。
令人难忘 ·重新确定或者陈述观点的方式新颖 ·能够在一个简短的结束语中得到总结 ·与可以衡量的目标相联系	还记得电影《大白鲨》吗？	

附录 18　让别人接受你的观点的 12 种方法

1. 从争论中获取最大好处的唯一方法就是不要争论。

2. 尊重别人的观点。永远不要说他们错了。

3. 如果你错了，那么一定要迅速果断地承认错误。

4. 以友好的方式开始。

5. 让别人迅速说"对，对"。

6. 让别人"口若悬河"。

7. 让别人感觉这个主意是他的。

8. 真诚地试着从别人的角度看问题。

9. 对别人的观点和希望表示理解。

10. 诉诸更高尚的动机。

11. 生动地表达你的观点。

12. 战胜挑战。

附录 19　重申与强化改革愿景及方案信息的方法

领导者的直接行动

· 在例行的管理工作会议上，从根本上再次强调这个议程。

· 亲自介入那些将产生明显效果的决策：

——经理的提升

——经理的调换

——重大项目的人员配置

——管理"缺乏"时的活动

· 准确定位需要改革的具体方面。

由领导者鼓励的间接行动

· 改革培训课程。

· 改革招募面试过程中的书面要求（这强化了对面试者思想信息的考察）。

· 改变办公室、接待处和其他"公共场所"的物理布局。

· 创建新机构（比如创建"汉堡包大学"作为麦当劳的培训机构）。

领导者所说的话

· 在特别召开的会议上。

· 作为以前设立的会议——比如销售员工大会——的一部分。

· 在非正式谈话中。

领导者所写的话

· 在公司时事通讯上。

· 在公司内部网上。

· 在外部媒介上（如果它将被发给员工的话）。

附录 20　提前预防经理们毫无帮助的举措

可能的不利举措	预防
没能抽出（足够的）员工来实施已取得一致意见的方案——不愿主动提供他们的下属，不愿为新方案的起步提供帮助，以为他们所在部门自己的方案"捞取"时间。	提前予以警告，并在早期获取他们关于资源的严格保证。
破坏示范方案（可能为了阻碍它们更大范围的展示）——比如，通过提前预测结果，或者通过散布它们没用的错误谣言。	在公共场合获得采用新方式的"约定"；采取生动体现新方式的措施；需要时提供培训或支持。
不断地示范或要求采取"旧"行为，而不是"新"行为——比如抑制而不是发扬诸如企业家身份之类的新价值。	在公共场合获得采用新方式的"约定"；采取生动体现新方式的措施；需要时提供培训或支持。
在提前预防或纠正这些行为时，请参照《征召与联合》和《权力与影响力》中讲述的策略。	

附录 21 与管理者相对照的领导者

"愿景"方面的区别

管理者	领导者
正确地做事	做正确的事
关注现在、短期发展和底线	关注将来、长期发展和前景
寻求秩序	喜欢变革
避免冒险	喜欢冒险
更多地诉诸理智而非情感	既诉诸理智，又诉诸情感

"感召"方面的区别

管理者	领导者
借助控制手段	依靠信任
创建并组织团队	征召联合员工并向新方向前进
使用激励措施	鼓舞
诉诸"正式"方式	诉诸共同的事业
强调结构、策略和体制	强调核心价值、共同利益和哲学

"动力"方面的区别

管理者	领导者
以效率为目标	关注效用
问"如何""什么时候"	问"什么""为什么"
管理	改革
乐观地接受严密约束	绕开规则和政策，或改变它们
行使职务权力	运用个人影响力